Varuna

O MESSIAS DA ATLÂNTIDA

A SAGA DOS CAPELINOS

Varuna

O MESSIAS DA ATLÂNTIDA

Albert Paul Dahoui

HERESIS

© 2011 by Albert Paul Dahoui

Instituto Lachâtre
Caixa Postal 164 – CEP 12914-970
Tel./Fax (11) 5301-9695
site: http://www.lachatre.com.br
e-mail: contato@lachatre.org.br

PRODUÇÃO GRÁFICA DA CAPA
ANDREI POLESSI

REVISÃO
Cristina da Costa Pereira

2ª edição
Setembro de 2014
2.000 exemplares

A reprodução parcial ou total desta obra, por qualquer meio, somente será permitida com a autorização por escrito da Editora (Lei nº 9.610 de 19.02.1998).

Impresso no Brasil
Presita en Brazilo

CIP-Brasil. Catalogação na fonte

D129q   Dahoui, Albert Paul, 1947-2009.
Varuna, o messias da Atlântida / Albert Paul Dahoui – 2ª ed. – Bragança Paulista, SP : Heresis, 2014.
v. 0   (A saga dos capelinos, 0)
200 p.

1.Capela (estrela). 2.Capela (estrela) – evasão de. 3.Ahtilantê (planeta) – civilizações de. 4.Oriente Médio – civilizações antigas. 5.Literatura esotérica-romance épico. 6.Romance bíblico. 7.Jesus Cristo, c.6a – C-33.
I.Título. II.Série: A Saga dos Capelinos.

CDD   133.9   CDU 133,7
      232   232

Capítulo I
Planeta Ahtilantê (Atlântida)
Sol duplo de Capela – Constelação do Cocheiro
Via Láctea – Grupo local de galáxias
Distância da Terra: 42 anos-luz
Há 3.600 a.C.

Ahtilantê estava numa fase muito similar à Terra do século 19, quando grandes descobertas estavam sendo feitas, uma vigorosa revolução industrial estava em pleno processo. Helvente Saal-Bahat nascera no início da mudança cultural que modificaria as relações de trabalho, fazendo aparecer a pequena e média burguesia, o proletariado e a mudança da nobreza para a alta burguesia. Homem de caráter impoluto, justo e idôneo, tornou-se advogado de renome, defendendo as causas do proletariado.

Helvente faleceu aos 78 anos, tendo ocupado o cargo de senador no congresso de Lehenbaatan, durante quase trinta anos. Pertencera a um partido sério, destacando-se como defensor de leis trabalhistas justas, sendo considerado pelo povo com portador de uma honestidade permeada de princípios éticos e um comportamento pessoal irrepreensível.

Ao morrer, Helvente descobriu que a morte era apenas a passagem de uma dimensão para outra. Ele havia perdido o corpo físico com a morte física, mas descobrira-se num corpo de material mais sutil, que era, para todos os efeitos, parecido com seu aspecto material. Ele sucumbira a uma demorada doença que o fez sofrer nos últimos tempos de sua existência como Helvente. Pouco antes de morrer, já com seus sentidos espirituais quase totalmente despertos pelo sofrimento, ele passou a ver os espíritos de familiares que o haviam precedido, especialmente sua mãe, com a qual sempre tivera forte ligação espiritual.

A morte sobreveio com fortes estertores e sua mente, conturbada e sofrida, sofreu um desmaio. Sua morte ocorreu logo depois da síncope. Os espíritos trabalharam febrilmente para retirá-lo antes da cremação, ato geralmente praticado após a quinta hora da morte quando a rápida decomposição do corpo se acentuava. Seu espírito, ainda desacordado, foi levado para um hospital do astral médio onde foi internado para tratamento.

Após um mês de cura espiritual, ele acordou e, sobressaltado, logo descobriu seu novo estado. O medo foi substituído pela alegria de finalmente certificar-se de que somos todos imortais. Em poucas semanas, ele pôde deixar o nosocômio e integrar-se à vida frenética, instigante e proveitosa do astral médio.

Helvente ingressou numa faculdade onde pôde aprender, ou reaprender, muitos aspectos da espiritualidade. Passou por vários cursos, enquanto tomava ciência de que o local onde estava era apenas uma das várias dimensões espirituais. Havia muitos outros planos acima daquele em que se encontrava, acessíveis apenas àqueles que já tinham alcançado graus de elevada pureza, através do extenso processo de renascimento em várias existências.

Nos cursos da universidade daquela cidade astral, ele descobriu que havia planos que lhe eram inferiores, conhecidos genericamente como astral inferior, mas que eram constituídos de subplanos que iam desde o umbral, zona que delimitava o astral inferior com o plano médio, até as mais densas trevas, grandes abismos para onde se dirigiam aqueles que haviam chafurdado nos mais ignominiosos crimes, tendo-se desviado da estreita e difícil senda do bem para se conspurcar no vício, nos desvios de personalidade, na psicopatia profunda, de onde só sairiam depois de longamente purgar o inferno interior que provocaram em si próprios.

Helvente mostrou-se, como sempre, preocupado com os infelizes, os miseráveis e os caídos. Queria ser útil e solicitou uma visita aos postos socorristas do astral inferior. Foi levado para uma grande instituição socorrista que se localizava no umbral do planeta, onde pôde começar um longo aprendizado. Inicialmente, acompanhou pequenas excursões às sombras densas do umbral para resgatar irmãos infelizes que já demonstravam melhoras e atitudes mais positivas. Acompanhou guardiões, tanto no plano astral como no físico, quando aprendeu algumas técnicas de defesa. Observou de perto espíritos tenebrosos que obsidiavam alguns humanos, levando-os ao vício, ao crime e à corrupção. Aprendeu a distinguir um obsessor endurecido no ódio de um espírito sofredor que não tinha consciência de onde estava nem do que fazia.

Na instituição socorrista, aprendeu a tratar doenças espirituais como a loucura, as deformações hipnóticas e os complexos de culpa. Dominava as técnicas de magnetização para dar alívio tanto às dores dos infelizes quanto às crises de histeria que levavam os sofredores a gritarem como alucinados, totalmente dominados pelo pavor, pela dor da culpa e pelos sofrimentos que achavam que ainda eram físicos. Seus superiores o convidavam para excursões nos planos mais evoluídos para que pudesse ter oportunidades de estudo e enlevo, mas na maioria das vezes abdicava dessas regalias das quais se fizera merecedor para ficar na cabeceira de algum doente, escutando sua triste história e falando-lhe palavras de consolo, coragem e determinação.

Cada vez mais Helvente se convencia de que as desigualdades sociais, que geravam a miséria e a ignorância no plano físico, eram fatores que muito contribuíam para enviar para esses lugares verdadeiramente infernais uma enorme quantidade de pessoas. De um lado, como desejar que uma pessoa pudesse ter uma vida reta, quando a fome batia na sua porta, a morte rondava sua casa atrás de seus pequenos seres ainda frágeis, mal alimentados e vivendo em condições sub-humanas? De outro lado, os ricos agarravam-se às suas posses e isso gerava complexos de culpa em não ajudar seus irmãos menos favorecidos, pobres que se desvirtuavam na senda do crime e das drogas pelas poucas opções de sobrevivência que possuíam. Em suma, exigir evolução espiritual dentro de condições tão díspares era quase uma utopia.

Do plano em que se encontrava, Helvente fez questão de pessoalmente ajudar alguns dos seus irmãos que se tinham dedicado à política, mas que estavam mergulhados nas mais densas sombras. Dois espíritos lhe eram particularmente mais caros: Kaerlik, que o havia convidado, no início de sua carreira, a ser o advogado de um recém-formado sindicato operário que o projetou para a política; e Akediam, político matreiro e corrupto, da velha escola, porém de vida dúbia, pois também ajudara a algumas pessoas, como a Helvente, apoiando-o em suas várias, sucessivas e bem sucedidas candidaturas ao senado e em algumas de suas ações políticas voltadas para o bem público.

Helvente devia muito a Akediam, ativo militante da chamada política partidária, e a Kaerlik, cuja atuação política dera prioridade às atividades sindicais. Sua atuação sindical fora honesta e íntegra, e ainda estava jungido à carne. Tudo indicava que não seria perseguido por espíritos inimigos depois de sua morte. Entretanto, Akediam, que tinha sido o presidente do seu partido político, estava em situação deplorável, tendo sido aprisionado por um grupo de espíritos tenebrosos, denominados genericamente de alambaques. Porém, os poucos créditos que acumulara pelas ações no bem permitiram, em seu benefício, a intervenção de Helvente, que manteve contato pessoal com alguns grupos de espíritos intermediários que, durante alguns meses, enviaram verdadeira missão diplomática com o intuito de recuperarem o espírito de Akediam.

Finalmente, após marchas e contramarchas, Akediam lhes foi entregue para tratamento em instituição socorrista. Estava irreconhecível. Daquele homem cheio de empáfia e soberba, que falava com grande autoridade, foi-lhe encaminhado um espírito moralmente derrotado. Seu olhar estava vidrado, balbuciava algumas palavras desconexas e chorava à toa. Após suas crises de choro convulsivo, calava-se num mutismo estranho e parecia absorto em algum lugar do passado. Nessas horas de profunda catatonia, Akediam tornava-se inatingível. Nem as técnicas mais modernas o faziam sair de sua catatonia. Entretanto, após meses de muito esforço e dedicação por parte de Helvente e outros abnegados médicos espirituais, Akediam começou a voltar a si. Começou pronunciando algumas frases com certo nexo, intermeados por estados mais profundos de alienação. Ele carregava enorme remorso e passou a não querer mais encontrar Helvente, pois sentia-se envergonhado perante seu antigo colega de política. Outros amigos espirituais tratavam dele, provocando-lhe verdadeiras catarses, aplicando as técnicas de desintoxicação astral possíveis ao seu caso específico.

Anos passaram-se até que Akediam conseguisse falar, andar e sentar naturalmente. Entretanto, sua mente estava como fogo vivo e, desde o momento em que soube que existia a possibilidade de um novo renascimento, isso se tornou para ele uma obsessão. Seus diálogos passaram a tratar invariavelmente da importância da nova encarnação. Pedia para nascer em local miserável, sem pais e que fosse abandonado na rua. Desejava sofrer para se soerguer.

Alguns meses após Helvente ter pleiteado pessoalmente um renascimento para Akediam, ele foi atendido. Os planejadores espirituais tinham analisado a solicitação purgatorial de Akediam e viram que era exagerada. Se lhe conferissem tal situação, sua possibilidade de sucesso seria mínima. Achavam que sua tendência seria enveredar para a estrada do crime e se comprometer ainda mais com a justiça divina. Planejaram, então, um renascimento mais suave. Teria o apoio de uma mãe carinhosa, mas forte, que lhe daria seguros ensinamentos morais. Seu pai seria um homem severo, mas justo, que lhe daria a possibilidade de exercer um trabalho honesto, no entanto fisicamente pesado, como agricultor. Não teria liberdade excessiva. Renasceria num país onde o sistema feudal ainda vigorava, pois dessa forma, filho de servos, tornar-se-ia servo, tendo que trabalhar a terra e dar setenta por cento do seu resultado para o senhor da terra. Sentiria na pele a injustiça que ele mesmo gerara, ao desviar largas somas de recursos da saúde e da educação do povo para seu bolso e de seus comparsas. Trabalharia num serviço braçal, sonhando com dias melhores, sentindo-se abandonado em algum país longínquo e atrasado, conquanto já tivesse sido uma das grandes figuras da República Lehenbaatan.

Comunicaram-lhe a decisão e perguntaram-lhe se aceitava de bom grado. Akediam demonstrou imenso contentamento como jamais havia demonstrado. Ria e batia palmas como se fosse uma criança que acabara de ganhar um grande presente. A pobreza digna, o trabalho duro e o apoio amoroso de uma família eram mais do que ele podia esperar, pois, na realidade, ansiava por uma prova sacrificial extrema. Os espíritos superiores foram mais bondosos do que ele mesmo teria sido consigo próprio. Exigira sofrimento indizível e recebera oportunidade de trabalho.

Renasceu conforme planejado. Até que alcançasse os quatorze anos, teve a companhia atenciosa e frequente de Helvente, não como guia espiritual, já que este exercia funções bastante diferentes no plano astral, mas como um amigo que se preocupa com outro. Notara no novo Akediam, agora como o nome de Blanduel, sincera humildade e dedicação atenciosa para com os pais, a quem demonstrava extremado amor. Sua obediência ao pai era total, mesmo durante a época da adolescência, quando era normal os ahtilantes tornarem-se um pouco rebeldes. Orava fervorosamente a Deus, pedindo sempre muita força e saúde para os seus e nunca pleiteava nada para si próprio. Aprendera os rudimentos das letras com a mãe, que mal sabia ler e escrever.

Sua figura acabou chamando a atenção do senhor da terra, que se encantou com os modos delicados e elegantes do filho de um dos seus servos agrícolas e notou-lhe o desejo de se tornar útil. Com dezesseis anos, Blanduel foi admitido aos serviços internos do seu senhor, um nobre de boa família que tinha três filhos homens que estudavam na capital do país.

Pouco a pouco, Blanduel foi se tornando imprescindível naquela casa. Conhecia todas as rotinas, assim como contabilizava todos os ganhos do seu patrão. Todavia, no fundo de sua alma, sentia a necessidade de conhecer mais, e, ao adquirir a confiança de seus amos, foi-lhe franqueado o acesso à biblioteca. Passara a ler todos os livros com uma voracidade sem par, tornando-se, após alguns anos, um profundo conhecedor de leis, direito e filosofia.

Ao se tornar adulto, Blanduel tinha uma influência tão acentuada na casa que nada era feito sem que ele permitisse. Admitia novos servos, treinando-os pessoalmente, adquiria os mantimentos, comprava e vendia a safra agrícola, dando ciência ao seu amo. Os filhos do amo preferiram morar na capital, pois a industrialização estava chegando gradativamente a esse país atrasado e novas oportunidades eram abertas aos senhores das terras, que agora se tornavam industriais.

A influência de Blanduel sobre seus amos fora lentamente adquirida em muitos anos de dedicação e serviços. Mas as forças do mal estão sempre à espreita e, num belo dia, o amo começou a notar que a safra decaía e os resultados já não eram mais os mesmos. Cercou-se de cuidados extraordinários, mandando vir da capital auditores e guardas.

A auditoria achou irregularidades nas contas. Houvera desvio antes das vendas. Os servos não estavam entregando os setenta por cento estimados por lei e o culpado disso era Blanduel, que foi logo encaminhado à prisão. Sob tortura, confessara que permitia que os servos só lhe encaminhassem cinquenta por cento da colheita, possibilitando assim melhores e mais justos rendimentos para essa classe de semiescravos. A auditoria notou que nenhum dinheiro ou benefício tinha sido retirado por Blanduel para si próprio e que ele continuava pobre como antes. Mesmo assim, foi julgado sumariamente e condenado à morte, pois as leis daquele país ainda eram feudais e o servo não tinha nenhum direito. Seu amo, porém, intercedeu e a pena foi transformada em prisão perpétua.

Blanduel, o antigo Akediam, novamente errara, pois não se conserta a injustiça do mundo através roubos e astúcias. As dificuldades da existência nos exigem esforços que nos fazem aprender a como superá-las sem prejuízo do próximo. O processo de mudança social precisa ser conduzido de forma digna e correta para que ambas as partes saiam ganhando. Mas Blanduel estava feliz, no seu íntimo achava que não errara e que fora um herói. Seu próprio povo viria a desprezá-lo, uma vez que os senhores feudais exigiram o pagamento dos vários anos de atraso, levando-os à ruína.

Blanduel não se demorou muito na prisão, que era insalubre e cuja alimentação, suja e deficiente, propiciava a morte prematura. Entretanto, ao morrer, já não foi arrancado e conduzido às furnas infernais pelos alambaques e nem tampouco levado às glórias do astral superior. Foi conduzido de volta ao posto socorrista do umbral, onde passou muitos anos aprendendo a noção correta da lei, que nos diz que uma injustiça não pode ser resolvida com outra injustiça. Mesmo que as intenções fossem as mais nobres e que Blanduel não se locupletasse com o seu ato, mesmo que pudesse tê-lo feito, um crime não justifica outro. No sentido amplo da evolução, Blanduel evoluíra mais do que quando fora Akediam, mas ainda lhe faltava muito para se tornar um espírito elevado.

x x x

Helvente trabalhou durante oitenta anos no umbral e na crosta ahtilante, ajudando seus irmãos menores. Tornou-se, após trinta anos de trabalho, o diretor de uma instituição socorrista no astral inferior que tinha mais de dois mil ajudantes e guardiães. Poucas vezes se ausentou dos seus afazeres para gozar as merecidas benesses nos planos mais elevados. As poucas vezes que assim o fez, foi até o astral superior para cursar novas técnicas, discutir planos com seus superiores e participar de alguns eventos de relevante importância onde sua presença era requisitada.

Por mais afastado que estivesse Helvente, os seus superiores olhavam-no com bons olhos. Seu trabalho era notável e sua dedicação aos infortunados era magnífica, com resultados muito positivos. De sua instituição, saíam muitos renascimentos, que eram acompanhados de perto por ele. Sua equipe de apoio aos renascimentos, especialmente os mais problemáticos, tinha sido treinada pessoalmente por ele e era considerada uma das mais eficientes. Contudo, os espíritos superiores tinham planos mais elevados para Helvente e, um dia, ele foi chamado ao gabinete do ministro do Renascimento para uma conversa.

– Meu caro amigo Helvente, serei breve e direto. Seu trabalho é de grande qualidade e nossos superiores estão muito satisfeitos com sua atividade e de sua equipe. Como você observa, Ahtilantê está passando por grandes transformações sociais e achamos que é hora de você renascer para ajudar este belo planeta a ingressar em nova e mais evoluída etapa de progresso.

Helvente estava surpreso. Não imaginara que o seu próprio renascimento estivesse tão perto. Sua esposa morrera há muito tempo e ele pessoalmente a ajudara na difícil transição, e nesse momento ela estava muito bem no plano médio, sendo útil em atividades assistenciais. Seu próprio filho vivera uma vida correta e fora recolhido num hospital astral, recuperando-se rapidamente. Seu amado pai já tinha renascido e agora já estava com vinte anos de idade, terminando o curso de medicina. Mantivera os pendores anteriores pela navegação, mas só a praticava como esporte. A mãe e suas irmãs estavam no astral médio, atuando junto com sua esposa. E agora, o que seria dele?

– Você deverá retornar. Sua vocação política sempre esteve presente, mesmo quando você atendia aos infelizes. Você sempre via causas econômicas e políticas na miséria humana e, com certeza, se sentirá melhor tentando remediar essa situação. Sei que você tem acompanhado todos os noticiários provenientes de Ahtilantê e seu espírito inquieto deseja servir de forma mais ampla.

– Realmente, creio que Ahtilantê passa por uma fase de mudanças agudas e é fundamental que se possam lançar novos conceitos. Só que eu mesmo não sei o que fazer. Gostaria de receber orientações dos espíritos superiores no sentido de como e quando agir. Vejo países lutando uns contra os outros, a industrialização tornando alguns ricos e outros, pobres. Vejo grandes impérios expandindo-se à custa de anexações forçadas e o comércio internacional esmagando os países pobres. O que fazer, ministro? O que fazer?

– Esse assunto foi longamente discutido e a resposta é a formação de confederações de países. Mas creio que o melhor caminho é ver o que outros planetas fizeram e como obtiveram êxito. Através de uma viagem educacional, você poderá aprender e trazer-nos todos os subsídios para que seus semelhantes os apliquem no campo da experiência física.

Helvente sabia que havia uma infinidade de planetas habitados, com civilizações menos e mais avançadas do que Ahtilantê, mas pensou que nunca vira um alienígena e não fazia a menor ideia de como seria.

– Bobagens! – exclamou o ministro, lendo suas dúvidas. – Somos todos espíritos. Você mesmo já conheceu vários espíritos do plano mental. Todos são alienígenas, porque alcançaram a maturidade espiritual fora de Ahtilantê, chegando aqui na continuação de suas missões. Eu mesmo não sou de Ahtilantê e só me apresento desta forma para melhor ser entendido e não me tornar diferente ou até repulsivo aos seus olhos.

O ministro era do mundo mental e sempre se apresentava como um belo púrpura, mesmo que outros espíritos verdes e azuis o achassem estranho, já que, nos seus limitados conceitos, julgavam suas raças nitidamente superiores. Era interessante observar como os espíritos ainda mantinham os preconceitos culturais e raciais, mesmo não fazendo mais parte do mundo físico e sabendo que não existia superioridade física.

– Nós vamos enviá-lo ao planeta Karion, que é bem mais adiantado do que Ahtilantê. Na realidade, existe uma dúzia de planetas a que nós poderíamos mandá-lo, só que Karion, há muito tempo, passou por um processo muito parecido com o que estamos passando e podemos aproveitar a experiência dos nossos irmãos para superarmos as atuais dificuldades. O que você acha?

– Estou inteiramente à disposição.

– Quem o substituirá na instituição socorrista?

– Tenho uma equipe completa que trabalha junta há muitos anos. Minha substituta é a diretora Beldaz, que tem experiência, tirocínio e dedicação. Além disso, ela sempre foi meu braço direito, desde que chegou há cerca de quarenta anos.

– Muito bem. Então, despeça-se de seus amigos. Dentro de dois dias estará embarcando para Karion, onde deverá ficar seis meses em estudo, aprendizado e experimentação.

Helvente despediu-se do ministro e passou os dois dias seguintes despedindo-se de antigos familiares e amigos. Passou o cargo para a diretora Beldaz numa cerimônia simples, mas cheia de beleza e ternura, sendo assistida por mais de dois mil obreiros que faziam parte de egrégia casa de caridade.

Na data marcada, Helvente estava pronto para uma nova etapa de sua existência. Karion, um planeta distante e desconhecido, o esperava e seu coração parecia não caber no peito de tanta emoção. Seu veículo de transporte era pequeno, com uma forma ovalada, com cerca de oito metros de diâmetro. Era tripulado por três pessoas e podia transportar outras cinco com muita comodidade. Ele iria visitar o planeta Karion, do sistema estelar Bradky, um sol pequeno de sétima grandeza, amarelo, estável e velho. Distava

85.000 anos-luz de seu planeta, ficando do outro lado da galáxia. O encontro tinha sido providenciado através de diplomatas planetários que conheciam os problemas de Ahtilantê, sabendo que Karion tinha encontrado soluções simples e práticas para questões complexas.

A forma de propulsão era mental. Os tripulantes pensavam num determinado ponto da viagem e, serenamente, mentalizavam-no. Sua força mental era captada por pequenos instrumentos que a amplificavam. Essa energia, aumentada, captava os raios de força do local para onde desejavam ir e fazia com que o planeta os atraísse. Portanto, não eram impulsionados para aquele determinado lugar, e sim magneticamente atraídos. Os tripulantes sabiam que todas as coisas do universo, desde o menor átomo até a maior das galáxias, vibravam numa faixa muito própria, emitindo campos de energia até o infinito. Bastava focalizar sua vibração específica para que o caminho fosse percorrido. Sabiam, também que, se vibrassem na mesma frequência, seriam atraídos, e, se vibrassem em frequências contrárias, seriam repulsados e se afastariam dos mesmos.

Os espíritos mais evoluídos, já nas fases de dirigentes planetários e acima deles, não se utilizavam desse meio de transporte. Bastava pensarem para onde queriam ir e lá estariam. Mas espíritos evoluídos ainda sujeitos a existências terrenas estavam limitados a curtas distâncias. Tinham dificuldades de sair de seus orbes por estarem vinculados magneticamente a eles.

A viagem parecia ser feita de forma instantânea, porém, na realidade, tomava um certo tempo, que, por ser tão rápido, não era percebido pela consciência humana. Uma viagem de quatro anos-luz levava cerca de um micro-segundo, portanto a velocidade de deslocamento atingia a fantástica rapidez de um milhão de vezes a velocidade da luz. Isso só era possível em viagens pelas dimensões mentais, através do hiperespaço. Se fossem feitas fisicamente, essa velocidade seria impossível.

Helvente passou por um equipamento que lhe conferiu, temporariamente, um padrão vibratório superior ao seu, o que lhe exigia um controle emocional bastante agudo. Isto lhe permitia ingressar nos planos mentais, mas por períodos breves, pois a tendência natural de seu corpo espiritual era a de voltar a ter as vibrações astrais mais densas.

Helvente entrou na nave, não sem algum esforço, pois era pequena para ele. Os tripulantes eram seres pequenos, com um metro de altura, cabeças grandes, olhos negros enormes, imberbes e de uma cor branco-prateado. Pediram mentalmente para Helvente se acomodar, o que causou certo desconforto devido ao tamanho diminuto da cabine em relação ao enorme tamanho dele.

A viagem foi rápida. A velocidade vertiginosa não era sentida por Helvente, pois como não havia escotilhas ou janelas para que ele pudesse ver o exterior, ele não tinha parâmetro de medição. No interior da naveta, o ambiente era silencioso e nada se mexeu. Para Helvente, era como se ele não tivesse saído do lugar.

A pequena nave aproximou-se rapidamente de Karion e logo foram guiados mentalmente para um pátio circular, localizado no alto astral do planeta, vindo a pousar suavemente. Toda a viagem não tinha durado mais do que alguns minutos e Helvente ficara muito impressionado com os operadores, pois eram todos do plano mental e apresentavam-se muito desmaterializados, quase translúcidos, o que dava a impressão a Helvente de terem aparente lacunas de formas. Poucos minutos depois, ele desembarcava em Karion.

O local, a cerca de trezentos quilômetros da superfície do planeta, era muito amplo, uma espécie de planície, com várias construções pequenas e baixas, bonitas e coloridas, cercadas de grandes jardins. Estava situado num ponto intermediário entre o astral superior e o plano mental, que era usado para integração dos dois mundos. Ainda mostrava um aspecto muito material, diferente dos planos mentais superiores, onde habitavam os espíritos dirigentes planetários e os espíritos desmaterializados.

Helvente foi recebido, assim que a pequena nave pousou no espaçódromo improvisado, por um espírito que já o esperava e que seria seu guia enquanto ficasse em Karion. Era uma mulher baixa que não passava de um metro. Tinha a pele muito branca, quase translúcida, que deixava entrever por baixo de sua tez minúsculas veias verdes. Não tinha cabelos ou qualquer sinal de pelos. Seu rosto era muito suave e seus dois olhos, muito grandes e pretos, irradiavam uma extrema meiguice. Suas mãos finas tinham seis dedos muito longos, sem unhas. Deveria ser, para os padrões de beleza local, uma mulher muito bonita e jovem. Sua boca era minúscula, sem lábios, mais parecendo ser uma leve abertura do que uma boca. Sua indumentária era constituída de um vestido que lhe cobria as pernas até os tornozelos, deixando aparecer dois pés pequenos e calçados. Ela andava com passos extremamente curtos que davam a impressão de estar deslizando. Não parecia ter busto, a parte superior era lisa e plana como a de uma criança. A sua voz era muito fina e melodiosa.

– Bem-vindo, nobre Helvente. Sou Lachmey. Serei sua acompanhante. Nossos espíritos superiores destacaram-me para ajudá-lo a conhecer nossa civilização e espero poder lhe ser útil durante sua estada conosco.

Helvente estava surpreso. Lachmey era estranha para seus hábitos e imaginou que sua altura desproporcional em relação aos habitantes de Karion deveria ser motivo de estranheza também. A língua que Lachmey falara lhe era totalmente desconhecida, mas ele entendera cada palavra. Mesmo sendo desconhecidos, ambos eram espíritos de categoria próxima e entendiam-se telepaticamente. Helvente agradeceu a acolhida e foi encaminhado de imediato a um prédio. Tratava-se de uma pequena construção cujo pé-direito não devia ter mais de dois metros de altura. Sentiu que seu tamanho lhe traria problemas. Lachmey pareceu ter adivinhado seus pensamentos.

– Meu amigo Helvente, seu porte é majestoso e você é muito belo e diferente de nós. Entretanto, como irá passar alguns meses conosco, gostaria de lhe sugerir que diminua seu tamanho para o nosso padrão. Como não sei se você já passou por esse processo antes, tomei a liberdade de providenciar um magnetizador que irá ajudá-lo.

Helvente aquiesceu. Sabia que seu tamanho era despropositado para tal lugar. Conhecia as técnicas de magnetização que eram usadas para preparar os espíritos para novas existências, quando a alma que retornaria à carne deveria reduzir a forma para poder se ajustar gradativamente junto ao ovo, no útero materno, e assim servir de indutor ao desenvolvimento do novo corpo. Conhecia também as magnetizações que eram desenvolvidas por espíritos especializados para adaptar o corpo espiritual, flexível e moldado pela mente, para missões especiais nos planos inferiores ou em várias outras ocasiões especiais.

Helvente estava pronto e foi apresentado a Higastos, que ele concluiu ser um homem de meia idade. Foi introduzido no interior do prédio e achou muita graça, pois parecia um adulto entrando numa casa de bonecas. Lachmey e o magnetizador também pareceram rir da inusitada situação. Helvente não só estava curvado como teve enormes dificuldades em passar por uma porta que dava para um pequeno quarto.

Higastos pediu que sentasse numa cadeira que Helvente receava que não aguentasse seu peso. Todos acharam a situação engraçada, o que, de certa maneira, diminuía as dificuldades iniciais do relacionamento, que se tornava mais caloroso. Helvente sentou-se com cuidado redobrado, seguindo as orientações de Higastos. Fechou os olhos e imaginou-se diminuindo de tamanho. Fixou a lembrança de como ele era, quando pequeno, um garoto de oito anos, lembrando-se de sua mãe, de seus amigos de escola e da felicidade inconsequente da época. Muito rapidamente notou que a cadeira aumentava de tamanho e que já podia sentar-se de modo confortável. Higastos operava um equipamento que emitia uma luz branca, forte e contínua. Lachmey chamou-o e ele abriu os olhos. Ela tinha agora seu tamanho. Não, era ele que tinha o tamanho de Lachmey e de Higastos. Mas tinha mudado de feição, parecendo uma criança e não mais um ahtilante adulto. Não importava, pensou, o importante é que sua mente continuava lúcida.

Helvente foi apresentado a muitos amigos de Lachmey e todos se mostraram muito cordiais. Sua forma de ahtilante criança não era estranha e era até bem aceita. Seu tamanho natural criaria dificuldades de locomoção, além de ser constituído de uma matéria astral mais densa do que a dos seus anfitriões. Agora, sentia-se muito mais leve e a sua respiração não era tão arfante como quando chegara. Higastos tinha retirado parte do peso específico de seu corpo espiritual e substituído por matéria de Karion. Sentia-se bem, leve e com a mente aguçada. Lachmey mostrou seus aposentos e prometeu retornar duas horas depois para que Helvente pudesse descansar. Então, poderiam conhecer o planeta, que até agora ele não tinha sequer visto.

Helvente adormeceu rapidamente. A viagem enorme que fizera, numa estado vibracional diferente do seu normal e a substituição de matéria astral mais densa por material menos pesado fê-lo sentir-se extremamente cansado. Não o notara até que se deitou numa cama pequena, num quarto muito bem decorado com móveis típicos de Karion. Dormira pelo menos três horas com um sono muito profundo e acordara um pouco desconcertado. Lachmey o esperava na antessala e, após lhe perguntar como estava passando, ofereceu-lhe um suco de alguma coisa que Helvente nunca tinha experimentado. Ele não se alimentava de material astral há muitos anos. Conseguira, através de mentalizações, suprimir a fome e a sede que normalmente os espíritos sentiam, pois eram sensações incrustadas no subconsciente. Porém, achara indelicado recusar o suco.

– Nós também não comemos e bebemos mais no nosso plano, assim como dormimos muito pouco. Entretanto, no seu caso, o suco irá ajudar a fixar melhor as nossas vibrações. A magnetização sempre é muito desgastante e você precisará de alguns dias para se reorientar no nosso planeta.

Helvente sabia que Lachmey tinha razão e, em pouco tempo, o suco começou a fazer efeito. O seu sentido de desorientação foi diminuindo, seu corpo foi se tornando mais forte e sua mente mais clara. Ela o levou até o mesmo pátio onde tinha chegado e ele observou um pequeno engenho. Pareciam dois discos superpostos, com a parte superior totalmente transparente. A pequena nave não tinha mais do que dois metros de diâmetro e era própria para viagens astrais em Karion. Lachmey convidou-o a entrar e mostrou-lhe um pequeno assento. Helvente sentou-se e notou que o material era confortável. Lachmey sentou-se ao seu lado, tendo um pequeno console à sua frente. Tocou em dois botões quase imperceptíveis e a cúpula fechou-se suavemente. Mais um botão fora acionado e a nave ergueu-se no ar de forma branda, sem fazer nenhum barulho, deslizando em direção às bordas da planície.

A nave viajava velozmente, vencendo a extensa planície e fazendo descortinar o planeta que aparecia gradativamente. Finalmente, após breve voo, Karion tornou-se completamente visível. Lachmey comandava a pequena nave com seu pensamento e não lhe dava nenhuma forma de comando específico. Conectada a seu subconsciente, a nave ia aonde sua mente críptica indicava, reagindo instantaneamente. A nave deslocava-se para baixo em direção ao planeta, circundando-o em menos de trinta minutos, numa altura de cem quilômetros.

Ainda estavam longe para ver detalhes, mas Helvente pôde tomar consciência do tamanho, formato e características geográficas do planeta. Era um pouco menor do que Ahtilantê. Sua atmosfera era leve e sua gravitação, maior do que a do seu planeta natal, o que lhe provocara certo desconforto inicial. Não tinha luas e o sol brilhava muito forte. Tinha um aspecto menos selvagem do que Ahtilantê. A sua temperatura média era de vinte graus, sendo que todos os fenômenos telúricos e atmosféricos eram controlados por alta tecnologia.

Helvente ficara surpreso com a falta de variações de clima, já que em Ahtilantê ainda existiam variações extremas e processos telúricos e atmosféricos devastadores. Ele viu somente áreas com vegetação luxuriante; e nenhuma região desértica. Não havia estepes de neve e planícies de terra nua e pedras, tudo parecendo estar ocupado. As montanhas não eram tão altas como em Ahtilantê, mas eram espalhadas por todos os lados, e não centrais como a cordilheira de Azincachuan, a imensa cordilheira que quase separava em dois o seu planeta, com algumas montanhas chegando a quase cinquenta mil metros.

Vista do alto, Karion tinha milhares de pequenas cidades e, vez por outra, surgia uma cidade um pouco maior. Ele não observou nenhuma megalópole. Lachmey explicava-lhe tudo com riqueza de detalhes, enquanto viajavam no pequeno artefato. Ela explicou que, no passado, eles tinham tido algumas mega-aglomerações que tinham alcançado a impressionante cifra de um bilhão de pessoas, mas que foram se tornando inexequíveis devido ao seu tamanho. Deste modo, já há mais de quatrocentos anos, os governos incentivaram as populações a migrarem para áreas ainda desérticas e as desenvolverem. As megalópoles foram decrescendo e passaram por grandes transformações arquiteturais. No entanto, o planeta era densamente povoado, com um total de oitenta bilhões de habitantes. Além disso, no astral, existia um número superior de habitantes espirituais. Helvente estava impressionado. Karion tinha quinze vezes mais habitantes do que Ahtilantê, sendo um planeta um pouco menor.

Karion era coberta por vasta área de oceanos e mares, mas muitos lugares, os mais próximos da superfície, eram ocupados por cidades submersas. Lachmey mostrou-lhe as cidades submarinas, com mais de cem mil habitantes cada, que cuidavam de plantações submarinas e de milhões de peixes. As cidades subaquáticas tinham grandes cúpulas de um material que parecia plástico e levavam uma existência parecida com as cidades acima da superfície.

Karion tinha meios de transportes que proporcionavam grandes viagens fora de sua atmosfera. Naquela época, eles já tinham colonizado cinco planetas próximos e mantinham intercâmbio comercial e cultural com cerca de vinte e sete sistemas solares dentro da galáxia. Estavam preparando uma grande expedição, dentro de vinte anos, para irem até a galáxia mais próxima, denominada por eles de Maedala, e por nós de Pequena Nuvens de Magalhães.

A naveta pousou na praça de uma cidade de grande porte, que tinha mais de dois milhões de habitantes. Era uma das cidades mais antigas da Confederação de Karion. A maior cidade de Karion tinha seis milhões de habitantes.

Antes de pousar, Lachmey tinha descido a dez quilômetros de altura e sobrevoara a cidade a duzentos quilômetros por hora, o que permitira notar a grande extensão e os detalhes dessa metrópole.

A cidade não parecia ter crescido de forma desordenada. Existiam grandes áreas verdes com jardins muito bem cuidados, grandes áreas abertas que Helvente logo imaginou corretamente que eram setores esportivos e de recreação. As construções eram elegantes, não excessivamente altas, e os prédios mais altos não passavam de seis andares. Todas as edificações pareciam muito grandes para o tamanho médio dos habitantes locais. Lachmey informou-lhe que as suas habitações eram muito confortáveis e amplas. Por isso, os prédios pareciam ser muito largos, mas que a maioria era de uma habitação por andar. Havia outras áreas da cidade que só tinham casas de um ou dois pavimentos, todos com amplos jardins.

Na parte mais afastada, existiam construções quilométricas, onde, informou-lhe Lachmey, eram as grandes fábricas. Poucos trabalhavam nessas construções ciclópicas, porquanto eram robotizadas. Todas as operações repetitivas e cansativas eram operadas por máquinas-robôs. As construções mais centrais das fábricas eram ocupadas por seres humanos de Karion, que operavam não só a fábrica, como também a parte administrativa e comercial do empreendimento.

Algumas áreas cobertas apresentavam-se vez ou outra, e Lachmey informava-lhe que eram grandes centros comerciais, onde se podia encontrar de tudo, desde serviços e diversões, além de toda sorte de produtos, inclusive coletados em outros planetas.

Na parte mais central, começaram a aparecer grandes arranha-céus, com mais de cinquenta andares. Eram prédios que se uniam uns aos outros através de plataformas que, olhando de longe, parecia uma enorme colmeia. Segundo Lachmey, era o centro da cidade, onde cerca de cento e cinquenta mil pessoas trabalhavam nas áreas de serviços, tais como informática, bancos, seguros, mercados futuros, compra e venda de produtos nacionais, confederados e interplanetários. Havia grandes áreas verdes suspensas entre um prédio e outro, assim como áreas de lazer extensas que ligavam vários edifícios, com parques, restaurantes e diversões.

Para uma cidade grande, o número de ruas e avenidas era relativamente pequeno. Os meios de transporte eram muitos e variados. Existiam verdadeiros trens-bala que atravessavam a cidade em menos de quinze minutos, passando por tubos transparentes, numa altura de quinze metros e ligavam os extremos da cidade numa forma de estrela de cinco pontas, com paradas de quilômetro em quilômetro.

Numa determinada época, aquele gigantesco agrupamento havia sido constituído de mais de duzentas cidades, que foram se expandindo e se fundindo com o aumento da população. Há cerca de quatrocentos anos, aquele agrupamento tornara-se uma única cidade atabalhoada, gigantesca e sufocante, com mais de cem milhões de habitantes. Fora totalmente reformulada e reconstruída a partir de um plano piloto de duzentos anos. Durante esse período, da poeira das demolições foi aparecendo uma bela metrópole, onde os excessos de concentração populacional foram sendo alterados. Foi neste período que foram criados planos de ocupação de áreas aparentemente inóspitas, pois os karionenses haviam conseguido dominar completamente a sua atmosfera, assim como os diversos ecossistemas que compunham o planeta.

A cidade tinha vários aeroportos, onde naves locais levavam passageiros de um lado para outro da cidade, assim como para outras cidades de Karion. Havia um espaçódromo, com uma capacidade de armazenar cargas até vinte e cinco milhões de toneladas, e toda a operação de carga e descarga era automatizada, sendo operada à distância. Além do trem-bala que ligava os pontos extremos da cidade, havia um transporte local que era feito por agradáveis trens urbanos, rápidos, confortáveis e que só ficavam lotados em certos horários. Com a adoção de horários flexíveis de trabalho, era possível fazer com que os transportes urbanos fossem sempre fáceis e agradáveis de ser acessados pela população.

As largas avenidas quase não eram ocupadas por carros, pois a excelência do transporte urbano desaconselhava o uso de viaturas de transporte individual. No entanto, a distribuição de produtos, o atendimento de serviços e alguns casos de emergência eram feitos por viaturas que se deslocavam de forma semiautomática, com grande segurança, com um nível de acidentes tão insignificante que era considerado desprezível. Lachmey lhe informou que, nos últimos vinte e cinco anos, só tiveram uma única colisão, ocasionada por um erro de telemetria, sem vítimas, entretanto.

Lachmey havia pousado a naveta numa praça central da cidade e ambos desceram para conhecer o grande centro. Encaminharam-se para a entrada de um dos prédios e ficaram observando o entra-e-sai das pessoas. A princípio, Helvente tinha certa dificuldade em distingui-las, pois todas pareciam iguais a Lachmey. Mas, com o passar do tempo, ele foi vendo as diferenças e as várias raças que compunham a população. Existiam brancos, pretos, cinzas, marrons, rosados, verdes, azuis e várias outras cores. Havia muita miscigenação racial e há muito que os preconceitos raciais tinham desaparecido, substituídos por uma doce fraternidade. Era um verdadeiro desfile de pessoas, cores e tamanhos, sendo que alguns chegavam a medir um metro e vinte, e os mais baixos não passavam de oitenta centímetros.

As indumentárias também eram muito variadas e apresentavam-se com todas as cores e estampados. Parecia não existir uniformidade nas formas e cores, cada um trajando o que melhor lhe aprouvesse. Havia, no entanto, um bom gosto visível, já que todos trajavam-se com apuro e elegância.

– Gostaria de lhe mostrar um grande escritório comercial e financeiro que existe neste prédio, no vigésimo andar. Você gostaria de ir comigo?

– Naturalmente! – disse Helvente, estranhando de certa forma que Lachmey quisesse lhe mostrar uma coisa tão prosaica.

Lachmey segurou a mão de Helvente e levitou suavemente. Helvente concentrou-se na volitação e ambos chegaram rapidamente a uma plataforma que unia dois grandes prédios, dando entrada para o mencionado escritório. A plataforma tinha jardins, alguns restaurantes e bares, que estavam ainda vazios, pois era hora de trabalho.

Os dois espíritos entraram no vasto escritório pela porta aberta que dava acesso à plataforma. Existia um átrio grande, sem que ninguém estivesse lá para recebê-los. Atravessaram sem nenhuma dificuldade a porta que estava fechada e entraram num vasto salão. Havia cerca de quarenta pessoas trabalhando, cada uma em sua mesa, com espaçosas cadeiras e várias plantas ornamentais. Em cada mesa, havia um equipamento holográfico que gerava uma imagem tridimensional que só era vista pelo operador ou por quem ficasse alinhado com ele. Helvente logo reconheceu que se tratava de um equipamento multimídia, ou seja, um aparelho em que se podia conversar com um interlocutor à distância, fazer operações as mais complexas, acessar bibliotecas de informações e cadastros localizados em distantes terminais, inclusive em outras dimensões e planetas, arquivar informações, conversar com computadores interativos, que poderiam solucionar problemas matemáticos, físicos, químicos, culturais e linguísticos. O multimídia que eles usavam era superior ao que Helvente conhecia no astral de Ahtilantê, sendo tridimensionais, capazes de abrirem janelas espaço-temporais, dando acesso a informações simultaneamente em vários outros equipamentos.

Helvente ficou observando um moço conversando com um senhor, enquanto apareciam legendas em caracteres que ele não conhecia. Lachmey explicou:

– O interlocutor está falando numa língua que o operador desconhece, portanto, o multimídia já está traduzindo. Ele poderia fazer a imagem falar na sua língua natal também, se ele preferisse. Nesse caso, não haveria necessidade de legendas. Entretanto, esse moço prefere escutar a verdadeira entoação do timbre da voz do interlocutor, assim ele poderá interpretar melhor as suas necessidades. Você sabe que, se o computador traduzisse direto e tentasse lhe dar viva voz, a entoação sairia distorcida. Os computadores não têm alma para julgar sentimentos!

Numa outra mesa, uma moça tinha colocado um pequeno capacete na sua cabeça calva e olhava fixamente para o multimídia, enquanto os caracteres apareciam a uma velocidade vertiginosa.

– Ela está ditando mentalmente um relatório, e o multimídia está compilando tudo que capta diretamente de sua mente.

– Espantoso, isso eu não conhecia. O que eles fazem nesse escritório?

– Criam felicidade! – respondeu alegremente Lachmey.

Helvente olhou desconfiado para Lachmey, que sorriu e explicou:

– Isto aqui é um banco. Há vários tipos de bancos, sendo que este é especializado em investir e desenvolver novos negócios, ampliar os existentes e também recuperar os que estão passando por dificuldades. Eles investem em pessoas e nos seus negócios. Cada negócio gera riqueza e empregos para os que se tornam adultos. Os bancos avaliam os negócios de acordo com vários critérios. Analisam as ideias novas que as pessoas têm, seu potencial de trabalho, sua experiência anterior, o número de empregos que irão gerar e o tipo de produto ou serviço que prestarão para a comunidade. Analisam o lucro financeiro, mas, principalmente, o lucro social. Se for lucrativo em todos os sentidos, inclusive o econômico, eles liberam os recursos, acompanhando os investimentos. Dão conselhos aos que estão entrando em novas transações, ajudam os investidores a comprarem as melhores ações, desenvolvem negócios que estão estagnados ou que não estão indo bem, compram dívidas e geram riquezas. Criam empregos e otimismo. Por isso é que eu lhe disse que criam felicidade.

– No meu planeta, os bancos só pensam nos lucros imediatos.

– Muito antigamente era assim. Entretanto, os banqueiros foram vendo que o lucro imediato nem sempre colaborava com o desenvolvimento mental e econômico da sociedade. Eles foram observando que, quanto mais pessoas abastadas existissem numa sociedade, maiores seriam seus negócios. Como consequência, melhores e maiores seriam as transações bancárias, gerando muito mais lucro. Aos poucos, foram alterando sua concepção individualista, substituindo-a por uma mais abrangente.

Lachmey e Helvente saíram do banco, indo em direção a uma plataforma ajardinada, enquanto conversavam sobre assuntos complexos. Subitamente, um grupo de moças e rapazes olharam para eles e se curvaram graciosamente em direção a Lachmey. Essa os viu se curvarem reverenciando-a e também curvou levemente a cabeça. Helvente ficou fortemente surpreso.

– Eles nos viram?

– Só viram a mim. Sua vibração é um pouco diferente da nossa e eles não o captaram. É muito natural. Depois do grande expurgo espiritual que aconteceu há cerca de quatrocentos anos, cada vez mais os renascidos conseguem nos ver. Esse fato melhorou em muito nossas relações. Entre outras coisas, permite que os governantes consultem-nos quando se trata de algum assunto muito sério. Naturalmente, não damos ordens, apenas aconselhamos.

Uma das jovens que parecia ver Lachmey muito bem aproximou-se e lhe disse:

– Grande irmã, sua bênção para nós. Vejo um vulto muito tênue perto da senhora. Poderia me esclarecer de quem se trata?

Lachmey olhou com muita doçura para a jovem e disse:
– Que o Pai Amantíssimo a abençoe. Realmente, estou acompanhada de um espírito de muita luz, de outro mundo muito distante. Você não poderá vê-lo com seus olhos materiais, mas se você se concentrar poderá ver com os espirituais.

A jovem sorriu e fechou seus grandes olhos pretos, procurando concentrar-se mentalmente. Lachmey pediu a Helvente que ele transmitisse à jovem, telepaticamente, como ele efetivamente era em Ahtilantê. Ele, de bom grado, obedeceu e, após um breve intervalo, a jovem abriu os olhos muito surpresa e olhou para Lachmey, que lhe sorriu e disse:
– Este é o nosso irmão Helvente. Ore por ele, pois, em breve, terá uma dura missão e precisará de muita força.

A jovem afastou-se alegremente, começando a falar com seus amigos e, mentalmente, transmitiu a imagem de Helvente para o alegre grupo; todos se voltaram para Lachmey e Helvente e, juntando as mãos espalmadas, levantaram-nas na altura da testa e disseram em coro:
– Salve, Helvente, amado do Senhor, que Ele o guie e o proteja na sua missão de amor.

Dizendo isso, afastaram-se alegremente, comentando o aspecto pouco usual de Helvente. Seu tamanho e formato amendoado de olhos eram novidades para os habitantes de Karion, além de outras características pouco usuais. Mas ninguém se assustou com a visão ou ridicularizou as diferenças entre Helvente e os habitantes de Karion. Pelo contrário, pareciam dar hosanas ao Senhor por existirem tamanhas diferenças entre os povos das várias casas do Pai. Os habitantes de Karion já estavam acostumados a ver pessoas de outros planetas, já que mantinham comércio, sociedades financeiras e intercâmbio cultural com muitos deles.

Lachmey e Helvente dirigiram-se para a naveta que os aguardava na praça abaixo. Lá chegando, entraram e saíram lentamente, percorrendo a cidade a baixa altitude para que Helvente conhecesse cada um dos lugares. Lachmey aproveitou para mostrar com detalhes a beleza da imensa cidade.

Helvente e Lachmey voltaram para o seu plano superior de forma suave e quase imperceptível na pequena nave. Pousaram na plataforma externa, ao lado de belo prédio circular, desceram e caminharam ao longo de alamedas ajardinadas, cujas flores formavam graciosos desenhos. Tinham pousado perto de um grande edifício que servia como museu natural, centro de pesquisas e continha um auditório que podia comportar um contingente apreciável de pessoas. Lachmey convidou Helvente para irem até lá, no interior do edifício.

– Creio que você irá gostar muito da palestra que será proferida aqui hoje. Você gostaria de participar?

– Claro, Lachmey, mas de que se trata!?

– Espere e verá. Posso lhe dizer que não se arrependerá.

Capítulo 2

Dirigiram-se para um grande centro de edificações, onde seria proferida a palestra pelo ilustre visitante.

A assembleia era constituída de mais de cinco mil pessoas, confortavelmente instaladas em assentos que davam para um pequeno palco. Uma música estranhamente bela para os ouvidos de Helvente fazia-se ouvir no imenso auditório. No palco, havia uma espécie de aquário, cheio de um material leitoso, que estava em contínuo movimento, lento e dispersivo.

Lachmey levou Helvente para seus lugares, situados a meia distância do palco, e sentaram-se. Vários olhos pousaram-se em Helvente, pois ninguém conhecia um habitante de Ahtilantê. Lachmey apresentou mentalmente Helvente a todos os presentes, que lhe sorriram amigavelmente, o que o fez se sentir mais à vontade, agradecendo a acolhida com um sorriso amistoso e votos mentais de amor e paz para todos os seus irmãos de Karion.

Lachmey esclareceu-lhe o motivo de tal visita ao Auditório da Paz Universal. Receberiam vários ilustres visitantes do mundo mental superior de Karion e de uma outro orbe distante, que iriam fazer uma palestra sobre o novo planeta que estava sendo desenvolvido. Helvente ficou muito interessado e ansioso por conhecer maiores detalhes, os quais Lachmey ainda não quis esclarecer, apenas para criar uma expectativa salutar.

Poucos minutos depois de estarem bem acomodados, a música cessou e um homem de idade madura subiu ao palco e falou para todos os presentes, numa voz firme e perfeitamente audível.

– Meus amados irmãos, sejam todos muito bem-vindos a esta assembleia fraterna. Levantemos o nosso pensamento ao Altíssimo e bendigamos o seu sacrossanto nome a todo instante. Esta reunião trará oportunidades de trabalho e evolução ainda mais promissoras para todos que assim desejarem. Estamos para receber a visita de um enviado de nossos dirigentes espirituais de Karion, perfeitamente integrado com os dirigentes espirituais do nosso sistema solar, assim como da própria galáxia. Ele virá trazer-lhes um convite que deverá ser analisado cuidadosamente por todos os presentes. Trata-se de uma oportunidade rara, dessas que aparecem a cada milênio, portanto, digna da mais alta consideração. Nosso dirigente máximo planetário está pessoalmente envolvido no projeto e pretende dar apoio incondicional ao seu par que estará aqui presente. Portanto, irmãos, elevemos nosso pensamento ao Altíssimo e peçamos que suas comunicações possam encontrar terreno fértil em nossos corações.

Ele fez uma pequena pausa em seu discurso e, indicando o aquário, disse:

– Concentremo-nos no nosso meio de comunicação.

Um canto belíssimo foi entoado por milhares de vozes presentes, inclusive por Helvente, que parecia conhecer cada nota e letra desse louvor a Deus. Muito rapidamente, o grande aquário cúbico de mais de quinze metros de comprimento começou a se iluminar. Vários matizes de cores foram aparecendo e de dentro do aquário, após alguns instantes, saíram duas figuras enormes. Cada uma media mais de dez metros, parecendo uma estrela multicolorida que brilhava de maneira extraordinária.

As estrelas, já do lado de fora do aquário, começaram a tomar forma e diminuíram gradativamente de tamanho até ficarem com cerca de um metro, medida padrão regular dos habitantes de Karion. Ambos pareciam ser habitantes locais e sua enorme luminescência inicial diminuiu para uma irradiação semelhante à dos demais seres que participavam da assembleia. O apresentador adiantou-se e apresentou solenemente um deles.

– Grande espírito fraterno Meiwinda, apresento-lhe nossos irmãos de Karion. Espíritos em trabalho de redenção de Karion, este é Meiwinda, nosso irmão maior, um dos ministros do dirigente máximo planetário. Ouçamos suas palavras com atenção e respeito.

O silêncio reinante era formidável. Parecia que a imensa sala estava totalmente vazia e hermeticamente fechada.

Meiwinda olhou para todos e começou a falar.

– Amigos de Karion, que a paz do Senhor esteja com vocês. Como sabem, nosso planeta vive dias de grande prosperidade e felicidade. Após o Grande Expurgo, somente espíritos que alcançaram a fase humana superior podem renascer em Karion. Implantou-se a paz e a boa vontade entre os homens.

Meiwinda falava mentalmente e todos escutavam, como se voz estivesse a uma distância mínima.

– Todos aqui já alcançaram as luzes da fraternidade plena e, portanto, é chegado o momento de colocar esses méritos a serviço do Altíssimo. Ele nos chama agora para uma tarefa que muito nos dignifica e que exigirá ainda maiores pendores para a abnegação, a consolação e o amor.

O grande espírito fez uma pausa e, tomando outro tom, menos intimista, prosseguiu:

– Um novo planeta surge. Exige trabalho, ciência, dedicação e muito planejamento. Há um trabalho extraordinário a ser feito. Vocês estão sendo chamados para a grande obra. O que se precisa agora é de espíritos dedicados à construção de um novo mundo, desbravadores que precisarão de muito amor, força de vontade e obediência.

Neste instante, Meiwinda apresentou a segunda estrela da noite.

– Aqui, presente conosco, está o dirigente máximo desse novo planeta. Ele veio pessoalmente para convocá-los para essa missão. Passarei à palavra ao nosso muito amado irmão Bodhisvata, que lhes explicará o que pretende e do que precisa. Saibam, entretanto, que trata-se de um convite e não de uma imposição. Precisamos de voluntários amorosos e dedicados, e nunca de escravos, e sabemos que a decisão que tomarem lhes trará alegrias indizíveis.

Todos se voltaram para o espírito que estava silencioso, reverentemente escutando a preleção do grande dirigente espiritual. Começaram a observar sutis diferenças de aparência do nobre visitante. Ele tinha diminuído e se revestido do material que estava no aquário para formar um novo corpo astral. Era possível observar tais diferenças por baixo desse manto de energia que o revestia, sendo por demais óbvio que sua verdadeira aparência não tinha nada a ver com o que externava. Se assim o fazia, era para ser reconhecido pelos espíritos ainda humanizados, mesmo que da fase superior de Karion. Sua vibração era tão poderosa que todos imaginaram, corretamente aliás, que apenas uma ínfima parcela de sua energia estava materializada naquele plano. Ele emanava tamanha força de vontade, ternura e gentileza que os presentes todos sentiram-se compelidos a se curvarem perante aquele magnífico ser. Todos estavam como que hipnotizados pela fantástica energia que emanava dos dois seres, mais especialmente de Bodhisvata.

– Preciosas gemas raras de Karion. Levantem a fronte e acomodem-se da melhor maneira possível. Sou apenas um irmão um pouco mais velho do que vocês. Porém, não passo de ínfima poeira perante a grandeza do amantíssimo Pai.

Todos se sentaram. Bodhisvata deslocou-se para uma das extremidades do palco, deixando livre o aquário. E continuou sua exposição.

– Nossos irmãos espíritos superiores que governam a nossa galáxia colocaram uma grande honra em minha mão. Uma nova estrela, amarela e muito estável, está nascendo sob a orientação de uma grande equipe de espíritos angélicos. O diretor máximo desse sol, convocou uma equipe com muita experiência para desenvolver o novo sistema solar. O trabalho começou há mais de três bilhões de anos, e já se encontra em fase final de estabilização.

À medida que o grande Bodhisvata explanava, apareciam imagens tridimensionais vivas e coloridas no grande aquário. Todos podiam ir acompanhando o nascimento da estrela no berçário estelar, que se originou da explosão de uma supernova, azul, gigantesca. Em volta da estrela, podiam-se ver pequenas bolas de fogo, incandescentes, rubras, circulando em torno do recém-nascido astro. Era o cortejo planetário.

– Esse novo astro estelar tem quatorze planetas. Desses, seis são sólidos e oito são bolas de gás ou de gelo. Dos oito planetas, dois apresentam excelentes perspectivas para a implantação de estações de evolução física, sendo que um é absolutamente bem posicionado, tendo duas luas, pequenos satélites naturais, que proporcionam um agradável equilíbrio gravitacional.

As imagens mostraram os dois planetas candidatos e, depois, focalizou um levemente menor do que Karion. Suas duas luas, ainda rubras de forte incandescência, brilhavam no espaço, girando suavemente em torno dele.

– Nos próximos séculos, este planeta terá alcançado um ponto de calmaria, que permitirá o início do processo de desenvolvimento da vida. Durante esse período, teremos que planejar, até os mínimos detalhes, todos os ecossistemas e compatibilizá-los com a quantidade de espíritos que deverão ser trazidos para iniciar sua jornada evolutiva. Cada etapa deverá ser não só planejada, como também executada. Não poderá ser um trabalho puramente acadêmico, mas, pelo contrário, tudo o que for planejado deverá ser testado e operacionalizado. Os espíritos não evoluem a partir de testes, e sim de uma escala por que não dizer industrial. Receberemos inicialmente mais de dezoito bilhões de espíritos na mais crua fase de desenvolvimento espiritual.

Neste ponto, o grande espírito começou a descrever os passos da evolução espiritual. Como todos já conheciam o processo, Bodhisvata foi direto ao ponto.

– Além desses bilhões de espíritos que já existem, a Criação de Deus Todo Criador é contínua, ininterrupta e incessante para todo o sempre. Desse modo, receberemos ainda mais bilhões de bilhões de seres que precisam evoluir. Muitos virão ainda como forças cegas da natureza a começar a sua longa jornada, outros já chegarão em estado mais adiantado para prosseguir na senda evolutiva. Receberemos, provavelmente, em alguns milhões de anos, espíritos exilados, mutilados pela dor, escória espiritual de seus planetas, assim como espíritos elevados que nos ajudarão na missão de levar esses e todos os outros que existem ou que vierem a existir para o seio do amorosíssimo Pai, que não permite que nenhum dos seus filhos seja deixado para trás nos abismos de dor, terror e sofrimento que eles mesmos cavaram. Todos deverão superar a si próprios e se submeter ao único comando irrevogável, imutável e incorruptível do Pai Eterno, que é a lei do amor. Tudo que o Pai faz é um ato de amor puro. Ele de nada precisa. Ele nada deseja e quer. Ele cria e deixa criar em conjunto com Ele, por puro amor, um amor de tal qualidade que só os que com Ele convivem em unicidade absoluta podem compreender na sua totalidade. Todos nós, que ainda trafegamos pelo caminho que leva ao Senhor, só podemos suspeitar a imensidão desse amor.

Todos os presentes estavam quietos, como se totalmente magnetizados pela palavra de fogo de Bodhisvata. As imagens se desvaneceram lentamente e uma chuva de raios luminosos atingiu todos os presentes. O ambiente foi tomado de um som poderoso, harmonioso e dulcíssimo. Todos ficaram ainda mais enlevados.

– Gemas raras de Karion, estamos formando um enorme grupo de espíritos construtores. Queremos o seu amoroso concurso. Precisamos de sua ciência, de sua bondade, dedicação e força de vontade. Oferecemos trabalho estafante, lutas imensas, vitórias e desafios, derrotas e novas tentativas, pois é isto que é a construção de um planeta inteiro. Milhões de espíritos construtores irão participar. Formaremos uma imensa equipe, com grupos e subgrupos até o mais ínfimo dos detalhes, pois sem o trabalho em grupo, amplo, profundo, sistemático e laborioso, não pode existir evolução e aperfeiçoamento. É preciso planejar, treinar, executar, e, depois, novamente, replanejar, retreinar e reexecutar. Um planeta passa por muitas fases. Cada uma diferente da outra. Quando uma está pronta, ela precisa ser modificada para vir uma nova ainda mais avançada, que permita que os espíritos evoluam de forma mais adequada. É muito trabalho e a paga é a satisfação do dever cumprido.

O grande espírito fez uma pequena pausa e prosseguiu sua alocução clara e brilhante.

– Não há reconhecimento dos seres que se locupletarão de suas tarefas. Serão trabalhadores anônimos. Os animais e os homens não os conhecerão. Não lhes agradecerão em preces levantadas aos céus. Muitos destruirão em minutos, o que vocês levaram anos de pesquisa, de testes, de simulações e de aplicação demorada, imergindo suas mentes poderosas na matéria dura e inflexível para alterar uma raça de animal, uma espécie de planta, um perfume de flor. Muitos dirão que foi obra do Pai Todo Poderoso, e, em parte realmente o é, pois, sem a sua divina aquiescência, sua poderosa e soberaníssima vontade, nada e ninguém existiria. Outros dirão que foi a sábia natureza que tudo criou, como se uma coisa abstrata e impessoal, um simples conceito abstrato, soma mental de tudo que existe no mundo físico, pudesse desenvolver a quase infinita complexidade que envolve o desenvolvimento de um sistema solar e de seu cortejo planetário. Vocês serão os mais desconhecidos dos seres, porém conhecidos de quem mais lhes interessam: a sua própria consciência e o nosso Pai amantíssimo. Que a paz do Senhor esteja com vocês!

Terminada a preleção, os dois espíritos, poderosos e divinizados, humildes na sua apresentação, entraram no aquário e, como se libertassem-se de um fardo pesado e incômodo, brilharam intensamente até que desapareceram, extinguindo a forte luz qual fosse uma pequena vela apagando-se no escuro.

Todos se levantaram e cantaram juntos um belo e melodioso canto em louvor à eterna criação divina. Terminado o canto, saíram lentamente, cada um circunspectamente a pensar na feliz oportunidade de trabalho, evolução e luzes interiores que inevitavelmente adviriam de tal empreitada.

Helvente estava fortemente impressionado. O seu primeiro impulso era o de se candidatar, mas lembrou-se de seu compromisso em Ahtilantê e acabou por concluir que seria prematuro qualquer aventura que não estivesse firmemente planejada pelos seus orientadores espirituais.

– Não lhe faltará, futuramente, oportunidade de colaborar no desenvolvimento de um planeta – disse-lhe profeticamente Lachmey.

– Minha cara Lachmey, gostaria de lhe pousar algumas questões sobre esse encontro magnífico.

– Fique à vontade, amigo Helvente. Se eu não souber a resposta, poderemos indagar junto aos nossos espíritos superiores. Tudo lhe deve ser franqueado!

Helvente agradeceu a gentileza e expôs as dúvidas.

– Gostaria de saber se todos que aqui se encontravam tinham vindo por sua própria vontade ou se tinham sido convocados?

– A maioria foi convocada devido aos seus conhecimentos específicos. Essa reunião foi planejada há alguns meses e nossos dirigentes espirituais fizeram extenso levantamento individual de forma a somente chamarem espíritos qualificados técnica e espiritualmente. Não há nenhum participante que não tenha sido cuidadosamente selecionado e que não conhecesse o teor da reunião, já tendo se decidido a aceitar o amoroso convite. O planejamento cuidadoso não tolera surpresas.

– Você disse que a maioria, mas então isso quer dizer que houve uma minoria que não foi convidada. Por que, então, veio?

— A minoria que não foi convidada para participar da construção desse futuro planeta, e assim mesmo foi convidada para participar da assembleia na categoria de ouvintes e relatores para os demais membros do mundo astral, são como se fossem repórteres qualificados para escrever aos demais sobre esse convite ao trabalho. A simples perspectiva de um dia serem convidados para trabalhar em um novo mundo é muito estimulante para os que ainda não estão devidamente qualificados.

Helvente lembrou-se de que no seu plano astral, em Ahtilantê, existiam jornais publicados diariamente. Era, portanto, natural que, num evento tão importante, existissem jornalistas especializados. Lembrou-se de como eram diferentes dos jornalistas ainda jungidos à carne que procuravam as notícias de forma esbaforida e, muitas vezes, de forma tão agressiva que tolhiam os entrevistados.

— Lachmey, um detalhe me deixou preocupado. Por que um espírito de tamanha magnitude, de tão alta estirpe sideral, viria manifestar-se entre nós, se poderia simplesmente convocar quem desejasse? Não seria mais fácil delegar aos coordenadores, que devem fazer parte de sua equipe, o trabalho de comunicar aos escolhidos e convencê-los a participar da empreitada?

— Realmente, isso seria possível. Porém, a formação de uma equipe é fundamental para que um empreendimento possa funcionar. Bodhisvata, mesmo sendo um dirigente máximo planetário, faz questão de que os integrantes de sua equipe também o conheçam. Terão que trabalhar juntos por muitos séculos e é importante que se estabeleça de imediato um elo de amizade, respeito e amor entre todos. Muitos espíritos estão sendo convocados no astral superior, assim como no excelso e fabuloso mundo mental, para fazer parte dessa equipe extraordinária. Os convocados de Karion são apenas um pequeno grupo que irá se amalgamar a muitos outros para formar uma grande equipe. Cada espécie de planta, animal e futuros humanos recebe um tratamento extremamente preciso. Cada ecossistema, com sua biodiversidade, é fruto de milhões de artesãos da genética, da biologia, de artistas estéticos e sonoros, sociólogos, veterinários, engenheiros, médicos, dentistas, planejadores globais, simuladores informáticos, e por aí afora.

Helvente estava aturdido, pois não conhecia estes detalhes em profundidade. Lachmey prosseguiu em sua exposição didática:

— Além dessa equipe de altíssimo nível, teremos os operadores, que deverão executar todas as tarefas de implantação dos projetos de acordo com os planos traçados nos vários níveis. E, para completar, teremos os obreiros, que deverão, junto com os operadores, automatizar os processos. Uma coisa é planejar, outra é fazer um molde para teste, outra é implementá-lo na matéria, porém são os processos automatizados que permitem que bilhões de seres possam evoluir. Há, portanto, um número enorme de trabalhadores anônimos que precisam diariamente, de modo incansável, de operar em vários níveis, para que a grande obra funcione.

Helvente demonstrava sinais de cansaço. Ainda não se habituara à gravidade de Karion. Lachmey percebeu esses inequívocos sinais e lhe disse:

— Amanhã, eu lhe mostrarei mais sobre Karion e lhe darei todas as informações sobre a evolução material e histórica do nosso planeta, especialmente sobre as confederações e o Grande Expurgo. Até lá, você precisa descansar, pois foi um dia cansativo e seu corpo espiritual ainda não está adaptado à nossa vibração. Descanse e amanhã teremos um novo dia que esperamos seja proveitoso.

Ainda faltava muito o que aprender sobre a evolução social e histórica de Karion. Marcaram encontro para o próximo dia, pois Helvente, além de não estar bem adaptado à sua condição de habitante temporário de Karion, precisava colocar as suas ideias em ordem. Aprendera muito em pouco tempo.

Capítulo 3

Lachmey bateu levemente na porta do quarto de Helvente e o chamou. Ele acordou muito cansado e respondeu ainda muito sonolento. Fazia muitos anos que não dormira tanto assim. Dificilmente, no seu plano astral, em Ahtilantê, os espíritos dormiam mais do que uma ou duas horas por dia. Havia tantas tarefas e tantas coisas interessantes para se fazer que os entusiasmavam sobremaneira, e não havia motivo para dormir. Por outro lado, quanto mais se afastavam do corpo físico, menos precisavam de repouso. Todavia, em Karion, sua gravidade mais pesada parecia fazer efeito sobre o corpo espiritual. Além de estar mais cansado, parecia ter a sensação de fome e sede que há muito não sentia. Helvente saiu do quarto e encontrou Lachmey e Higastos.

– Bom-dia, amigo Helvente. Eu lhe trouxe o nosso amigo Higastos, pois acho que você vai precisar de sua ajuda.

– Saudações. Realmente, acho que uma nova magnetização poderia me ajudar muito.

– Bom-dia, nobre Helvente – respondeu-lhe Higastos, sorridente. – Eu não posso fazer isso! Você foi magnetizado ontem e não devemos abusar desse recurso. Se assim procedesse, poderia colocar em risco seu corpo espiritual. O que posso lhe ajudar é revestir você com material astral mais denso, assim não sentirá tanto o efeito da nossa gravidade.

– Tudo que você mandar, meu bom amigo – aquiesceu cordialmente Helvente.

– Primeiro, você vai se alimentar de frutas, sucos e legumes astrais que nós preparamos para você. O gosto será aquele que lhe parecer o mais conveniente – afirmou Higastos, mostrando a porta que dava acesso à outra sala.

Passaram para uma sala mais ampla, onde havia uma mesa muito bem talhada e em tudo parecida com madeira. Sobre ela, existiam frutas estranhas, uma sopa de legumes borbulhante e um copo alto com um suco de cor arroxeada. Helvente foi instruído a primeiro tomar a sopa, depois comer as frutas e, finalmente, beber todo o suco. Assim procedeu, sem nenhuma dificuldade. Poucos minutos depois, foi se sentindo mais forte e com a mente menos cansada.

– Você sabe que o corpo espiritual é constituído de matéria astral do planeta em que estamos localizados. São energias sutis que se amalgamam em torno dos campos de forças geradas pelo nosso espírito, como se fossem roupas que nós vestíssemos. O espírito é um campo de energia sutil, que vibra em frequência de faixa tão acelerada que, sem o corpo astral, nós não poderíamos sequer ter o mínimo contato com a matéria. O corpo espiritual é uma aglomeração de energias astrais, mentais e espirituais que se amalgamam em torno do campo puntual, que é o próprio espírito. No seu caso, a sua matéria astral é mais leve do que a nossa, mesmo estando ambos no mesmo plano, porque é constituída da matéria astral que rodeia seu planeta. Ele é mais leve gravitacionalmente do que o nosso, devido ao fato de o seu planeta ter um núcleo menos denso, constituído de materiais menos pesados atomicamente. A atração gravitacional faz-se mais intensa sobre seu corpo espiritual e o obriga a um esforço maior para se manter coeso. Você se sente mais cansado e a sua mente mais embotada. Precisa se revestir com material astral do nosso planeta e passará a se sentir melhor.

Este é um processo que leva alguns meses e será desnecessário, pois, quando estiver completo, você deverá voltar para Ahtilantê e deverá passar por um processo inverso. O que eu posso aconselhar é que se revista com fluidos mais pesados, temporariamente, sem perder sua matéria astral totalmente. Seria como uma capa.

– Parece-me um excelente conselho e o farei imediatamente. O que me sugere o amigo?

– O melhor seria uma imersão fluídica, no astral médio – disse-lhe Higastos, que, virando para Lachmey, complementou: – Não mais do que dez minutos, de mês em mês.

– Ótimo! Providenciarei para que o nosso amigo possa receber o tratamento conveniente no astral médio, conforme suas determinações – acrescentou afetuosamente Lachmey.

Após o desjejum, Lachmey e Helvente dirigiram-se para a pequena nave, instalaram-se confortavelmente e alçaram voo. Cobriram a distância da vasta plataforma onde estavam e desceram em direção a Karion. Em meio caminho, Lachmey parou a nave e disse a Helvente:

– Vamos passar para outro plano. Entraremos no astral médio. Graças a Deus, desde o grande expurgo, não temos mais o astral inferior, com toda a sua gama de sofrimentos e horrores, mas ainda temos o astral médio, onde se processam todas as atividades de apoio à existência de Karion.

Lachmey passou a mexer em alguns comandos e, gradativamente, a nave, que estava parada, começou a vibrar suavemente, sem sair do lugar. Uma névoa começou a cobrir o veículo. A nave vibrou um pouco mais forte e a névoa se dissipou como por encanto. Helvente estava acostumado a esse processo, pois fazia o mesmo em Ahtilantê. Tinham passado de uma faixa de frequência para outra, e saíram das altas vibrações do astral superior para as vibrações um pouco mais densas do astral médio.

Quando a névoa se dissipou, Helvente pôde ver uma bela cidade, numa pradaria que parecia ir até onde a vista alcançava. Eles estavam a umas centenas de metros da cidade de onde podiam ver amplos jardins, inúmeras construções artisticamente trabalhadas e alamedas largas e extensas.

Pousaram a nave num parque amplo e ajardinado, desceram do veículo e se encaminharam para a cidade.

– Trata-se de Gaélica, uma cidade do astral médio. Esta cidade é um grande centro de estudos; poderemos visitar sua grande universidade, onde tenho alguns colegas que ministram aulas em caráter regular.

– São colegas do seu plano, naturalmente?

– Claro! Todos temos compromissos com a ascensão de nossos irmãos. Pessoalmente, venho aqui bastante para ajudar no renascimento dos nossos irmãos.

Continuaram a conversar sobre assuntos variados, enquanto entravam na cidade. Havia muitos passantes na rua e quase nenhum se apercebia de suas presenças. Não era de estranhar, pois mesmo os passantes sendo espíritos até muito evoluídos, Lachmey e Helvente estavam ainda vibrando em um plano levemente mais alto. A nave os fizera descer de padrão vibratório, mas não o suficiente para ficarem integrados totalmente ao novo plano astral de Gaélica.

A cidade estendia-se a perder de vista. Deveria ser quase tão grande quanto a cidade física que visitaram na véspera. Era, entretanto, mais harmoniosa e alegre. As flores pareciam ser mais vivas e exalavam um perfume doce. As pessoas deslocavam-se de modo muito descontraído e conversavam alegremente.

Lachmey sugeriu a volitação, e juntos alçaram voo, transportando-se até uma das extremidades da cidade. Eles estavam na posição vertical, levemente curvados para a frente, deslocando-se a uma altitude de cinquenta metros, numa velocidade de trezentos quilômetros por hora. Essa velocidade era suficiente para chegarem rápidos ao destino e ainda assim observarem tudo em volta. Não há dúvida de que Lachmey guiava a volitação a cerca de vinte centímetros à frente de Helvente para permitir que ele apreciasse a bela vista da cidade.

Chegaram a um grande parque onde existiam mais de duzentos prédios altos, equidistantes uns dos outros. Lachmey transmitiu-lhe telepaticamente que era a Universidade de Gaélica. Desceram mansamente perto de uma gigantesca fonte cheia de água cristalina, que refletia os raios do sol. A fonte era cercada de múltiplas imagens, esculpidas em vários tipos de materiais, ora parecendo jade, ora granito, ora pedra-sabão.

– Preciso baixar meu padrão vibratório para que possa ser visto e conversar com nossos irmãos. Nós vamos precisar do concurso fraterno dos nossos irmãos deste plano. Como nunca viram um habitante de Ahtilantê, peço-lhe que permaneça neste estado até que possa alertá-los de sua presença. Desse modo, não irão estranhar sua forma, que é tão diferente da nossa.

Assim fazendo, Lachmey fechou os olhos e pareceu vibrar uma prece silenciosa. Rapidamente, seu padrão vibratório baixou o suficiente para poder ser vista. Vários espíritos estavam próximos da fonte, conversando e viram quando Lachmey 'materializou-se'. A maioria parou de conversar e curvou-se em sinal de respeito. Outros não a viram chegar e continuaram suas conversas. Lachmey cumprimentou, curvando levemente sua fronte aos que a cumprimentaram, e dirigiu-se para o interior de um dos prédios, seguida de perto por Helvente, ainda na sua forma infantil de ahtilante e invisível aos olhos dos espíritos do astral médio de Karion.

Seguiram por longos corredores até uma sala de aula, onde Lachmey entrou e postou-se atrás de todos. Helvente a seguia de perto. Devia ter cerca de trezentos alunos prestando o máximo de atenção a um enorme visor, onde cenas detalhadas de várias espécies de animais de Karion apareciam. Era uma aula de história natural e muitas dessas espécies de animais não existiam há mais de duzentos milhões de anos. O visor tridimensional era tão vivo que parecia que eles estavam ali na sala de aula. Um professor estava terminando a sua exposição, quando viu Lachmey no fundo da classe. Assim que terminou a lição sobre os animais pré-históricos de Karion, ele se dirigiu à classe com palavras menos professorais.

– Amigos, temos a grande honra de receber um espírito redimido nas lutas da evolução. A mestra Lachmey está entre nós e, por isso, peço-lhes o máximo de deferência e cortesia para recebê-la com todo o apreço e amor de que é credora.

Logo um burburinho de emoção correu os alunos, que ansiosamente procuravam por Lachmey. Ela muito gentilmente saiu do fundo da classe e dirigiu-se à frente dos alunos. Uma grande salva de palmas fez-se ouvir e todos curvaram a cabeça em sinal de respeito e consideração. Lachmey dirigiu-se a todos.

– Amados amigos, nada sou para merecer tamanha deferência de vocês e do nobre Hamaburba, seu amoroso professor. Sou muito mais uma devedora da providência divina do que credora de qualquer mérito que possam me imputar. Mas, hoje, vim aqui como humilde pedinte. Preciso da ajuda de todos vocês para uma missão de doação e amor.

Todos prestavam total atenção.

– Não preciso lhes dizer que o Pai tem muitas moradas. De uma dessas, foi-nos enviada um ser que está se preparando para uma grave missão em que poderá ajudar a bilhões de irmãos a progredirem na senda evolutiva. Seu planeta prepara-se, arduamente, para ingressar nos mundos felizes de que Karion já faz parte. Sua humanidade ainda labuta com muita tenacidade para superar as loucuras da carne. Temos entre nós, o grande Helvente, que precisa de suas forças e energias. Seu planeta tem uma força gravitacional menor do que a nossa, pois trata-se de um verdadeiro jardim, um futuro paraíso no momento em que sua humanidade souber superar suas diferenças. Mas Helvente tem dificuldades em se adaptar à nossa atmosfera e gravitação mais densa. Precisa de um banho de energias que somente vocês poderão lhe proporcionar. Gostaria de receber seus fraternos concursos para esta missão de amor.

A resposta foi imediata. Todos se mostravam excitados em oferecer ajuda, e muitos olhavam em volta como a procurar por Helvente.

– Desde já, eu lhes agradeço a generosa doação de energias. Helvente está ao meu lado e irá aparecer para vocês. Entretanto, alerto para o fato de que ele é diferente de nós. Apresenta-se na sua forma infantil, pois seu tamanho adulto supera os dois metros e meio, e seria inconveniente se assim se apresentasse. Vocês irão, portanto, ver uma forma infantil, olhos menores do que os nossos e uma cor verde profunda como nós não temos aqui. Tranquilizem-se, pois Helvente é um nobre espírito de alta estirpe sideral, gema rara do planeta de Ahtilantê, do quadrante oposto ao nosso, da constelação de Rudas,[1] distante a 85.000 anos-luz e que muito nos honra com sua presença.

Na medida em que Lachmey falava, Helvente concentrou-se e relembrou o seu tempo de ser humano renascido e foi-se 'materializando' à frente dos alunos do nobre Hamaburba. Na medida em que esse fato ia acontecendo, os alunos foram sendo tomados de uma excitação alegre e de uma curiosidade sadia. Quando Helvente se 'materializou' completamente, uma salva de palmas fez-se ouvir de todos os presentes, como uma forma gentil de saudar o nobre visitante.

Helvente curvou sua fronte para todos e dirigiu-se à plateia.

– Amados irmãos, somos todos filhos do mesmo amantíssimo Pai. Assim como os dedos de uma mesma mão, somos todos diferentes, mas continuamos ligados a esta generosa mão que nos guia pela eternidade. Somos todos aparentemente diferentes uns dos outros e, ao mesmo tempo, somos todos absolutamente iguais, já que tivemos uma origem comum no seio do mesmo Criador supremo. Desde já, quero colocar-me como devedor de sua inestimável e valiosa ajuda, sem a qual minha viagem a Karion estaria seriamente comprometida.

Lachmey organizou os alunos num vasto círculo em volta de Helvente. Em poucos minutos, apareceram mais quatro professo-

---
[1] Cocheiro.

res, todos do mesmo plano de Lachmey e, junto com ela e Hamaburba, fizeram um outro círculo em volta de Helvente. Lachmey gentilmente explicou aos alunos o que deveriam fazer.

Todos tinham que dar as mãos, concentrarem-se para doar um pouco de suas energias e canalizá-las para Helvente. O silêncio se fez presente e todo burburinho cessou na medida em que todos se deram as mãos. Hamaburba começou a cantar um hino do Amor Divino e foi logo seguido por Lachmey, os professores e alunos. Helvente estava sentado no centro dos dois círculos concêntricos e elevou seu pensamento ao Altíssimo.

Gradativamente, uma névoa branca começou a surgir em torno dos alunos, especialmente da região cerebral e coronária. Os habitantes de Karion tinham um coração físico pequeno, situado na região central do peito, mais acima do que os terrestres o têm. A névoa começou a ser canalizada pelo círculo interno dos mestres e de Lachmey, em direção a Helvente.

O belo canto continuava de forma muito branda e ajudava a todos a se concentrarem melhor. Lachmey e os mestres eram os canalizadores, pois os alunos só podiam libertar a energia, mas tinham dificuldades em direcioná-la. Com exceção de alguns que conseguiam direcionar a energia astral para Helvente, os outros ainda não tinham a mente disciplinada o suficiente para que as suas forças astrais pudessem encontrar o alvo.

Sem os seus preciosos fluidos, Helvente passaria os primeiros meses em Karion quase sempre sonolento e permanentemente cansado. Seu aproveitamento seria muito reduzido. Com as energias doadas pelos habitantes dos planos astrais médios, e com a incorporação dessas ao corpo fluídico espiritual de Helvente, ele passaria a ter uma densidade mais adequada à gravidade de Karion.

A operação durou menos de dez minutos, seguindo as recomendações de Higastos. Mais tempo, se cansariam os alunos e a energia não poderia ser totalmente absorvida por Helvente. Tendo terminado a operação fluídica, Lachmey dirigiu-se a todos os presentes:

— Meus caros amigos, levantemos nosso pensamento ao Deus Altíssimo e vamos juntos agradecer por esta oportunidade de sermos úteis. Nossos irmão Helvente conduzirá a prece ao Todo Poderoso, pois todos nós somos devedores de sua providência divina e nunca devemos achar que somos credores de absolutamente nada, já que as nossas dívidas para com o amantíssimo Pai serão sempre superiores a qualquer mérito que venhamos a ter por cumprir com honestidade nosso dever fraterno.

Todos os olhos voltaram-se para Helvente. Ele se sentia forte e revigorado com o banho fluídico que tomara e seu coração estava repleto de gratidão para com todos os presentes. Helvente fechou os olhos e orou na sua língua estranha e gutural, mas foi entendido mentalmente por todos os presentes.

— Pai! Oh, amantíssimo Pai! Somos todos os vossos pequenos filhos. Muitos de nós ainda estamos lutando arduamente para superar nossas deficiências e nosso atraso espiritual. Tudo vos devemos. A cada instante, desde o segundo em que fomos criados pelo vosso excelso amor, passamos a ser vosso eterno devedor. Entretanto, quantas vezes lançamos imprecações contra vosso augusto nome. Quantas vezes negamos a vossa divina paternidade por acharmos que éramos filhos de uma natureza que sem Vós não poderia existir. A cada instante de nossas vidas em que negamos a vossa existência, fostes compassivo. Cada instante em que só pensamos em nossos próprios benefícios e, quando não os conseguíamos, levantávamos os punhos cheios de ódio e raiva contra vosso augusto semblante, fostes misericordioso. Quando ferimos nosso semelhante, criatura igualmente criada por vosso inexcedível amor, Vós fostes tolerante e justo, dando-nos quantas oportunidades fossem necessárias para que pudéssemos nos redimir dos nossos crimes e ofensas. Quantas vezes fostes magnânimo e nos oferecestes mais uma existência para nossa redenção e aprimoramento. Oh, Pai, Vós sois o mais rico de todos os seres. Vós sois o mais generoso, pois permitis que todos nós, humilde poeira dos astros, possamos chegar perto de Vós, contemplando vossa majestosa presença. Somos todos vossos pequeninos filhos, mas nos sentimos fortes e poderosos porque temos um Pai que nos ama, por mais que sejamos indignos desse amor. Sentimo-nos capazes de construir universos, pois temos como molde absoluto um Criador capaz de permitir que seus pequeninos filhos o imitem. Irmãos de Karion, louvemos o sacrossanto infinito semblante do Pai sempre vivo para o todo sempre.

Enquanto Helvente fazia sua prece do fundo de seu coração, uma chuva de pétalas de luzes caía do alto do auditório e aspergia todos os presentes. As forças do Alto devolviam em quantidades muito superiores as energias que os alunos tinham proporcionado a Helvente. É sempre assim, o pouco que todos nós damos aos outros, sempre é devolvido em muito maior grau pela providência divina.

Lachmey, Helvente e os outros mestres dirigiram-se a uma pequena sala de aulas que estava livre. Após as apresentações de praxe, sentaram-se e começaram uma reunião informal. Lachmey tinha muito que explicar a Helvente quanto à história de Karion, a formação das confederações, o desenvolvimento do terceiro e quarto grupos de países e o grande expurgo. Lachmey explicou de forma sucinta aos demais mestres a missão de estudos e observações de Helvente e todos se mostraram dispostos a dar sua contribuição.

Hamaburba, solicitado por Lachmey, iniciou sua exposição. Ele se tornara extremamente interessante, pois ao mesmo tempo que expunha a história de Karion, mostrava também o ingresso de grandes grupos de espíritos que vinham de outros planetas, através do mundo espiritual.

Ele começou falando da pré-história do planeta, mostrando como várias espécies primitivas foram desenvolvidas para dar origem às raças atuais. Mostrou como também naquele planeta existiu uma revolução neolítica, assim como a estruturação social passou por várias fases, entre elas a fase agrícola, um largo período de pequenos reinos que se digladiavam entre si, cidades-estados que não conseguiam viver em paz, além de influências espirituais profundas dadas por espíritos exilados trazidos em grandes quantidades de outro planeta mais evoluído.

Hamaburba mostrou, durante algumas horas, como a sociedade foi evoluindo através da construção e destruição de vastos impérios, de migrações internas que tinham como objetivo fundir culturas e povos, mas que nem sempre eram feitas de forma branda, sendo, na maioria das vezes, violenta e feroz.

Helvente observava que havia um paralelismo fascinante entre a história de Karion e Ahtilantê, tendo questionado o fato. Hamaburba respondeu-lhe:

— A história da evolução dos mundos é muito similar, comparando as diversas fases espirituais. Mudam os nomes dos povos, dos lugares e os nomes dos reis e heróis, assim como dos traidores e pusilânimes que pululam em todos os orbes habitados, mas a construção tem que ser similar, já que a evolução espiritual se processa da mesma forma. Tanto faz ser um espírito da fase humana média em Karion, Ahtilantê ou outros milhões de mundos que existem, os espíritos se comportam da mesma maneira, tendo os mesmos vícios, defeitos, desvios emocionais, assim como as mesmas virtudes e formas de pensamento.

Helvente viu que havia lógica nisto, pois a justiça divina não iria privilegiar um mundo em relação a outro, desde que estivessem no mesmo plano evolutivo. Lachmey pegou o gancho da conversa e arrematou:

— Sim, a justiça divina impede que haja privilégios indevidos. Todas as suas criaturas, espíritos por Ele criados, seguem as mesmas leis em qualquer ponto do universo.

— No entanto, há escolas filosóficas que dizem que Deus criou classes de espíritos que não evoluem através dos meios materiais, ou seja renascendo.

– Há muitas escolas dignas que assim acreditam, no entanto, laboram em erro, pois há duas coisas que são fundamentais no processo de renascimento através de corpos físicos, não importando em que planeta seja: o primeiro é a justiça divina, pois ela é equânime. Deste modo, condições idênticas devem ser dadas a todas as criaturas. O segundo ponto é que o espírito simplesmente não é capaz de evoluir fora da matéria, a não ser depois de ter atingido um certo grau evolucionário. Este grau se situa a partir do mundo mental, pois até durante a permanência no mundo astral, mesmo o superior, o espírito não é completamente capaz de evoluir fora da matéria.

– Realmente isto parece ser um fato normal, nesta fase de evolução espiritual.

Helvente, mesmo sendo um espírito com um grau de evolução bastante razoável, era um bom conhecedor de todas as leis divinas. Havia, no entanto, muitas escolas filosóficas em Ahtilantê que acreditavam que os espíritos elementais e os angélicos nunca tinham tido existência material, tendo evoluído por outro caminho fora da matéria.

– Quando o espírito é criado por Deus, ele é uma energia radial, um ponto, se assim quiser pensar, que não se movimenta sozinho. É através do contato com a matéria que ele vai adquirindo as caraterísticas da mesma. Ele passa por várias fases e, quando alcança a fase humana, ele continua recebendo influxos da matéria através da genética, da educação, da sociedade em que está inserido e, nas inúmeras experiências encarnatórias, vai adquirindo características que lhe são próprias, assim como, muitas vezes, defeitos e vícios. No entanto, dentro do grande plano divino, até os defeitos e vícios são transformados, no decorrer dos tempos, em características positivas para o espírito. Finalmente, quando o espírito supera a fase humana superior, seu contato com a matéria vai decrescendo.

Lachmey fez uma pequena pausa e complementou:

– Quando digo decrescendo, não significa dizer que ele fica divorciado da matéria, pois há mundos mais avançados que se situam acima de Karion e de outros orbes que lhe são similares em que o espírito continua a evoluir imergindo em matérias menos densas, quase diáfanas, mas mesmo assim não deixam de ser formas quase materiais. Só que, tendo alcançado a maioridade espiritual, esta matéria não lhe tolhe tanto os movimentos quanto a nossa atual. Superada então esta fase semimaterial, o espírito é capaz de evoluir por si próprio, alcançando os planos angélicos superiores e, de lá, ainda em longa e cada vez mais feliz peregrinação, até o plano divino propriamente dito, quando ele se funde com a própria divindade, sem, no entanto, perder suas características de consciência e individualidade.

Lachmey passou a palavra a Hamaburba, que então prosseguiu sua exposição, mostrando que Karion também passou por uma fase de revolução industrial, com etapas de industrialização global muito acelerada e a transformação de sociedades agrícolas em industriais através de complexos processos sociais. Mais uma vez ficou patente que o desequilíbrio era uma etapa senão necessária, pelo menos inevitável, para se alcançar o equilíbrio.

O processo de industrialização forçada trouxera intranquilidade, competição, guerras devastadoras, inimizades seculares e sofrimento, mas dera à humanidade um salto qualitativo importante em sua existência. Hamaburba falou rapidamente de guerras terríveis, onde toda a sevícia e a ignomínia dos homens karionenses apareceram, assim como este indizível sofrimento trouxera uma nova mentalidade.

Neste ponto, após conflitos terríveis, iniciou o grande expurgo espiritual de Karion, que durou muitos anos e que, no decorrer deste processo, todo tipo de problemas foram surgindo para serem resolvidos. A destruição através da guerra localizada ia resolvendo as pendengas multisseculares causadas por diferenças raciais, sociais, políticas e religiosas. Migrações forçadas, holocausto de milhões de seres, destruições por ataques nucleares, guerras mundiais, assim como todo tipo de cataclismas, destruições telúricas e devastações provocadas por processos humanos de descontrole ecológico.

Lachmey comentou que, naqueles tempos conturbados, muitos achavam que seria o fim do mundo ou pelo menos o fim da humanidade de Karion. Muitos profetas apocalípticos apareceram, trazendo mais insegurança do que ensinamentos louváveis, e religiões esdrúxulas arrebanharam os incautos, muitos obrigando-os a suicídios coletivos ou a atos de insanidade completa, que em nada fizeram para aprimorar o processo de emergência espiritual que se desencadeava no planeta.

Hamaburba mostrou que foi um longo processo de mais de cento e cinquenta anos que gerou dor e tristezas, mas que também foi capaz de fazer emergir os valores espirituais que serviram de base para a reconstrução de uma grande sociedade.

Durante esse processo material, foram dadas todas as oportunidades para os espíritos renascerem e evoluírem. Muitos, a maioria, diga-se de passagem, aproveitou esta oportunidade, mas uma minoria, altamente problemática em termos morais e emocionais, teve que ser retirada, sendo levada para um planeta mais atrasado culturalmente e socialmente, onde serviram de propulsores da evolução material e social daquele orbe situado em outra galáxia.

Helvente escutou com atenção todos os aspectos citados e ficou enlevado com tudo que aprendeu. Os mestres de Karion falavam de uma forma doce, sem impostações ou gestos que denotassem afetação. Seu modo simples de lidar com a diversidade era notável. Não havia traços de orgulho, vaidade ou de falsa superioridade, nem com Helvente, que era de um planeta mais atrasado, nem entre eles. A naturalidade era uma regra geral e eles evitavam termos técnicos excessivamente rebuscados que pudessem confundi-lo. Usavam de simplicidade, como se não tivessem que demonstrar a ninguém que eram uma raça de sábios. Contudo, Helvente desejava entender melhor a estreita relação entre evolução espiritual e evolução material.

— Explique-me melhor a correlação entre evolução espiritual e material, cara Lachmey. Sempre desejei entendê-la bastante e confesso que, quanto mais tenho a oportunidade de compreendê-la, mais me fascina.

— Com grande prazer, caro Helvente. Contudo, há entre nós um grande especialista no assunto. Apresento-lhe nosso irmão Gerbrandom. Peço que ele lhe explique. Tenho certeza de que não poderia receber ensinamentos mais preciosos de ninguém mais qualificado.

Gerbrandom era diferente de todos os participantes. Tinha a aparência de um profeta bíblico terrestre, só que era imberbe. Era um homem alto de um metro e oitenta, pele rosada queimada pelo sol, com cabelos brancos e mãos de cinco dedos. Pertencia a um planeta situado numa galáxia do agrupamento de Virgo, a mais de oitenta milhões de anos-luz da Via Láctea. Esse ajuntamento galáctico é constituído de mais de duzentos milhões de galáxias, cada uma com mais de cento e cinquenta bilhões de estrelas.

Gerbrandom falou sobre como Deus cria e como os planetas evoluem. Ao falar da evolução social e espiritual dos planetas, Gerbrandom falou sobre o grande expurgo por que todos os planetas passam, quando atingem as portas da maturidade social e tecnológica, de forma a retirar do planeta todos os espíritos que não haviam alcançado um estágio mínimo de fraternidade e evolução. Este grande expurgo era de tal magnitude que retirava do planeta milhões de pessoas que não haviam alcançado o nível mínimo desejado.

Helvente estava literalmente fascinado. Nunca tinha ouvido falar em tamanho expurgo espiritual. Sabia de casos isolados, quando um ou outro espírito era afastado dos demais por apresentar estados psicopáticos profundos. Mas nunca ouvira falar de expurgos coletivos, onde milhões de espíritos eram levados de um planeta para outro. Será isso uma regra geral ou serão casos esporádicos? O tempo se encarregara de lhe responder.

Helvente tinha várias dúvidas e externou-as em forma de perguntas pertinentes. Uma delas, respondida por Gerbrandom, era em relação ao que seria a evolução espiritual propriamente dita.

— Vamos saltar todas as fases anteriores até a fase humana média, para nos dedicar à fase mais crítica da evolução espiritual. Nesta fase, quando o espírito começa a se tornar senhor de seu destino, já não mais estando tão subordinado às leis da genética material, ele irá evoluir renascendo por várias vezes em diferentes corpos. Ele receberá uma carga genética que lhe será de vital importância para seu aprendizado, mas também poderá, através de sua vontade, construir seu destino.

Gerbrandom, como sempre, muito didático, começou a exemplificar o que vinha ensinando.

— Quando o espírito está nas fases inferiores, ele é o fruto da genética de seu corpo físico que se aprimorará através das experiências do meio em que irá viver. Ele receberá um 'programa' do qual não poderá se furtar. Aprenderá e se desenvolverá em muitos corpos de seres, sempre ungido à alma-grupo do qual faz parte, ganhando aos poucos características individuais até, quando chegar à experiência como animal superior, atingir o momento da individualização. Neste instante, tomando consciência de que é um ser a parte, e não mais parte de uma manada ou grupo similar de animais, ele estará apto aos voos da espiritualidade. No entanto, entre o processo de individualização e a humanidade média, ele ainda passará por fases elementais e humana anterior, estando fortemente sujeito às leis materiais. Quando ele ingressar na fase humana média, não só a genética e as leis sociais o comandarão, mas também sua vontade irá se manifestar de forma gradativa e crescente.

Helvente escutava com o máximo de atenção.

— Na fase humana média, uma de suas mais importantes características, que aliás já surgira nas fases animais, irá se desenvolver de forma mais excruciante e dramática: a emoção. Observe que os animais têm emoção, mas ela ainda é influenciada pela genética de sua espécie. No espírito humano da fase média, ela passará por uma grande restruturação, pois ela comandará diversos processos volitivos, ou seja, da vontade. É muito comum que, nesta longa e problemática fase, a emoção sofra diversas deformações e que comande de forma inadequada o processo evolutivo. O espírito irá desenvolver inicialmente todas as emoções egoísticas, até porque faz parte do próprio processo espiritual na medida em que este egoísmo está incrustado em seu subconsciente devido às fases anteriores, os seja, como animais e humana anterior.

Todos estavam concordando com sua exposição, deste modo, Gerbrandom prosseguiu:

– No entanto, na fase humana média, as emoções irão se aprimorar e o espírito irá desenvolver uma inteligência emocional, muitas vezes descasada das demais formas de inteligência, tais como a inteligência matemática, a inteligência espacial, a inteligência artística e várias outras formas de raciocínio que compõem o espírito.

Gerbrandom fez uma pequena pausa e depois prosseguiu:

– Há, no entanto, diversos processos emocionais que fazem parte da genética e do próprio cérebro. Darei como exemplo quando um ser humano se encontra perante um súbito e inesperado perigo. Neste caso, a mente não raciocina de forma costumeira, havendo um sequestro emocional que permite que o homem tome a melhor atitude para o momento de perigo, ou seja, fugindo, tornando-se imóvel ou atacando com fúria. Estes processos emocionais alteram a química orgânica, injetando vários componentes hormonais na corrente sanguínea, permitindo uma ação tão rápida que, se o homem tivesse que pensar no que fazer, e depois agir, já teria perdido preciosos segundos e o mal teria sido inevitável.

"Por outro lado, o aspecto emocional é de grande importância para a evolução espiritual, pois, a não ser nestes casos de sequestro emocional, os demais processos podem ser controlados pela mente consciente. No entanto, é aí que reside o maior empecilho, pois durante o processo das múltiplas existências, o ser espiritual vai tomando uma série de decisões, agindo de várias formas, que vai engendrando em seu organismo espiritual uma forma toda própria de reagir e de agir perante o mundo, seja com seus semelhantes, os demais seres da criação ou em circunstâncias sociais e físicas da existência. É muito comum que hajam desvios temporários que vão alterando não só as emoções, que passam a ser a determinante do comportamento, como também os bloqueios, os complexos, as neuropatias e psicopatias que desviam o homem de um comportamento mais saudável."

Helvente ficou em dúvida quanto a esta parte e Gerbrandom, como se captasse sua insegurança, exemplificou:

– Darei como exemplo um casal que inicia uma discussão. A mulher se queixa de um determinado aspecto da relação que ela julga que está inadequado. Para a mulher, cujo cérebro foi estruturado de forma diferente do cérebro do homem, falar de um aspecto da relação é um ato normal, costumeiro, não implicando em agressão. No entanto, o homem já recebe aquilo como uma crítica pessoal, algo que irá humilhá-lo. Deste modo, assim que a mulher inicia sua crítica, ele se permite inundar de pensamentos negativos a respeito de seus comentários. "Lá vem ela de novo me aborrecer com detalhes sem importância", pensa ele. Dali ele já se deixa invadir por outros pensamentos emocionalmente destruidores: "esta mulher é um perversa, que só pensa em me achincalhar e me criticar". Este processo altera as batidas cardíacas do homem, que então revida com palavras ou gestos bruscos. Por sua vez, a mulher, ao ver suas queixas serem tratadas com desdém ou vitupérios, revida e exacerba a discussão, o que leva o homem a um sequestro emocional, onde ele poderá chegar até a violência física ou verbal. Outros homens, já inundados com pensamentos desagregadores, não querendo sentir-se mal e partir para um ato extremo, prosseguindo uma discussão que preveem interminável, fecham-se em completo mutismo, controlando suas batidas cardíacas que retornam ao normal, voltando a se sentirem confortáveis. No entanto, esta atitude leva a mulher a também se inundar com pensamentos terríveis, nem sempre verdadeiros, do tipo "este homem não tem a menor consideração por mim, só deseja me utilizar para seus propósitos torpes" etc., e, já com as batidas cardíacas e toda a toxicidade de hormônios fluindo na corrente sanguínea, a mulher parte para o sequestro emocional, quando pode desandar em reações mais simples, como numa crise de choro, ou até mesmo num ato extremo, como o suicídio ou o assassinato.

Gerbrandom apenas retratava uma situação peculiar, mas Helvente observava que tal fato acontecia diuturnamente em várias áreas da atividade humana, como no trabalho, nas relações pessoais e até mesmo nas relações políticas.

– Quando o espírito começa a atingir o amadurecimento espiritual, um dos atos mais louváveis que ele comete é o de controlar sua emotividade. Ele o faz através de técnicas variadas, entre elas podemos citar a inundação de pensamentos positivos que afastam os pensamentos negativos, uma imensa empatia para, ao se colocar no lugar do outro, poder entender os processos mentais e emocionais que estão motivando tais atitudes e atos. Com a empatia e o entendimento das necessidades dos outros, começa a brotar a fraternidade, pois o julgamento dos atos dos outros não é baseado numa visão negativa de oponente, mas num legítimo processo – mesmo que nem sempre se possa concordar com os motivos alheios – que naquele momento a pessoa esteja vivenciando. A empatia e a atitude positiva de tentar resolver o conflito, não com mutismo, fuga, palavras violentas e ásperas ou até com agressão física, permitem que as relações humanas, sejam no casamento, seja no trabalho, seja na vida afetiva, social, política e espiritual, possam encontrar uma solução adequada. A isto nós chamamos de fraternidade, pois só podemos conviver com o próximo quando, num esforço de empatia e de boa vontade, nos o compreendemos e, como consequência, o amamos, pois nunca amaremos aquele que a gente desconhece, ou acha suas atitudes estranhas ou seu comportamento inadequado.

Helvente entendeu que o desenvolvimento da inteligência emocional era fundamental para a implantação de uma sociedade mais justas, igualitária e harmoniosa. Isto, entretanto, não queria dizer que não haveria conflitos de interesses e que tudo seria um mar de rosas, mas, através do desenvolvimento da inteligência emocional, os seres humanos seriam mais capazes de resolver suas pendengas, seus conflitos e suas diferenças, de uma forma mais inteligente, menos radical, mais flexível, num tipo de relação onde todos ganham, e não um ganha e o outro perde, gerando ódio, revolta, vinganças e violências.

Nunca Helvente havia visto uma abordagem espiritual por este ângulo. Sempre lhe fora dito que era preciso desenvolver o amor fraternal e universal e a concórdia, mas Gerbrandom ia mais longe, dando o caminho para tal, ou seja, a atitude positiva e a empatia. O grande espírito prosseguiu em sua alocução.

– Observem que os espíritos que chafurdam no lodo de si próprios, vestindo uma capa de ódio, revolta e desamor extremo, não passam de pessoas que não souberam administrar, se podemos usar esta palavra, a sua inteligência emocional, permitindo-se que sua mente sofresse inundações de pensamentos ruinoso, danosos e tenebrosos, gerando atos – sequestros emocionais – que, após serem praticados, geram complexos de culpas profundos. Estes complexos de culpa engendram destinos infelizes, onde o inferno é apenas uma palavra pobre para definir o estado de destruição, de perversidade, de sofrimento, de arrependimento e de emoções completamente descontroladas que o caracterizam. Loucura não é mais do que um estado emocional que atingiu tamanho desequilíbrio, gerando doenças físicas e espirituais as mais difíceis de serem debeladas, exigindo longo tratamento com inúmeras provas e atividades regenerativas. Deste modo, para não tornar longa a minha explanação, volto a insistir, como o fazem aliás todos os grandes mestres da espiritualidade, que é fundamental se desenvolver a inteligência emocional, através da inundação de pensamentos positivos, de amor ao próximo, de entendimento, de fraternidade e de empatia.

Arrematando sua brilhante alocução, Gerbrandom terminou:

– Observem que os irmãos que foram expurgados foram aqueles que se encontravam em tamanha deficiência de inteligência emocional que não poderiam mais fazer parte de uma humanidade que procura a fraternidade. Deste modo, são expurgados para mundos ainda primitivos, onde, através da reconstrução pessoal, serão capazes de moldar um novo ser emocionalmente mais estável e, como consequência, mais fraterno e evoluído.

O grande espírito terminara sua preleção e Lachmey aproveitou o ensejo, encerrando os trabalhos do dia.

– Muito lhe agradecemos, grande irmão, sua alocução calou fundo em nossas almas. Há cerca de quatrocentos anos, passamos por esse grande expurgo que tão bem descreveu. Aliás, nosso irmão Gerbrandom nos foi de imensa utilidade. Muitos de nossos irmãos queridos estão hoje em missão purgatorial em planeta distante, ajudando seus irmãos, mães, pais e filhos a se levantarem, erguerem suas frontes ao Altíssimo e voltarem a galgar a escala evolutiva. Nosso planeta melhorou muito com suas aquisições materiais e adquiriu uma paz extraordinária, na medida em que não temos espíritos trevosos, irmãos infelizes, embrutecidos e endurecidos na prática do erro e do egoísmo, tanto visíveis como invisíveis, a nos perturbar a existência. No entanto, realmente quando demos ênfase à reeducação emocional de nossos cidadãos, treinando-os desde o mais tenro berço, é que conseguimos os mais notáveis avanços, tanto na evolução espiritual, como na sociedade como um todo. Louvado e para sempre seja louvado o nome do Pai altíssimo.

Terminada a conferência com uma prece silenciosa que todos proferiram, cada um saiu para completar seus afazeres. Helvente juntou-se a Lachmey para continuar seu aprendizado. Alguns dos presentes ficaram com o portentoso espírito para dirimir dúvidas, os quais foram pronta e amorosamente atendidos.

Ainda era cedo e o dia se prenunciava belo e cheio de alegrias. Não havia tempo a perder, já que muito havia ainda a conhecer.

Helvente estava cheio de dúvidas e Lachmey, já ciente desse fato, tinha-lhe preparado um programa de estudo para os próximos meses de sua permanência. O programa começou naquele mesmo dia, e, durante o tempo todo em que Helvente permaneceu em Karion, ele foi instruído por Lachmey e seus convidados pela parte da manhã, enquanto que, à tarde, visitava não só o planeta propriamente dito, como vários sítios astrais vizinhos.

x x x

Lachmey e seus amigos se revezaram durante meses, mostrando a Helvente todos os aspectos da evolução social e da consequente evolução espiritual de Karion. Não era possível desassociar a evolução social da espiritual, nem vice-versa. A evolução econômica e social de um país e de um planeta estava intimamente ligada a sua evolução espiritual. Mas a evolução espiritual não poderia se fazer de forma coletiva e global, se não existisse uma sociedade mais justa e equilibrada. As exceções eram possíveis, ou seja, um espírito poderia evoluir numa sociedade injusta e desigual, mas uma sociedade nunca poderia ser justa e equilibrada, se não fosse constituída de espíritos esclarecidos moral e intelectualmente. Lachmey pôde demonstrar a Helvente que era preciso ter-se uma mente equilibrada entre a razão pura e o sentimento puro. A predominância de qualquer um deles sempre traria situações complexas que exigiriam penosas reparações.

As dúvidas de Helvente se sucediam e ele não as deixava acumular na sua mente, sempre indagando, sempre questionando e sempre recebendo uma resposta gentil, porém racional, de Lachmey. Sim, ainda existiam crimes na sua sociedade. Sim, eram punidos em vida, na sua grande maioria. Os que se aventuravam a trespassar a lei também recebiam graves punições no mundo espiritual. Muitos eram deportados para planetas cuja evolução social e espiritual eram levemente inferiores, e eram, literalmente, encarcerados na carne, sem nenhuma preparação anterior, sofrendo achatamentos físicos, quando procediam de planetas de gravidade inferior, tornando-se verdadeiros anões, figuras grotescas ou sem nenhuma defesa imunológica, que é dada pelo corpo espiritual, devendo viver em bolhas antissépticas ou morrer em tenra infância. O castigo para os mais evoluídos é sempre muito mais duro, porque são eles próprios que solicitam essas severas provas a fim de reparar a ferro e fogo as suas consciências culpadas.

Karion não era um paraíso perfeito. Existiam muitas situações difíceis a serem resolvidas. Entretanto, a procura pela perfeição permanente era uma atitude constante de todos os habitantes. Durante os últimos quatro séculos, as pessoas tinham poupado o máximo que era possível em ações das empresas, assim como em todos os outros mecanismos de investimentos e poupanças existentes. Isso tinha tornado as pessoas bastante autônomas em termos de recursos e rendas mensais. Não havia empregos para todos e por isso as terras mais difíceis, como os desertos e as tundras geladas, recebiam incentivos especiais para serem cultivadas. De um modo geral, existia um grande número de desempregados, mas que não dependiam dos estados ou de instituições de caridade, pois tinham recursos próprios amealhados durante anos de investimentos, assim como de heranças multisseculares bem aplicadas e bem investidas. Essas pessoas, que não necessitavam trabalhar para viver confortavelmente, usavam seu tempo disponível em atividades culturais, estudos, desenvolvimentos técnicos de novos investimentos, artes plásticas, música e, fundamentalmente, em atividades de meio-período de trabalho.

Não havia a miséria negra nem o perigo de fome. A quantidade extraordinária de pessoas, mais de oitenta e cinco bilhões de habitantes, não era um grave problema, pois a densidade populacional era de aproximadamente 200 pessoas por quilômetro quadrado. Esse número era perfeitamente tolerável se considerarmos que os habitantes de Karion mediam pouco mais do tamanho médio dos humanos terrestres, assim como seu consumo alimentar era equivalente à metade de um ser humano terrestre.

Era, portanto, um planeta equilibrado, além do que as viagens interplanetárias ofereciam grandes oportunidades de absorção de mão-de-obra relativamente ociosa. É preciso dizer que tal falta de trabalho dos habitantes de Karion não se comparava com a ociosidade de nada fazer e de nada criar. Tratava-se de uma ociosidade produtiva, sem que as pessoas tivessem empregos fixos, já que a grande automação industrial, agrícola e mineral os tinha deixado sem empregos formais.

As colonizações extrakarionenses estavam se processando a ritmo ainda muito lento, tendo absorvido cerca de menos de meio por cento da sua população total. Entretanto, isso representava mais de quatro bilhões de habitantes espalhados por vários planetas, estabelecendo uma firme base para o futuro da raça de Karion. As outras civilizações que Karion tinha encontrado no vasto espaço eram de seres semelhantes, com diferenças físicas e culturais, mas de evolução espiritual parecida. Os planetas ainda com civilizações atrasadas eram pesquisados à distância, com incursões muito discretas e eventuais para que as civilizações mais evoluídas não interferissem no desenvolvimento de planetas ainda nas fases humanas anteriores ou médias. O choque cultural com uma civilização mais avançada seria insuportável, arrasando as perpectivas de crescimento espiritual escalonada. Não adianta se levar uma criança que está aprendendo a ler à universidade, pois seu aprendizado se tornaria inepto: nem ela aprenderia o que iria se ensinar na faculdade, nem iria aprender o que se ensina no primário por não estar mais lá.

A história de Karion registrava que, num determinado dia, oito grandes naves apareceram sobre as suas oito maiores cidades. No início, a população pensou se tratar de naves das confederações. Após algum tempo, as autoridades de Karion foram devidamente informadas de que se tratava de naves alienígenas que estavam mantendo contatos amistosos com as bases da defesa de Karion. As comunicações tornaram-se recheadas de mensagens de boas-vindas e de convites para descerem e manterem o primeiro grande contato entre humanidades irmãs.

O grande encontro aconteceu em Urgamadel, cidade capital de uma das oito confederações de Karion. Duas pequenas naves saíram da grande nave-mãe, que pairava a cinco quilômetros de altura, e desceram na praça mais central, onde já as esperava uma grande multidão de repórteres, câmeras de televisão tridimensional de ambientação total e um grande grupo de autoridades. Uma das naves pousou e a outra ficou acima cerca de vinte metros do solo. Da pequena nave saíram três homens de um metro e vinte, pele cinza-azulada, cabeças calvas desproporcionalmente grandes, olhos amendoados grandes e pretos, boca pequena, dois braços com mãos de quatro dedos e duas pernas curtas. Pareciam muito com os habitantes de Karion. As diferenças não eram tão extraordinárias que pudessem ser notadas.

Os dois líderes, ou que pareciam sê-lo, aproximaram-se e o presidente da Confederação do Noroeste, que era o mais velho dos líderes de Karion, elevou os dois braços para o alto e saudou os visitantes. Eles também elevaram os braços aos céus e cumprimentaram, cada um nas suas línguas ainda estranhas e incompreensíveis. As palavras nada significavam. Falavam mais alto os gestos e a boa vontade que ambos demonstravam.

O outro disco pousou suavemente e dele saíram cinco pessoas, sendo que todos eram diametralmente diferentes do primeiro e dos habitantes de Karion. Um deles era alto, com cerca de dois metros, forte como um touro, cabeça proporcional, dois olhos azuis pequenos, cabelos louros e longos, um verdadeiro humano na acepção terrestre. O outro era menos alto, mais troncudo. Parecia um duende, com tamanho de um homem de um metro e oitenta. O terceiro, era tão alto como o primeiro, mas tinha a pele enrugada parecendo um grande lagarto, suas orelhas pontudas lembravam o segundo, que parecia um duende, e não tinha nariz. Seus dentes longos davam-lhe uma expressão feroz, mas seus olhos revelavam a sua verdadeira natureza, dócil e meiga. O quarto, parecia ser uma fêmea de alguma espécie desconhecida. Era pequena, de não mais do que oitenta centímetros, cabeça proporcional, dois olhos vivíssimos, uma boca relativamente grande, um nariz achatado, duas orelhas que mais pareciam duas pequenas antenas e andava levemente curvada para a frente. Finalmente, saiu o último e estava dentro de uma roupa semelhante a um escafandro. Parecia ser muito alto, provavelmente, em torno de dois metros e cinquenta. Extremamente esguio, com ombros estreitos e cabeça muito pequena para seu corpo. Apresentava-se através de seu escafandro vítreo como se estivesse mergulhado num líquido a sustentar-lhe a vida. Andava agilmente e de forma um pouco estranha para os costumes de Karion. Parecia mais um ser submarino do que terrestre.

Com a descida da segunda nave, os presentes ficaram tomados de viva surpresa e aplaudiram os novos recém-chegados de forma muito entusiástica. Manda a boa política que se esteja prevenido contra todas as possibilidades e os homens armados estavam localizados estrategicamente para evitar tumultos, agressões aos recém-chegados, e, eventualmente, protegerem as autoridades de algum possível, embora improvável, ataque dos visitantes. Tudo, felizmente, correu muito bem e, numa reunião a portas fechadas, da qual os demais líderes de Karion, participaram através de intercomunicadores visuais e auditivos, foi estabelecida a primeira aliança interplanetária de que Karion faria parte.

O que parecia ser mais similar aos de Karion começou a falar através de um pequeno aparelho que traduzia simultaneamente o seu discurso para dezoito línguas de Karion, que eram as mais faladas, fora mais duzentas e tantas que eram linguagens regionais e, portanto, pouco difundidas. Desse modo, cada líder de Karion pôde escolher em que língua preferia escutar a mensagem, que começava com uma saudação dos seis povos que se faziam representar por seis embaixadores. Após as apresentações de praxe, onde o nome, raça, planeta e posição diplomática era citada, o embaixador principal começou a sua apresentação.

Informou que Karion vinha sendo observado por mais de cem anos, apresentando notável progresso, o que o capacitava a ingressar num patamar mais elevado da civilização. Estavam monitorando as viagens estelares de Karion e que, agora, tinha chegado o momento de participarem da grande aliança que doze povos planetários da Via Láctea tinham estabelecido, tanto em termos de comércio, intercâmbio cultural, científico e até mesmo humano. Ou seja, já existiam novos planetas povoados por misturas genéticas de vários povos, gerando novas raças, com mutações genéticas provocadas e estabilizadas em laboratórios, onde se podia aproveitar o que havia de melhor em cada uma das raças para se estabelecerem em certos planetas mais selvagens, ríspidos e de gravidades implacáveis. Com o ingresso de Karion nessa nova comunidade lhe seriam imediatamente franqueados os avanços tecnológicos de que todos já comungavam, como também os intercâmbios culturais, planetários, científicos e, inclusive, comerciais.

A decisão positiva dos líderes de Karion foi imediata e estabeleceu-se a mais proveitosa troca possível, onde cada civilização abria-se por inteiro para a outra e nenhum segredo foi escondido. Essa troca de informações e mistura cultural fez com que Karion avançasse mil anos em décadas. Durante os meses seguintes a esse evento máximo, todos os assuntos giraram em torno da inesperada e agradabilíssima visita dos extrakarionenses. E junto com as novidades, foi instalado um equipamento que permitia uma comunicação perfeita entre o mundo astral e o mundo físico, o que possibilitou não só tirar as últimas dúvidas relativas à sobrevivência do espírito, como também estabelecer um intercâmbio entre os dois planos de forma inequívoca e perfeita. Por isso, antes de fazerem um contato com novas civilizações, ou de explorarem comercialmente um planeta desabitado, os dirigentes máximos planetários eram consultados através do intercomunicador astral e o consentimento ou não era dado pelos embaixadores do alto astral, que eram os únicos a poderem manter contatos com os dirigentes máximos planetários e solares.

Helvente estava boquiaberto com tanta novidade, comparando mentalmente seu planeta ainda rude e atrasado com Karion, e ficando preocupado com tamanho desnível entre eles e Ahtilantê. Lachmey e os outros lhe diziam que não se preocupasse, já que todos passavam por fases inferiores, cometendo os piores desatinos. Mas o que preocupava Helvente era o fato dos ahtilantes serem profundamente arrogantes, estupidamente racistas, extraordinariamente agressivos e cruéis com seus semelhantes e irremovivelmente radicais nas suas posições. Eles se encastelavam em posições tão radicais que nem mesmo o profundo sofrimento, nem mesmo a dor mais excruciante os demoviam. Helvente receava que seriam precisos centenas de anos de dor e de sofrimentos inimagináveis para alterar uma cultura tão profundamente intransigente como a de Ahtilantê.

Os meses voaram para Helvente. Ele já se sentia ligado a Karion de forma completa. Apaixonara-se por tudo que esse belo planeta representava e tinha por Lachmey uma intensa amizade. Ela também sentia-se bem com Helvente e sabia que suas vidas iriam se separar em breve. Lachmey sentia que Helvente, além de ser um espírito evoluído, era possuidor de uma força interior poderosa e uma enorme compaixão pelo seu semelhante.

Ele tinha que renascer em Ahtinatê para ajudar a evolução dos homens e essa última existência lhe possibilitaria ingressar no plano mental, onde o renascimento físico não é mais necessário para evoluir. Nesse caso, o renascimento passa a ser um ato de vontade do espírito para liderar uma grande mudança social em um planeta mais atrasado ou para colaborar na obra dos espíritos superiores no sentido de orientar moralmente a infância espiritual de um novo mundo. Helvente tinha sabido encontrar o equilíbrio entre a razão e o sentimento num mundo ainda não totalmente integrado à lei divina, como era Ahtilantê. A amizade profunda entre dois seres tão díspares, como Helvente e Lachmey, é possível na medida em que é na igualdade do espírito que reside a afeição e a simpatia.

Capítulo 4

O retorno a Ahtilantê processou-se de forma normal. Antes de partir, os amigos de Karion proporcionaram a Helvente uma despedida comovente. Todos participaram, inclusive Gerbrandom, que não aparecia há dois meses em Karion. Todos lhe expressaram seus melhores votos de sucesso, feliz regresso e sua estima.

Helvente viajou na mesma nave, com a mesma tripulação que o havia trazido. Antes de ingressar na nave astral, ele foi magnetizado por Higastos e voltou a sua forma original. Helvente partiu com o coração pesado, não só por deixar os caros amigos de Karion, especialmente Lachmey, que lhe dera tanta informação, amizade e força, como também pela sua missão, afinal ele teria que pôr em prática tudo que tinha aprendido em Karion.

A viagem foi rápida e, em alguns segundos, a pequena nave superou as enormes distâncias siderais. Helvente desceu em Ahtilantê, sendo recebido por alguns amigos que o esperavam. A recepção foi calorosa e as perguntas sobre Karion começaram a ser formuladas. Na impossibilidade de responder a todos, Helvente comprometeu-se a mostrar os registros de tudo que aprendera e vira numa oportunidade imediata. Teria que falar com o ministro que providenciara a sua viagem para que lhe permitisse mostrar tudo que registrara.

A conversa com o ministro foi longa e detalhada, sendo corroborada com as imagens e sons que tinham sido captados através do pequeno aparelho registrador que ficara preso ao seu cinto, ligado à sua mente. O ministro escutou mais do que falou, e, no final, determinou que Helvente fizesse um plano de renascimento, junto com um plano de ação, para que pudesse o mais breve possível, voltar à carne em Ahtilantê e implementar o referido projeto. Ao dizer isso, chamou um assistente e explicou o que tinha determinado a Helvente e que ele deveria ajudá-lo no que fosse preciso. O assistente Saercha era um especialista em planejamentos de renascimentos peculiares e poderia ser de grande valia para Helvente.

O ministro pediu também que Helvente marcasse no grande auditório uma apresentação formal de sua viagem a Karion. Solicitou que ele levasse os registros ao Ministério das Comunicações, pois eles fariam uma depuração de todos os fatores subjetivos e valorativos que a mente de Helvente tinha registrado. A apresentação deveria ser a mais impessoal possível, com o maior número de dados, informações completas, assim como nenhum aspecto, positivo ou negativo de Karion fosse esquecido ou mascarado. A verdade deveria prevalecer acima de qualquer coisa, mesmo que pudesse ser um choque para os ahtilantes descobrirem que eles não eram os seres perfeitos que julgavam ser.

No Ministério das Comunicações, os registros de Helvente foram inicialmente analisados pelo ministro e seus assistentes diretos e pela qualificação e importância dos mesmos. Ficou determinado que deveriam ser apresentados em quatro partes, sendo divididos de acordo com os assuntos. A primeira abordaria Karion, sua estrutura física, seus povos, seus costumes e seus avanços tecnológicos. A segunda seria a história de Karion, desde os mais remotos primórdios, suas conquistas, derrotas, guerras, pessoas notáveis e os cataclismos que os estruturaram. A terceira seria uma apresentação da atual sociedade, vista pelo lado moral, cultural e de estrutura de civilização. E a última apresentação seria sobre as suas conquistas econômicas, sociais, políticas e sua perfeita integração como indivíduos numa sociedade mais igualitária.

As conquistas espaciais, assim como formas de outros povos, seriam mostradas na primeira exposição. Cada sessão duraria cerca de duas horas e nos últimos três dias haveria debates, perguntas e orientações específicas. O assunto era importante e todos decidiram que haveria gravações complementares, com comentários de Helvente e dos ministros que desejassem fazer seus adendos, assim como deveria ser apresentado no astral médio, próximo do astral inferior. Todos poderiam participar, inclusive alguns espíritos situados no astral inferior que estavam em vias de rápida recuperação de suas quedas morais e que já apresentavam possibilidades ascensionais adequadas.

Além desses, alguns espíritos ainda mergulhados na carne deveriam ser trazidos, durante o sono, por seus guias espirituais e deles ficar acompanhados do início ao final da apresentação para que pudessem aproveitar também aqueles preciosos exemplos de uma humanidade mais evoluída que soubera superar os problemas menores, em busca de soluções maiores.

Durante um mês, uma equipe do Ministério das Comunicações preparou os quatro programas, sob a supervisão de três ministros e do próprio Helvente. Várias passagens foram gravadas e algumas foram regravadas, indo buscar na mente hipnotizada de Helvente detalhes significativos que porventura não estivessem bastante claros. Esse processo era normal, pois a quantidade de informações recebidas superara em muito a possibilidade de retenção consciente, mas estavam todas lá, no subconsciente, indeléveis e prontas para serem usadas na hora oportuna. Os dirigentes do planeta conseguiram trazer de Karion alguns vídeos-registros adicionais para complementarem as informações, assim como dois palestrantes do referido planeta que poderiam, de viva voz, responder a perguntas que Helvente não soubesse.

Enquanto isso, um enorme local foi preparado para abrigar, em blocos separados, uma grande quantidade de pessoas. No dia da primeira apresentação, cerca de oitocentas mil pessoas superlotavam o local, esperando ansiosamente. Os que estavam ainda jungidos na carne chegavam acompanhados de guias espirituais, sendo trazidos pela mão, semidespertos e sem entender muito bem o que se passava.

Quando se iniciou a apresentação dos registros, eles apareceram dentro das mentes de todos os presentes, com toda a clareza possível, com todos os sons e detalhes. Os quatro dias dedicados ao estudo de Karion foram memoráveis; entretanto, os três dias destinados a discussões, perguntas e palestras dos enviados de Karion, Helvente e os ministros já não apresentaram os mesmos resultados.

Os ahtilantes espíritos, libertos do fardo material, ou os desdobrados, ainda em existências carnais, dividiram-se em dois grupos. O primeiro, composto especialmente de espíritos do astral inferior e alguns dos planos médios, achava que tudo o que havia acontecido em Karion só podia ter acontecido daquela forma porque os espíritos que o constituíam eram frágeis, fracos e pusilânimes. Se fossem constituídos de espíritos da mesma cepa dos ahtilantes, nada daquilo teria acontecido.

Esse amor fraternal cheirava a servilismo, comentavam alguns. Muitos levantavam a teoria de que eles só chegaram a esse estágio porque sofriam de uma superpopulação crônica e, se não agissem da forma que agiram, ter-se-iam destruído mutuamente.

Os ahtilantes dos planos superiores ficaram absortos e calados perante essas manifestações radicais.

No último dia, um dos ministros subiu ao palanque central, podendo ser perfeitamente visto por todos, e anunciou que um enviado dos dirigentes máximos do planeta iria dirigir-se aos presentes e que tinha uma mensagem desses grandes administradores. Realmente, em muito breve, no palanque central, uma luz muito forte foi se tornando cada vez mais ampla, açambarcando todo o espaço. Em poucos segundos, o silêncio reinava absoluto e, do meio da luz, surgiu um ser vestindo uma espécie de túnica dourada resplandecente.

O homem era altíssimo. Deveria ter cerca de dez metros, e somente a sua parte superior aparecia com certa nitidez. A parte inferior da túnica estava envolta numa espécie de nuvem muito branca e luminosa. Levantou a destra e de sua mão saíram fachos de luz que atingiram a todos, numa bênção fraternal. Seu semblante era diferente dos demais seres de Ahtilantê. Era óbvio que não processara sua evolução naquele planeta. Ele tinha cabelos longos e negros, e sua pele, completamente negra. Seus olhos negros pareciam faiscar, tamanho era o seu brilho. Do topo de sua cabeça parecia sair um facho de luz a se perder no infinito, como se o ligasse aos espíritos superiores. Começou a falar de forma clara, perfeitamente audível. Sua voz era poderosa e muito calma.

– Saudações. Envio as saudações de todos os dirigentes deste planeta. Sou conhecido como Jerobial. Tivemos a oportunidade de acompanhar as apresentações instrutivas sobre o planeta Karion e vimos, com satisfação, que muito se aprendeu nessas exposições. A grande maioria dos presentes se deleitou com a possibilidade de existirem sociedades equilibradas, que procuram com grande afinco a justiça social, a igualdade de oportunidades para todos os seus membros, a implantação de economias integradas planetariamente e o estado de direito, baseado nas leis máximas do Pai justíssimo e infinitamente sábio.

O silêncio reinava absoluto, pois a simples visão do grande espírito deixava os menos evoluídos imobilizados; e os mais evoluídos, profundamente comovidos. Jerobial prosseguiu sua alocução.

– As discussões sobre este magno assunto foi motivo de graves considerações dos nossos pares, em virtude da atitude negativa de muitos dos presentes. Queremos alertá-los da importância da modificação desses estados anímicos. Um povo que se julga superior aos demais está fadado a inomináveis sofrimentos. Afinal das contas, quem somos nós para acharmos que fomos eleitos pelo Senhor, nosso Deus, para sermos o paradigma da espiritualidade? Será que a cegueira é tão intensa em suas mentes que não são capazes de ver que tudo é absolutamente passageiro? Que o rico de hoje pode vir a ser o pobre de amanhã? Que o poderoso de hoje pode vir a ser amanhã um pedinte? Será que não são capazes de ver que o Pai é infinitamente justo e jamais faria um ser mais perfeito do que o outro? Se há diferenças devem-se exclusivamente às conquistas árduas no caminho da espiritualidade! Será que a soberba, o orgulho e a prepotência já dominaram suas mentes que se tornaram incapazes de ver que o amor divino é a única graça de que todos nós dispomos?

Seu tom de voz tornara-se duro e suas palavras açoitavam os incautos. Subitamente, mudou sua postura e olhou para o grupo dos mais evoluídos onde todos estavam de cabeça baixa.

– Benditos sejam perante o Senhor aqueles que conseguem ver em cada ser um irmão, numa criança, seu filho e, num velho, seu pai; que é capaz de ver nas plantas e nos animais seus irmãos menores, sedentos de carinho e afeição. Vocês souberam superar, a duras penas, as ciladas do caminho. Souberam diferenciar o que é a forma e o que é a essência. Puderam tornar-se maduros para maiores empreitadas e estão aptos para ingressar em mundos ainda mais felizes do que Karion.

Voltando-se lentamente para os que eram do astral inferior e que só estavam participando dessa egrégia reunião por adição de bondade dos espíritos superiores, com a voz dura pronunciou-se:

– Alerto aos meus irmãos que a bondade excelsa do Pai não tem limites, mas também não existem limites para sua justiça. Nenhum de vocês poderá progredir enquanto não extrair de dentro de si essa empáfia, essa arrogância, essa jactância de se acharem melhores do que os outros. Enquanto nutrirem essas distorções perigosas, o caminho que os espera será amargo e triste. Vocês estão a procurar as piores agruras para seus espíritos. Não se esqueçam, pois, de que foram alertados!

Jerobial virou-se para os guias espirituais que acompanhavam os espíritos ainda ligados à matéria e continuou sua preleção.

– Queridos irmãos, sei o que é insuflar bons pensamentos na mente dos irmãos que ainda habitam o mundo denso. É arar em terra seca, espalhando suas sementes de amor e fé, e colhendo desespero, crueldades terríveis e desamor em grau superlativo. Não desanimem, pois a semeadura nos campos do Senhor é permanente e exige trabalhadores incansáveis. Se a colheita é menor do que o esforço, contentem-se com os resultados, pois para cada um que conseguirem modificar, muitas serão as suas próprias colheitas íntimas. Aprende mais aquele que ensina.

O grande espírito voltou-se para os que estavam acompanhados de guias espirituais e disse.

– É a lei da vida nos reinos inferiores: quanto mais se deem benefícios gratuitos a alguém, menos este reconhece a dádiva. Vocês receberam uma oportunidade única. São poucas centenas, enquanto no planeta dormem milhões. Foram trazidos para esta reunião, já que lhes é dado o poder de alterar a mente de milhões, sejam como políticos, artistas, empresários, dirigentes sindicais e religiosos. De seu sono, relembrarão este instante como um sonho ou, quem sabe, um pesadelo. No fundo de suas almas, contudo, ficarão as lições de amor, fraternidade, devoção ao próximo e de modificação interior. Vieram aqui por beneplácito dos dirigentes deste orbe e o que fizeram para honrar este convite? Desdenharam os exemplos dados por outros, dizendo que eram fracos e pusilânimes. Escarneceram de seus esforços progressistas, afirmando com falsa autoridade que eram sentimentalistas piegas. E, pior do que isso, muitos não acreditam que isso seja possível, pelo simples fato de que sua ciência ainda não comprovou essas possibilidades. Cuidado! Muito cuidado! Vocês são pequenos seres, frágeis e trôpegos perante a grandiosidade que os aguarda. Não perambulem pelos caminhos do preconceito. Nada lhes afirma que seres mais evoluídos só alcançaram essa condição por serem sentimentalmente piegas ou por baixarem a fronte a qualquer perigo ou desafio. Muito pelo contrário, chegaram onde estão graças ao esforço pessoal e coletivo para superarem aparências meramente estéticas, por deixarem para trás preconceitos culturais, por saberem distinguir o certo da impostura e não se deixarem levar pelas palavras bonitas e vazias. Não se perderam no caminho do crime, preferindo o trabalho honesto de recompensa nem sempre imediata, ao invés da facilidade e do imediatismo do crime, do roubo e da corrupção. Preferiram investir suas economias físicas e espirituais no progresso recíproco, ao invés de gastá-lo com orgias e festas ou guardá-lo a sete chaves com medo dos ladrões.

Após essas duras palavras, dirigiu-se a todos de forma mais amorosa e convidativa.

– A vocês que ainda estão mergulhados na carne, ainda é tempo de procurarem se aprimorar. Aperfeiçoem-se no sentido pessoal, assim como procurem se juntar em grupos de espíritos irmãos, e alterem seu comportamento. Invistam seus tesouros em novas oportunidades para todos. Sejam precavidos e cuidadosos. Planejem suas atividades de forma coerente e séria. Com isso, passarão a ter mais lucros, tanto de riqueza física, como espiritual. Chegará o tempo em que o planeta passará por graves crises e delas sairá renovado e pronto para ingressar nos mundos mais evoluídos. Aqueles que superarem seus obstáculos interiores e exteriores permanecerão para usufruir desse jardim planetário. Os que se tornarem endurecidos na prática de atos vis, insuflados de soberba e arrogância, e aqueles que estiverem com suas consciências pesadas pelos crimes que praticaram sofrerão uma metamorfose seveníssima. Serão modificados no cadinho de uma experiência dura, árdua, sofrida e solitária. Ainda é tempo para se reerguerem e construírem um templo de paz e justiça no interior de suas almas. Para aqueles que não progredirem o bastante ou que se atrasarem no caminho, só restará a misericórdia divina, pois hão de precisar dela de modo superlativo. Quando estiverem jogados nas piores furnas infernais, não se esqueçam deste aviso e procurem levantar suas preces ao Altíssimo para que Ele, na sua infinita misericórdia, os afaste do caminho da perversão e possa levá-los aos apriscos seguros de seu inexcedível amor. Que o Senhor Todo Poderoso esteja sempre com vocês!

Isso dizendo, o grande espírito retirou-se. Sua luz diminuiu de tamanho e de brilho, até que desapareceu. O ministro encarregado da apresentação encerrou as atividades da noite com uma prece ao Altíssimo e depois todos se afastaram.

Helvente, profundamente comovido com a palestra de Jerobial, saiu da grande planície para seus aposentos. No caminho, cruzou com alguns espíritos inferiores que eram levados de volta ao astral inferior e alguns ainda jungidos à carne, que eram, por sua vez, levados de volta para seus corpos físicos que dormiam a milhares de quilômetros dali. Quase todos demonstravam profunda contrariedade e Helvente não pôde deixar de escutar certos comentários que eles faziam uns com os outros.

– Pura conversa. No fundo, todos sabemos que o que eles desejam de nós é mera obediência cega aos seus preceitos.

– Sem dúvida, além do que achei essa demonstração de força ridícula. Se ele é tão poderoso quanto se quer fazer passar, bastaria dar uma ordem para que todos nós caíssemos desacordados. No fundo, se ele veio falar conosco é porque sabe que somos poderosos também e que ele não pode mais do que nós. O que ele tentou fazer foi nos impressionar para que nós possamos ser dóceis e aceitemos suas ideias idiotas.

– Tem toda razão! – dizia outro. – Imagine você se nós, de Hurukyan, os verdadeiros donos de Ahtilantê, um povo nitidamente superior, temos que dar nossa riqueza para os pobres cinzas, que são idiotas e atrasados. Todos sabem que não adianta dar empregos aos pobres e miseráveis, eles simplesmente não querem trabalhar. Além disso, só servem para trabalhos simples e rudes. Sempre haverá pobres e miseráveis e não cabe a nós, ricos e abastados, gerarmos oportunidades para eles. Cada um por si. A mim, ninguém deu nenhuma oportunidade. Comecei do nada e, se cheguei a algum lugar, foi por que fiz por onde. Trabalho duro, meu amigo! Trabalho duro!

– Grande verdade! Esses cinzas miseráveis só querem saber de festejar o ano inteiro. Vivem bebendo e fazendo baderna. Dar oportunidade para quê? Seríamos roubados rapidamente. O ideal é que pudéssemos exterminar todos esses párias da sociedade e ficarmos sozinhos, sem seus insultos, assaltos e falta de respeito.

Cada um achava uma razão para permanecer preso às suas convicções, e Helvente se perguntava se a palestra de Jerobial não tinha sido em vão. Uma voz a seu lado lhe respondeu.

– Não, Helvente, nada que se faz é em vão.

Ao seu lado estava a figura doce de Marsele, um espírito de alta estirpe sideral. Ela continuou a expor seus conceitos.

– Nosso irmão maior sabe que, de todos que o escutaram, apenas alguns poucos se modificarão imediatamente. E por esses poucos já valeu a pena seu sacrifício do choque vibratório de vir do mundo angélico para estas plagas. Aqueles que se endurecem no mal um dia se cansarão de sofrer e de fazer os outros sofrerem, e se lembrarão de suas palavras, que serão um estímulo para progredirem. Nenhum bem se perde e nenhum esforço é em vão. Pensarão na sua forte e poderosa imagem e dirão que, se ele foi capaz de se tornar um dirigente espiritual, então todos também somos capazes. Todo terreno semeado dará sua colheita no momento azado.

Helvente deu-se conta de que sua própria missão seria árdua, mas que a sua única recompensa seria a do dever cumprido e de uma consciência clara, límpida e cristalina. Esta é a base para se viver feliz!

No outro dia, Helvente foi procurar Saercha, o assistente do ministro, que iria planejar a sua futura existência. Saercha era um espírito muito categorizado e tinha larga experiência em renascimentos peculiares. Seu departamento era muito acionado todas as vezes que se tornava necessário alterar geneticamente um corpo a ser modelado para que um determinado renascimento tivesse características muito especiais. Os demais departamentos encaminhavam certos tipos de problemas existenciais e Saercha levantava todos os dados a respeito do espírito, de suas eventuais ligações com outros espíritos, seus débitos com sua consciência e seu grau de evolução espiritual. De posse desses dados, procurava traçar um plano básico de ação, sugerindo alterações genéticas para que o espírito pudesse passar por alguma provação especial ou que tivesse facilidade de manifestar uma faculdade da qual já era possuidor.

Saercha já o esperava e, após os gentis cumprimentos de praxe, mostrou-lhe um anteprojeto de renascimento.

– Sua missão é fundamentalmente política. Desse modo, temos que favorecer esses pendores e abrir desde já as portas dessa ingrata atividade. Levantei todos os seus dados e observei que, em existência passada, você foi um nobre, muito rico e cheio de terras. Mesmo sendo justo e bondoso com seus servos, você era cheio de soberba e preconceitos. Você acumulou uma riqueza descomunal, especialmente com o comércio exterior. Como nobre, você frequentava o senado. Você tinha grande paixão pela política, mas profundo desprezo pelos políticos. Assim, indispôs-se com quase todo mundo. Você teve um filho que enveredou por esse árduo caminho, mas que, infelizmente, deixou-se levar pela tentação do dinheiro fácil e obteve êxitos financeiros em atividades escusas.

Helvente já sabia dessas passagens de sua vida em que seu excesso de orgulho e prepotência gerara grandes inimigos na corte. Naquele tempo, os senhores de terras tinham pleno poder e os nobres viviam da exploração da terra, assim como de grandes negócios de comércio. Muitos ganharam dinheiro com a compra e venda de escravos cinzas, mas Granotírio Mandrekhan, esse era o nome de Helvente naquela época, não aceitara tal fato. A escravidão repugnava-o profundamente e sempre rejeitara qualquer comércio escravagista.

Na existência como Granotírio Mandrekhan, fora muito apegado a seu filho. Incentivara-o a entrar na política, mas foi com pesar que viu que ele se desvirtuara, tornando-se corrupto e desleal. A ambição do seu filho era assombrosa, não sendo obstaculizada por nada, levando-o até ao assassinato e à fraude para conseguir seus intentos. Granotírio terminara seus dias amargurado por seu filho, separando-se dele após diversas discussões, em que pai e filho se desentenderam seriamente.

– Realmente, tenho grande apego a esse meu filho e já tentei ajudá-lo a se aprimorar. Não o tenho visto desde muito tempo. Que será feito dele?

Helvente, perguntara pelo filho espiritual, relembrando-se de que, no astral, ele o havia ajudado a se renortear na vida e que, quando o tinha visto pela última vez, ele estava salutarmente encaminhado para uma existência pobre, mas digna e produtiva.

– Vejo que você o ajudou em sua existência como uma espécie de guia espiritual, sem sê-lo completamente – disse Saercha, olhando certos dados escritos num visor tridimensional.

– Realmente, faltavam-me predicados para ser um guia espiritual completo.

– Creio que não, caro Helvente – retorquiu Saercha. – O que lhe faltava era tempo, pois você teve que renascer para cumprir sua própria necessidade evolutiva, quando o seu filho ainda era jovem. Você não poderia tê-lo acompanhado permanentemente por toda a sua vida.

– Ah, entendi! – exclamou brandamente Helvente. – Mas por onde anda meu filho? Saercha, meu bom amigo, você sabe onde ele está?

– Sei o que aconteceu com ele. Após sua vida como um humilde professor, ele retornou à pátria espiritual e aqui viveu por um bom tempo. Teve uma vida física simples, mas cheia de realizações frutíferas na esfera da educação. Não se notabilizou por nenhum ato importante nessa atividade, mas foi fiel cumpridor de seus deveres e muito querido. Após isso, retornou à pátria espiritual, onde teve merecido descanso por alguns anos. No astral médio fez alguns cursos, dedicou parte de seu tempo livre a cuidar de enfermos, e, finalmente, retornou ao corpo denso para seu verdadeiro teste. Como tinha sido um político de razoável sucesso, porém corrupto, retornou para ser novamente político e não sucumbir à tentação do dinheiro fácil. Está atualmente com vinte e oito anos de idade e já ingressou pela mão de seu pai atual nessa espinhosa missão.

– Deus o ajude a superar a difícil prova! – exclamou comovido Helvente.

– Está recebendo ajuda permanente de guias espirituais, mas tudo parece indicar que terá grandes dificuldades pela frente, pois já demonstra uma ambição desmedida, desejando ser primeiro-cônsul do império Hurukyan. Para conseguir isso terá que fazer alianças espúrias com certas forças políticas que só desejam benefícios para si próprias, além de desejarem ampliar os domínios desse império. Não há dúvidas de que, se não refrear seus ímpetos de ambição, glória e conquistas, o destino que estará traçando será o pior possível. Ainda há tempo, é jovem e pode ser modificado, entretanto, os relatórios dos guias espirituais não são alvissareiros. Eles dizem que a cada dia que passa o jovem torna-se impermeável aos seus conselhos e às suas amorosas advertências.

Helvente entristeceu-se perante a possibilidade de nova precipitosa queda.

– Estivemos analisando com muito cuidado e vimos que o seu filho, que agora se chama Klandir Mandrekhan, tem grandes possibilidades de se tornar primeiro-cônsul do império.

– Mandrekhan? – espantou-se Helvente. – Mas, esse era o meu nome de família, quando eu era o senhor de terras Granotírio Mandrekhan. Meu filho também era Mandrekhan.

– Na realidade, seu filho atualmente, chamado de Klandir é descendene de si próprio. Sua família progrediu muito a partir da sua fortuna herdada pelo seu filho naquelas épocas.

– É curioso observar que, se eu renascer como filho de Klandir, serei descendente de mim próprio – disse Helvente.

– Não é incomum que os espíritos se reúnam em famílias, especialmente, quando devem à providência e justiça divina, além de terem débitos morais uns com os outros. O fato mais importante para seu renascimento não é renascer dentro de uma família a que você já teve a oportunidade de pertencer em outras existências, e sim aproveitar certos fatos para facilitar a sua missão. Nada impediria que você viesse a nascer em outra família e outro país, mas nessa família você receberá conhecimentos, estímulos, carinho e isso lhe facilitará em muito o caminho. Por outro lado, a fortuna dessa família foi, em parte, construída sobre a corrupção e a fraude, e você terá a chance de redirecionar essa riqueza para se tornar digna através do trabalho, da criação de empregos para muitos seres desvalidos, dando um cunho mais moral à fortuna parcialmente mal-adquirida.

Saercha investigou no visor e passou a ler algumas informações importantes.

– O império Hurukyan constitui, hoje, a união de oito países, dos quais sete foram conquistados à força. O velho imperador é um mero joguete na mão do senado, que é, por sua vez, dominado por quatro famílias. Esses clãs são poderosos e dominam os quatro maiores sistemas financeiros do império. Entretanto, o que preocupa é que o império deseja se alastrar e tudo indica que o fará, pois já prepara a dominação de seus vizinhos. Seu povo acha-se superior aos demais e crê que sua missão divina é expandir seu modo de vida aos outros povos, considerados inferiores e bárbaros. É preciso substituir a índole agressiva por uma mais participativa. Realmente, a tecnologia de Hurukyan é muito evoluída, só encontrando rival no ocidente, assim como suas indústrias produzem artefatos de excepcional qualidade. O nível de vida de seus habitantes é muito alto, tendo a maioria, seus veículos de locomoção, suas residências com todo conforto possível e um sistema educacional muito avançado e rigoroso. Há, infelizmente, muitos pobres que não têm acesso à educação, à saúde e aos créditos bancários. Os ricos e a classe média alta pouco ou nada se preocupam com esse segmento da sociedade inferiorizada desde o nascimento. A mobilidade social é praticamente impedida por lei. Os párias, classe pobre e que é destinada aos serviços rudes, não recebem senão desprezo das elites. Não têm direitos adquiridos e nem mesmo têm representantes na política. As forças policiais e armadas do império são terríveis e só protegem as elites e parte da classe média alta. A lei só serve para dominar os mais pobres; a impunidade nas altas esferas é total. Seus raros e eventuais conflitos são resolvidos por seus pares e, na maioria das vezes, a conciliação é possível graças a acordos especiais que sempre envolvem discriminações contra os pobres.

Saercha olhou para Helvente e lhe disse:

– Sua missão será muito difícil. Creio que a família e o local em que podemos fazê-lo renascer poderão ajudá-lo de sobejo. Mas, você sabe que esse determinismo relativo não é suficiente para outorgar-lhe, antecipadamente, a vitória. Você deverá diariamente enfrentar as forças sociais negativas e, através de seus atos, ir alterando não só a estrutura social de Hurukyan, como também impedir o avanço do império sobre os outros povos mais fracos. Será necessário substituir a política de expansionismo bélico pela união em confederações amigas e de grande cooperação conjunta. Qual é a sua opinião, caro Helvente, acha que terá sucesso? – perguntou Saercha, como a procurar ressonância para suas palavras na mente de Helvente.

– Acho que você tem razão. Ter como pai quem já foi meu filho será muito salutar para a minha educação formal em Ahtilantê. Afinal, sempre tivemos uma afinidade espiritual de longa data. Por outro lado, de nada adianta nascer numa família que não possa me proporcionar uma porta de entrada na política, já que temos uma sociedade estratificada cuja mobilidade social é tão restrita.

Saercha e Helvente continuaram a conversar sobre todos os aspectos que envolviam o renascimento e a missão de Helvente. No final da conversa, Saercha concluiu:

– No seu caso, caro Helvente, iremos tomar medidas para que você possa ter proteção intrauterina, além de lembranças vividas, porém difusas, de seus atuais conhecimentos, quando atingir a puberdade, pois serão os hormônios dessa fase que provocarão o aparecimento da memória. Com isso, você estará apto a cumprir sua missão, assim como os outros que estão no seu mesmo plano.

– Como assim? Existem outros que terão missões similares?

– Sim. Um total de vinte e dois seres foram preparados de forma separada. Todos renascerão em vários países, com diferenças de idade, sexo, biotipo e famílias. Existem desde aqueles que se dedicarão à política, até aqueles que se tornarão filósofos e religiosos. Os espíritos superiores semeiam muitas sementes em muitos campos, pois a colheita nunca é certa e farta. Há sementes que serão comidas pelos pássaros, outras serão levadas pelos ventos e cairão entre as pedras e não poderão florescer, outras cairão em terra fértil, desabrochando, mas poderão ser ceifadas antes do tempo. É preciso ser previdente e nunca colocar todos os ovos na mesma cesta. É de bom alvitre sempre se ter opções para que o progresso da humanidade nunca fique nas costas de um único ser.

Helvente ainda tinha alguns meses, de acordo com Saercha, e, como de ordinário acontece com os espíritos em processo de renascimento, passaria pelos procedimentos naturais, tais como: hipnose e diminuição do corpo espiritual, transporte e fixação do feto no ovo fecundado. Além disso, o molde com certas alterações genéticas estava pronto e teria que ser fixado e absorvido antes do implante do espírito no ovo. Tudo era um trabalho rotineiro e não exigia grandes intervenções, somente um cuidado maior para dar um material genético de boa qualidade para que Helvente pudesse renascer num corpo saudável. O restante, as grandes leis da providência divina se incumbiriam de providenciar. Tudo estava pronto para o renascimento.

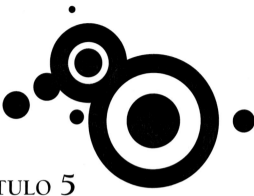

Capítulo 5

Como era de se prever, após planejamento tão detalhado e minucioso, tudo correu bem. O renascimento se deu a menos de um ano depois da extensa conversa entre Helvente e Saercha. A gestação de seis meses, que era o normal em Ahtilantê, transcorreu sem nenhuma nota digna de registro. O nascimento foi recebido com grande alegria por Klandir, o jovem pai. Nardira, sua nova mãe, estava exultante com aquela criança tão azul, tão bem disposta, que esqueceu rapidamente as poucas dores do parto.

Klandir e Nardira não foram feitos um para o outro. Tratava-se de um casamento de conveniência. Klandir tinha vinte e oito anos, militando na política do império Hurukyan, como senador provincial de certa reputação. Ingressou na política pela mão de seu pai, senador vitalício do império, e, com muita facilidade, elegeu-se senador de uma das mais ricas províncias imperiais. Nardira era filha única de outro senador imperial, muito amigo de Gomatério Mandrekhan, o novo avô paterno de Helvente. O casamento foi arranjado entre os dois lobos da política imperial, e selava uma aliança entre os dois maiores grupos financeiros e políticos de Hurukyan.

Três meses depois, Helvente foi ungido num templo sagrado com o nome de Varuna Mandrekhan. Já estava com setenta centímetros e tudo indicava que seria um belo exemplar ahtilante. Houve uma grande festa, onde até o velho imperador, senil e trôpego, compareceu. Varuna já ensaiava os primeiros passos, estando belo na sua roupa dourada de unção, que contrastava lindamente com sua pele azul, muito uniforme e lisa.

Varuna crescia rapidamente e, aos dois anos, já estava com mais de um metro, tudo indicando que alcançaria facilmente os dois metros e vinte. Falava com muita desenvoltura e não saía de perto de sua recém-nascida irmã, Natriel. Naquele mesmo ano, o imperador morreria com oitenta e dois anos, não deixando descendentes. Seu único filho tinha morrido há doze anos, atacado por uma doença fatal, que consumiu seu corpo em poucos meses. A sua doença e subsequente morte abalaram muito o imperador, que já não governava de fato há muitos anos, e com esse sofrimento adicional, isolou-se da vida social, só aparecendo em poucas cerimônias, tais como as festas anuais do dia do império e da passagem do Ano Novo.

Após o luto de praxe, o senado reuniu-se para deliberar quem seria o sucessor do imperador. Na realidade, as deliberações já tinham sido discutidas por muitos anos a fio. Muito antes de o velho imperador morrer, nos bastidores do senado imperial, já se havia chegado à conclusão de que, com a sua morte, o melhor seria eleger um primeiro-cônsul e torná-lo um cargo rotativo. De cinco em cinco anos, um novo primeiro-cônsul seria levado ao poder pelo voto dos trinta e dois senadores vitalícios e dos sessenta votos dos senadores provinciais. Desse modo, com a morte do imperador, acabava uma longa linhagem de oitocentos e vinte e cinco anos de império e, finalmente, Hurukyan tornar-se-ia uma república.

Todos concordavam que seria de bom alvitre manter o nome de império Hurukyan, mesmo não existindo mais um imperador. O povo estava acostumado com as cerimônias pomposas do velho império e não seria aconselhável destruir a imagem de força e pujança que Hurukyan tinha conseguido. O primeiro-cônsul faria as vezes de imperador nas cerimônias oficiais, sem que fosse necessário ter-se um imperador de fato.

O povo não se importou muito com essas mudanças, pois o que lhe interessava era ter uma mesa farta, uma casa confortável e muita tranquilidade para levar a sua vida. Entretanto, os descendentes indiretos do velho imperador ansiavam pelo poder e não aceitaram a determinação do senado imperial. Alguns procuraram o caminho da revolta e foram quase todos chacinados por asssinos pagos para tal finalidade. Outros pareciam aceitar os novos tempos, mas interiormente não se haviam conformado de modo completo. A chacina dos oito descendentes do imperador, na calada da noite, de modo extremamente brutal, dissuadiu qualquer resistência dos demais. Alguns, com muito medo de represálias adicionais, saíram de Hurukyan e foram para outros países à procura de abrigo e proteção.

Foram tempos difíceis. Em menos de quinze dias, não se falava mais da sucessão imperial. Até os meios de comunicação não tocavam nesse assunto tabu, pois sabiam que as grandes verbas de publicidade eram aprovadas pelo senado. Não valia a pena se indispor com os senadores imperiais e perder grandes somas de dinheiro. Os interesses falaram mais alto e, nem mesmo o testamento do imperador, que determinava que seu sucessor legal seria um sobrinho afastado, foi sequer lido no senado, porquanto o testamento sumiu junto com o sobrinho chacinado.

Varuna alcançou os quatorze anos e sua festa de iniciação à maioridade, o Bir-Ma-Keva, foi concorridíssima. Todo o senado estava presente, homenageando-o, principalmente os dois velhos senadores vitalícios e o mais novo senador imperial, Klandir. Os presentes oferecidos foram luxuosos e o muito orgulhoso Klandir já estava negociando o futuro casamento de Varuna com a filha de um dos mais respeitáveis barões industriais do império. Já estavam tratando do assunto com sete anos de antecedência, pois somente com vinte e um anos é que um rapaz estaria apto ao casamento; e a moça, com quinze. Na realidade, a maioria dos casamentos dos pobres e da classe média não passavam por conchavos matrimoniais, sendo decididos pelos interessados. Entretanto, nas altas esferas, na elite dominante, o casamento era, antes de mais nada, um bom negócio. Era uma forma de solidificar fortunas, compor alianças entre concorrentes e não permitir que pessoas de outras classes sociais pudessem ascender através de golpes matrimoniais e participarem do poder político e econômico.

Nesse período, Varuna tinha alcançado a sua altura definitiva, cerca de dois metros e cinquenta centímetros, o que o colocava levemente acima do tamanho médio de sua raça. Os verdes podiam alcançar até três metros, mas dificilmente um azul poderia alcançar essa estatura. Já os púrpuras chegavam facilmente aos dois metros e oitenta, enquanto que a raça menos tolerada, os cinzas, não passavam de dois metros e vinte centímetros.

A sua infância se passara sem nenhum contratempo. Os seus estudos tinham sido desenvolvidos na melhor escola de Tchepuat, capital do império Hurukyan, frequentada pela melhor sociedade e por todos os filhos e netos de senadores. Sua aplicação aos estudos sempre fora notável, estando na mais alta consideração dos seus professores. Além de ser o neto materno de Vozulent, senador vitalício do império e uma vez primeiro-cônsul, era também filho de Klandir, agora senador vitalício, que já fora governador provincial. Sua reputação entre os colegas era de ser um ótimo estudante, um bom amigo e ótimo esportista. A sua irmã Natriel, com doze anos, era uma linda flor ahtilante, tendo seu casamento contratado para quando alcançasse seus quinze anos.

Varuna tinha sido educado numa redoma de vidro que o protegia de todas as atribulações da vida de um mortal comum. Nunca lhe faltara nada, mesmo que não solicitasse muita coisa. Na realidade, aceitava o que lhe davam com grande alegria e seu relacionamento familiar era excelente. Seu pai, um pouco ausente devido aos negócios e à administração do Estado, amava-o muito e sempre que estavam juntos, especialmente quando tornou-se homem após a cerimônia de iniciação, Bir-ma-Keva, procurava iniciá-lo nas artes políticas e nas manhas do poder.

Varuna era um participante atento às explicações paternas e as suas perguntas diretas e contundentes deixavam o pai, muitas vezes, embaraçado. O pai ficava preocupado com as ideias do filho, que sempre demostrara fortes pendores idealistas. Perguntava muito sobre a estrutura estatal do império, sugerindo mudanças drásticas a fim de ajudar os pobres e miseráveis, assim como dar maior independência aos países conquistados e anexados à força pelo império. Seu pai horrorizava-se com essas ideias e, muitas vezes, o repreendera amargamente, o que deixava Varuna triste e calado.

No período de quatorze a dezoito anos, Varuna foi enviado a uma grande universidade para aprender as ciências econômicas e políticas, as quais, desde pequeno, o fascinavam. Tomou contato com várias correntes de pensamento, e o estimulante ambiente acadêmico era propício para desenvolver suas habilidades inatas. Na realidade, Varuna pouco tomara contato com a situação geral das pessoas comuns do império e, no seu pequeno mundo de luxo e facilidades imediatas, não tinha noção precisa do que acontecia nas camadas mais baixas da população. Entretanto, quando chegou ao final de seus estudos, teve que apresentar uma tese para poder laurear-se como doutor em ciências econômicas e políticas.

O trabalho de pesquisa para a preparação da tese levou-o a ter contato com o mundo exterior à nobreza. Andou por muitas cidades e viu a pobreza. Sentiu-se constrangido em ser quem era, de ter sido criado no luxo e riqueza, de nunca ter-lhe faltado nada desde o dia em que nasceu. Teve contato com as pessoas pobres, os operários mal-remunerados, com a nova classe de pequenos industriais que viviam à sombra das grandes indústrias dos conglomerados financeiros que pertenciam à nobreza. Observou como os nobres criaram um sistema perverso em que havia monopólios e oligopólios que estabeleciam preços e condições, marginalizando completamente os pobres e pressionando terrivelmente a classe média. Estudou os vários povos que compunham o vasto império, anotando-lhes os costumes diferentes e o único sentimento que os unia: o ódio ao poder central. Varuna aprofundou-se nas pesquisas e estudou a formação daquele império.

O império Hurukyan havia se formado, há cerca de mil anos, da união de pequenos condados que viviam lutando entre si para ter a hegemonia da região. Essas lutas duraram mais de dez séculos, não passando, entretanto, de escaramuças e combates singulares. As armas eram produzidas com metais e tinham como objetivo furar, rasgar e amassar os combatentes. As armas brancas e alguns pequenos artefatos que lançavam projéteis a curta distância não davam predominância a nenhuma das partes.

Com o aparecimento de armas explosivas, houve grandes alterações nos meios de combate. Esses pequenos feudos constituídos de cidades-estados tinham surgido do esfacelamento de um império mais antigo, que conseguira reunir vários povos por um largo período de três mil e duzentos anos. O antigo império sucumbiu por sucessivas invasões de povos bárbaros, especialmente vindos do norte da parte oriental, constituída de povos azuis, extraordinários guerreiros que dominaram os verdes com facilidade.

Com o advento de materiais explosivos, um dos feudos começou a ter forte predominância sobre os demais, e não foi muito difícil convencer os mais relutantes a se juntarem num único estado, governado pelo duque de Hurukyan, onde se havia desenvolvido o uso dos explosivos. A formação de um grande exército, para a época foi o passo seguinte, e todos os vizinhos foram anexados. Para que a estrutura pudesse se manter organizada, o duque de Hurukyan intitulou-se rei de Hurukyan e os demais receberam poderes especiais sobre seus feudos.

Nos oitocentos anos seguintes, o império só fez crescer, seja anexando novos territórios, seja conquistando à força das armas. Para manter um vasto exército, meios de comunicação, abrir estradas para levar os exércitos a todos os pontos do império e alimentar os nobres e os homens-de-armas, foi preciso que o povo mais simples trabalhasse e pagasse impostos escorchantes. Essas taxas eram recolhidas através de um sistema engenhoso que se baseava na extensão da terra que cada um tinha para trabalhar. Nas cidades, os impostos eram recolhidos de forma aleatória, ou seja, de acordo com critérios pessoais dos administradores.

Esse sistema ensejou uma corrupção como nunca se havia visto antes. Os administradores taxavam de forma exorbitante certos cidadãos, e depois os chamavam para uma conversa, onde era proposta a redução do imposto para a metade. Para que isso pudesse ser feito, o explorado comerciante ou artesão precisava dar um presente ao administrador. Esse presente representava, pelo menos, quinze por cento do imposto a pagar. Não tendo outra opção, o explorado pagava.

Em pouco tempo, os nobres ficaram sabendo desse fato e, ao invés de tomarem uma posição contra os administradores, aliaram-se a eles para extorquirem ainda mais dinheiro dos pobres. Os governantes centrais ficaram sabendo após algum tempo, mas não tomaram nenhuma medida imediata e até fecharam os olhos, pois receavam ir contra os nobres e os administradores locais.

Quando surgiram as primeiras máquinas, vindo a gerar o que seria a revolução industrial Ahtilantê, o império logo ampliou suas conquistas. Agora, nem tanto pela força e mais pelo comércio. Comprava matéria-prima de vários países e as revendia, após a industrialização, a preços dez a quinze vezes maiores. Foi nesse ponto que um dos primeiros-cônsules resolveu fazer uma grande reforma administrativa, colocando administradores profissionais no lugar dos anteriores, que eram nomeados pelos nobres, e uma reforma tributária que foi muito bem recebida, especialmente pelos habitantes das cidades. Foi substituído o sistema de cobrança de impostos aleatórios por um que se baseava no valor das mercadorias, considerado mais justo. Mas a corrupção simplesmente mudou de lado, pois, se antes eram os administradores que extorquiam os valores que achavam por bem fazê-lo, agora eram os comerciantes e industriais que nunca informavam os valores corretos, sempre pagando impostos menores do que deviam.

Varuna gostava de história e era um arguto analista dos fatos. Sua tese para a formatura chamou a atenção dos mestres, suscitando muitas discussões acadêmicas. Ao analisar a história de Ahtilantê, ele notara que existia uma série de fatos que se reproduziam de forma cíclica. Os povos primitivos se uniram em pequenos feudos que viviam lutando entre si. Depois, um poder externo os invadia, tornando-os vassalos, ou um dos feudos se destacava dos demais e passava a dominá-los, vindo a formar um reinado ou um império. Esse império durava alguns séculos, construindo seu poder sobre os excedentes agrícolas, objetos artesanais e comércio. Depois de alguns anos de hegemonia, era conquistado por outro mais forte, ou se desmembrava em vários pequenos países, feudos ou cidades-estados, a partir de revoltas intestinas. Passavam alguns anos guerreando-se e, novamente, eram dominados por um país externo mais forte, ou pela hegemonia de um dos feudos. Assim por diante, a história se repetia ciclicamente.

A tese de Varuna era que o império Hurukyan passaria novamente por um novo ciclo em que se desmembraria, vindo a se tornar um série de feudos que iriam lutar entre si, até que, dentro de alguns séculos, voltaria a se tornar um novo império. E, assim, esse processo se perpetuaria, a não ser que algo de revolucionário acontecesse. A conclusão a que Varuna chegara, e que criara polêmica entre seus professores, é que a única forma de impedir que os impérios desmoronassem é que pudessem ser fracionados em países menores, administrados de modo altamente profissional, com uma legislação democrática e que todos esses estados formassem uma confederação. E mais, que esta pudesse se ampliar com a inclusão de outros países, e cada um desses tivesse autonomia e soberania para decidir seus destinos específicos, mas que fizessem parte de um todo, tendo ajuda mútua para se desenvolver.

Após um ano de intensas pesquisas, onde muitos de seus conhecimentos adquiridos em outras experiências na carne e na pátria espiritual afloraram, Varuna teve que defender sua tese acadêmica na frente de seus mestres e mais alguns convidados especiais. Durante a preparação, tivera, diversas vezes, intuição para que não apresentasse suas ideias ainda. Essa premonição era proveniente de seus guias espirituais que lhe aconselhavam prudência. Mas Varuna era jovem e destemido. Acreditava que suas ideias seriam recebidas com facilidade. Afinal de contas, tudo seguia uma lógica irretorquível. O que ele propunha era um sistema mais aperfeiçoado que deveria ser imediatamente abraçado por todo mundo. Todos lucrariam muito com a nova ordem mundial, mais justa, temperada com harmonia e desenvolvimento.

Por mais que os guias espirituais lhe intuíssem que as grandes mudanças sociais precisam ser construídas em cima de sofrimento e de novas técnicas, Varuna, sendo jovem e impulsivo, achava-se o arauto das boas novas. A juventude muitas vezes é precipitada e ingênua. Varuna teria que aprender a ser mais cauteloso e menos audaz.

O seu pai, Klandir, fez questão de comparecer mesmo sem conhecer o teor da exposição. Varuna começou historiando os últimos oito mil anos de Ahtilantê. Demonstrou os dezesseis impérios que foram constituídos nos três continentes principais e suas estruturas governamentais muito similares, além das características de terem sido organizados através da força, da corrupção, do desmando e da alienação da maioria da população. O processo histórico não deixava dúvidas de que existia um ciclo que vivia se renovando. Fusão e desmembramento dos impérios pela força eram ciclos que acompanhavam a evolução social de Ahtilantê.

Varuna apresentou um quadro extremamente claro da atual situação do império Hurukyan e das suas possibilidades futuras de desmembramento, seguindo a lógica dos ciclos. Apresentou um estudo pormenorizado das tendências futuras, baseadas na insatisfação popular, na ascensão de uma nova classe social que eram os habitantes ricos, comerciantes e industriais das cidades, de como eles se sentiam insatisfeitos por não participarem das decisões políticas, e da quantidade de miseráveis que viviam à margem do sistema.

Ele finalizara a sua apresentação de duas horas, expondo uma tese em que o império Hurukyan deveria se dividir em oito estados autônomos e soberanos, fundidos numa confederação. Esses oito estados tinham sido definidos a partir de dados colhidos por Varuna, respeitando divisões geo-sócio-econômicas e culturais. Preconizava eleições livres do povo para seus representantes para as câmaras legislativas locais; a escolha, por parte dessas, dos senadores para a confederação, sem serem vitalícios, com rotação do poder; e a divisão de poderes entre o executivo, o legislativo e o judiciário.

O executivo e o judiciário seriam constituídos de administradores profissionais, como já o eram; e o legislativo, de representantes do povo. Finalizou, com um esforço de futurologia, apresentando perspectivas de ampliação da confederação Hurukyan para vários países limítrofes, que poderiam tornar-se membros sem o uso da força e com grandes perspectivas de, no futuro, todos os países de Ahtilantê estarem associados a confederações locais e participarem de uma única confederação de confederações.

O ponto alto da exposição era um sério combate à miséria, com a instituição de fazendas-coletivas, investimentos em atividades agro-industriais, absorção maciça de mão-de-obra pobre e desqualificada nesses projetos. Varuna fez ver que o enriquecimento dos pobres geraria mais consumo, mais impostos, mais riqueza para os ricos. O ponto nevrálgico não era acabar com os ricos, mas torná-los ainda mais ricos através da parceria, tanto de outros ricos, como dos pobres. O importante era acabar com a pobreza, através de investimentos dirigidos, captados dos ricos e classes abastadas, através dos bancos que receberiam benefícios fiscais e monetários para tal fim.

Terminada a exposição, um silêncio sepulcral se fez sentir na assembleia. A maioria estava revoltada e só não o apupava, por ser o filho do nobre Klandir. Por sua vez, o pai estava estarrecido com o filho. Como aquele rapazinho, ainda recém-saído do Bir-ma-Keva ousava envergonhá-lo em público com uma tese tão estapafúrdia? Como era possível que esse rapazote não visse as sérias implicações que seria transferir o poder para a plebe, possibilitando que gente sem preparo, sem nenhuma cultura e experiência pudesse criar leis que, muito provavelmente, iriam tirar os privilégios dos nobres que, a tão duras penas, foram conquistados pelos seus antepassados?

Klandir estava mudo, num misto de raiva, revolta e vergonha. Seu filho, no qual depositara todas as esperanças de sucedê-lo tinha se tornado uma figura grotesca, propondo o fim do maior império do mundo, constituído do maior acervo cultural da humanidade, construído durante mil anos pela raça mais nobre e perfeita do planeta. Klandir sentiu sua cabeça explodir de tamanha indignação e levantou-se, afastando-se rapidamente do recinto. Com sua saída, a debandada foi geral e muitos riam escandalosamente de tudo que escutaram de Varuna. Ficaram, apenas dois mestres, que muito o amavam e um deles, o responsável pela aferição do grau, dirigiu-se a Varuna.

– Você é muito novo e aprenderá que os homens têm horror a mudanças. Preferem ficar presos a seus princípios a tentar novos caminhos. Suas ideias são revolucionárias e sempre o aconselhei a esquecer ou guardá-las somente para você. Ir de encontro ao império até que é fácil, pois há muitos povos que rejeitariam esse jugo que creem ilegal e insuportável, mas exigir que a elite dominante abra mão de suas conquistas seculares apenas para favorecer os pobres e miseráveis, ou a uma nova classe social emergente, é tolice. É mais fácil pedir que morram pela pátria, do que pedir que abram mão de seus privilégios e honrarias. Eu gostei de seu trabalho e lhe darei um bom grau, suficiente para que você seja aprovado e se forme com louvor, mas prometa-me que esquecerá essas ideias alucinadas, pois temo muitíssimo pelo seu futuro.

Varuna nada respondeu, não demonstrando abatimento. Parecia que já esperava por tudo. A atitude de seus mestres e do seu pai não o deixara nem triste nem envergonhado; mas, decepcionado. Não esperava por aquela atitude geral. Imaginara uma cena diferente. Pensara que o pai o apoiaria mesmo sabendo que suas ideias eram um tanto revolucionárias. Os ricos teriam muito o que ganhar com a extirpação da miséria. Seria uma forma de criar um enorme mercado consumidor. Todos os pobres que não consomem quase nada, vegetando e morrendo de fome, passassem a ganhar dinheiro, graças a novos empregos, passariam a constituir um novo mercado consumidor absolutamente fantástico. Mas agora, depois de receber o descrédito geral, especialmente do seu pai, algo dentro dele lhe dizia que teria uma longa luta pela frente e que a primeira derrota apenas lhe mostrava que seu caminho deveria ser muito mais amplo e que suas armas não deveriam ser apontadas para os nobres. Era preciso rever sua estratégia, pois é nas derrotas que se aprende o caminho da vitória.

A mãe de Varuna o esperava ansiosa. Klandir tinha chegado antes dele, queixando-se amargamente do filho, retirando-se para os seus aposentos para não encontrá-lo. Como Klandir não tinha sido muito específico com Nardira, ela estava preocupada. A mãe recebeu-o com admoestações veementes. Ele preferiu não discutir com ela. Dera-lhe uma explicação simples, retirando-se para seu quarto. Na hora da terceira refeição que, quase sempre era muito leve, constituída de frutas e legumes de Ahtilantê, pai e filho se encontraram. Klandir estava visivelmente irritado e não escondeu o fato. Durante o tenso jantar, Klandir chamou a atenção do filho.

– Você parece que não entende certos fatos da vida. O que você propôs é frontalmente contra as leis do império. Dê-se por feliz de ser meu filho, pois qualquer outro que falasse o que você falou poderia ser preso por sedição e julgado por alta traição. Não sei se poderei protegê-lo se algum dos presentes resolver prestar queixa contra você. Ainda por cima, você escreveu e distribuiu essa peça de mau gosto, com suas ideias e teorias obscuras. Você faz cálculo do que me fez passar? Como senador do império, sou responsável pela execução das leis e você flagrantemente as violou.

– Mas, Klandir – disse Nardira, querendo apaziguar o marido – ninguém vai querer processar uma criança.

– Você é que não entende o que se passou – respondeu o marido, com um tom de voz ameaçador. – Esse idiota não é nada e ninguém prestaria atenção a ele, se não fosse pelo fato de ser meu filho. Eu tenho inimigos no Senado! Eu sou o alvo e não esta criança, como você bem o chama.

Varuna estava quieto e cabisbaixo. Sabia que tinha tocado numa ferida aberta: a unidade do império que tinha sido unificado à força. Como filho de um senador vitalício, as suas palavras tinham um certo peso. Não acreditava que pudessem fazer nada contra o pai, já que seu avô tinha sido primeiro-cônsul, e o atual, era muito amigo da família.

– E o pior é que muitos irão dizer que aquelas ideias estúpidas devem ter surgido de minha mente. Dificilmente irão acreditar que o filho de um senador iria falar o que falou se não fosse com a concordância expressa do próprio pai.

O ambiente continuou turvo o resto da refeição. No final, Klandir virou-se para Varuna e mais calmo perguntou-lhe.

– Afinal das contas, onde você quer chegar com essas ideias? Você acha que as pessoas vão mudar sua forma de ser, apenas porque você escreveu uma tese?

– Concordo com você, meu pai. A primeira impressão é que eu estou querendo a dissolução do império, mas se você analisar a minha tese, com isenção de ânimo, verá que eu estou propondo exatamente o contrário. Todos os impérios até a presente data conseguiram manter-se pelo uso da força. Porém, mais cedo ou mais tarde, essa mesma força volta-se contra ele e é o motivo de sua derrocada final. Todo grande império gera formas internas de dissolução. É a corrupção, o descontentamento com a aplicação espúria de verbas em setores não produtivos, são os costumes que se degeneram e assim por diante. Todos esses fatores criam as condições para a derrocada do império. O que eu estou propondo é uma transição lenta e gradual para um sistema mais justo, mais igualitário e que, por isso mesmo, terá maior respaldo popular, fortalecendo o sistema e não o enfraquecendo.

– Guarde seu discurso para si mesmo. Quem disse que o império está se enfraquecendo? Só pode ser você, com suas ideias distorcidas. Desde quando o povo poderá eleger seus representantes e propor melhoras? Você não sabe que sempre existiram pobres e que eles fazem parte do equilíbrio natural da sociedade? Se todos fossem ricos, quem faria os trabalhos mais duros. Você, por acaso? Os pobres vivem muito melhor hoje do que no passado. Já não existe escravidão e todos são livres perante a lei. O que você quer mais?

Klandir voltara a ficar irritado e as veias azuis de sua têmpora já estavam intumescidas. Varuna sabia que seu pai estava a ponto de perder a compostura, e a prudência o advertia que esse não era o momento para discutir pontos de vista tão díspares. Era preferível calar e esperar um momento mais oportuno. O jantar estava no final, Klandir levantou-se irritado e saiu da sala com um passo forte e apressado.

A noite chegou rápida e era o momento de se retirarem para os aposentos e descansarem do dia fatigante. Varuna deitou-se na sua cama e analisou a sua apresentação. Desde o início, ele sentia que pisava em terreno perigoso. Fora advertido pela sua consciência de que não deveria expor aquelas ideias assim de chofre. Seria mal recebido, como realmente o fora. Sabia, no seu interior, que estava certo, mas de nada adiantava se indispor com seu pai e sua família por causa de suas ideias.

Nos próximos dois dias, Varuna não viu o pai e procurou isolar-se no seu quarto. Pensava e repensava cada detalhe de sua apresentação e avaliava, agora mais calmo, onde tinha errado e os eventuais caminhos. Estava tenso e muito decepcionado. Sua tese fora mal recebida e nunca seria divulgada.

Nos dois dias em que Varuna se isolara, Klandir recebeu diversas visitas no seu gabinete no Senado. Alguns amigos o alertavam que o procurador de justiça do Senado, seu mais perigoso inimigo, estava procurando uma cópia do trabalho de Varuna e esperava criar sérios obstáculos ao progresso de Klandir na sua futura candidatura a primeiro-cônsul. O atual primeiro-cônsul do império, Trafgaman, seu pessoal amigo e sócio em muitas empreitadas, chamou-o para uma conversa privada.

Eles se encontraram no gabinete, mas logo saíram para passear num jardim muito amplo e belo, num espaço contíguo ao Senado. Trafgaman, esperto administrador, preferia os espaços abertos, onde suas conversas reservadas não poderiam ser ouvidas e registradas por eventuais inimigos.

Ele era um homem muito inteligente e prático. Sabia de toda aquela história por seus próprios assessores, que de tudo o informavam. Achara interessantes as ideias de Varuna e não se preocupara com as aventuras de um jovem homem. Afinal, outras ideias esdrúxulas já tinham sido propostas e não frutificaram.

– Eu entendo o que aconteceu. Conheço o coração puro de seu filho e tenho uma cópia do relatório. Realmente, as ideias não são de todo más.

Trafgaman procurava aplacar a ira de Klandir contra seu filho.

– Gentileza sua, Trafgaman. Na realidade, nem as analisei; estou furioso contra Varuna. Como pode me expor dessa forma?

– Você está muito nervoso. Procure se acalmar. Seu filho escreveu um belo trabalho. Se realmente pudéssemos investir nos pobres, criando empregos, essa massa de miseráveis passaria a ser um mercado consumidor extraordinário que geraria impostos fantásticos. Teríamos ainda mais poder e mais dinheiro. Entretanto, o problema não é esse.

Klandir o escutava com atenção. Trafgaman colocara a mão no seu ombro, curvando-se sobre ele de forma a ficar bem perto e não ser escutado por ninguém.

– Você tem que me suceder. Se aquele miserável do Sorgane for eleito, acabará descobrindo nossos negócios, o que pode ser muito perigoso. Você sabe que todos aquelas verbas que desviamos para certas instituições de caridade acabaram voltando para nós, assim como os superfaturamentos, a compra de objetos desnecessários, e não preciso lhe contar tudo.

Klandir estava lívido. Suas negociatas renderam alguns milhões de coroas imperiais, dinheiro bastante para comprar mais de cinco mil veículos automotores. Trafgaman notou a lividez e sorriu, pois sabia que tinha Klandir sob seu jugo. Aquele homem faria qualquer coisa para não perder seus privilégios. O astuto primeiro-cônsul prosseguiu.

– Klandir, meu amigo. Não quero entrar em seus assuntos particulares e domésticos. Você sabe que eu prezo demais todos de sua casa, e não me cabe aqui aconselhá-lo como pai e chefe de família. Contudo, a situação pode se deteriorar se você não fizer nada com seu filho.

Klandir olhava surpreso para Trafgaman. Realmente, ele nunca lhe falara de assuntos pessoais. Estava caminhando lado a lado com Klandir e seu tom de voz se tinha tornado melífluo. Trafgaman adotara uma posição séria, e prosseguiu:

– Você precisa castigar seriamente seu filho. Isso deve partir de você. Se assim o fizer, estará dando uma demonstração inequívoca a todos, inclusive àquele idiota do Sorgane, de que vê o Estado acima dos assuntos familiares. Gostaria de lhe sugerir que mandasse aprisionar Varuna por sedição.

Klandir afastou-se bruscamente de Trafgaman e o olhou ainda mais espantado.

– Você está louco, Trafgaman! A pena para sedição é a morte ou, na melhor das hipóteses, trabalhos forçados perpétuos nas minas, onde você sabe que os mais fortes morrem em cinco anos. Você quer que eu mande matar meu próprio filho?

Klandir estava horrorizado. Trafgaman o conduzia com destreza.

– Não, meu grande amigo Klandir. Quem sou eu para pedir isso? – respondeu falsamente escandalizado o primeiro-cônsul.

– O que me passou pela mente é que você daria a ordem para prendê-lo e, depois do julgamento, eu, num rasgo de benevolência, comutaria a pena, não importando qual fosse, para um curto espaço de tempo de aprisionamento. Você entende?

– Isso é muito perigoso, pois você pode subitamente ser impedido pelo Senado de comutar a pena e meu filho acabará sendo executado. Eu tenho uma ideia melhor.

Trafgaman escutava-o com atenção. Na realidade, aquela serpente de astúcia não queria o aprisionamento de Varuna, pois não lhe traria nenhuma vantagem. Todos os seus negócios escusos estavam tão bem disfarçados, com vasta documentação, que nunca seriam descobertos, nem mesmo por uma equipe de auditores imperiais. Trafgaman queria que Klandir o sucedesse, sabendo que seria fácil manejá-lo. Mas o casamento acordado entre Varuna e a jovem filha de outro senador não era do agrado de Trafgaman. Esse casamento, se viesse a ser realizado, fortaleceria a família de Klandir de um modo extraordinário. Inicialmente, pensara em dominar o filho como conseguia fazê-lo com o pai, mas, quando essa oportunidade dourada apareceu, o astuto Trafgaman preferiu, ardilosamente, atrapalhar a vida de Varuna para ter o caminho livre para arquitetar uma nova aliança matrimonial, mais adequada aos seus propósitos.

O velho senador Potemat tivera três filhos. Dois belos rapazes que morreram novos, sendo um de doença e outro, na guerra. Sua única filha passaria a herdar um imenso império industrial e terras férteis, na província principal de Hurukyan. Seu casamento com Varuna, que iria se realizar em dois anos, fundiria dois imensos poderes econômicos, dando ao jovem Varuna, no decorrer do tempo, um poder político fortíssimo.

Trafgaman temia esse poder. Ele não podia permitir o casamento. Se Varuna fosse preso, mesmo que fosse solto depois, o escândalo seria irreversível. O senador Potemat jamais permitiria que sua filha casasse com um ex-condenado ou alguém que fosse motivo de escândalo. O caminho ficaria livre para que Trafgaman pudesse entabular conversações matrimoniais para seu sobrinho. Seu filho já era casado, assim como sua filha. Entretanto, o filho de seu irmão mais moço ainda era solteiro e não tinha alcançado a idade da iniciação.

Era natural que ele, Trafgaman, pudesse de forma sub-reptícia arrumar tudo e, quando os dois se casassem, um infeliz acidente com Potemat resolveria o problema da sucessão. Sob sua orientação, o jovem sobrinho faria o que ele quisesse e passaria a ele esse poder econômico inigualável. Poderia, quem sabe, até dar um golpe de estado e tornar-se o imperador absoluto. Era preciso desmoralizar Varuna, sem afetar a imagem de Klandir, seu provável sucessor, facilmente maleável.

– Diga, meu caro amigo Klandir, sou todo ouvidos.

– Posso desterrar meu filho por algum tempo. Até que esse assunto se torne passado.

Trafgaman parou de caminhar, pensativo. A solução era boa, porém tudo dependeria do tempo e do local do desterro. Se fosse um período curto, num lugar aprazível, não resolveria nada. Teria que ser num lugar longínquo e por um tempo superior a dois anos, quando venceria o contrato de casamento.

– Sim, é possível que seja uma solução boa. Mas – disse Trafgaman, com forte ênfase nesta frase – tudo depende do tempo e do local. É preciso que você demonstre de forma cabal a todos os seus pares no Senado de que se trata de uma severa punição. Se você for brando, dirão que você não o desterrou, e sim proporcionou-lhe agradáveis férias. Você entende, não é, meu caro, que precisa mostrar força e autoridade, dignas de um futuro primeiro-cônsul. Senão, Sorgane, aquele pústula, irá usar isso contra você.

Klandir intimamente lhe deu razão. Não queria a morte de Varuna, mas nada poderia atrapalhar seus planos. Durante anos se preparara para essa nobre função. Entraria para a história, além das formidáveis possibilidades de negócios e honrarias. Era preciso ser duro com o filho.

– Certo! Você não deixa de ter razão. Enviarei Varuna para a província de Planabontra, por um período de dois anos.

"Dois anos, era pouco. Planabontra não era tão longe assim. O infeliz podia vir toda semana, sem ser visto, visitar a noiva. Varuna é muito belo e pode virar a cabeça da menina, e o idiota do pai faria o que a filhinha querida lhe pedisse. Era preciso enviá-lo para mais longe e, se possível, fixá-lo no local com algum tipo de trabalho subalterno que não lhe permitisse remuneração suficiente, a fim de impedi-lo de visitar a família e a noiva."

– Mas, meu caro Klandir, você deve estar brincando comigo! A província de Planabontra é um lugar maravilhoso e muito rico, além do que dois anos não é desterro. Nossas leis de desterro falam de um mínimo de cinco anos, de preferência, no exterior. Você está sendo conduzido pelo seu coração de pai amoroso que sei que é, e não de estadista, que coloca o bem-estar do Estado acima de meras questões pessoais e familiares. Ou você toma uma verdadeira decisão ou a deixa para a justiça e o maldito Sorgane. Nesse caso, não poderei proteger você de investigações mais profundas que aquele canalha deseje fazer. Você está numa encruzilhada, ou pune exemplarmente seu filho ou deixa que o Estado o faça.

Klandir estava subjugado moralmente. Achava que Sorgane estava ao seu encalce e que usaria seu filho para destruí-lo, assim como a Trafgaman. O que ele não sabia é que Sorgane era aliado secreto de Trafgaman e que juntos ganharam muito dinheiro, desapropriando terras de pequenos e médios fazendeiros, por preços ridículos, dividindo-as entre os dois. Sorgane tinha ouvido falar das teorias de Varuna, mas não lhe passara pela mente investigar o filho de Klandir. Afinal, não passava de um jovem homenzinho, mal saído das fraldas, como ele pensava, e que não representava nenhum perigo à integridade do império.

Trafgaman é que vira uma oportunidade de ampliar seus domínios e seu poder, por isso fizera circular os rumores de que Sorgane estava investigando Varuna. Mas Klandir não sabia disso e pensava que Sorgane era inimigo do primeiro-cônsul e, por isso mesmo, dele e de sua família. Assustado com a possibilidade de uma investigação mais profunda, Klandir acabou por ceder às pressões do astuto primeiro-cônsul.

No outro dia, o pai mandou chamar Varuna ao seu gabinete de trabalho. Tinha a aparência cansada, como se não tivesse dormido à noite. Varuna sentira pena de seu pai e de sua visível angústia. Após os cumprimentos de praxe, Klandir com uma voz cansada e monótona, dirigiu-se ao filho.

– Meu filho, pensei muito em tudo que você falou e vejo que é um jovem muito bem intencionado e puro de coração. Mas ainda não conhece o coração dos homens e imagina que, com belas e candentes palavras, poderá modificá-los. Está muito enganado e vejo que nós erramos muito na sua educação. Nós o protegemos dos infortúnios e acabamos educando alguém que não está apto para ser um líder, como sempre foi minha intenção. Hoje, vejo que, se você é ingênuo e irresponsável, o maior culpado sou eu, que descuidei de sua formação moral. Deixei-o a cargo de sua mãe, que é muito doce e meiga, e que o impregnou de doces ideais. Mas não é muito tarde para que você aprenda. Seu aprendizado doravante deverá ser duro. Nada mais de professores particulares ou de academias filosóficas caras e exclusivas. A vida dura dos pobres que você tanto quer ajudar deverá ser sua mestra. Muito pensei e deliberei que você será banido oficialmente de minha casa pelo prazo de cinco anos, devendo sair deste lar hoje mesmo, sem levar absolutamente nada dos seus pertences, a não ser algumas peças de roupa e muito pouco dinheiro, que lhe dará direito de se alimentar por três dias e de se abrigar pelo mesmo período. Você será levado para a província de Talumanak, onde a pobreza e a miséria serão suas companheiras, onde você poderá aprender a valorizar todo o bem que recebeu nesta casa e não soube honrar. O decreto de seu exílio o salvará de uma pena mais aguda, como o aprisionamento ou, quiçá, a morte. Despeça-se de sua irmã e de sua mãe, e de nada adianta pedir clemência. É minha decisão final.

Varuna escutara as duras palavras paternas sem demonstrar a mínima comoção. No fundo, achava que essa solução seria ideal. O seu guia espiritual, invisivelmente, insuflava-lhe forças e o acalmava com vibrações dulcíssimas. Varuna lhe respondeu com muita calma e com a fronte erguida, não em sinal de rebeldia, mas como a demonstrar que acatava as determinações paternas.

– Meu pai, não era minha intenção lhe pedir clemência, pois não se pede isso a quem está a lhe fazer um favor. Acredito que, se assim procede, é para meu próprio bem, e acato com muita tranquilidade suas determinações. Peço-lhe, portanto, sua bênção.

– Vá se despedir de sua mãe e de sua irmã e volte para esta sala, pois sua escolta estará aqui para levá-lo até o ônibus. Sua passagem está comprada e você deverá partir dentro de duas horas. Seja breve nos seus preparativos. Se eu o encontrar nesta casa após tal prazo, darei voz de prisão e você será sentenciado a trabalhos forçados.

A voz de Klandir tornara-se dura e a expressão de sua face também. Varuna sentiu que seu pai agia daquela forma para não chorar. Não podia sentir raiva do pai. Achava que ele agia certo dentro de suas convicções.

As despedidas da mãe e da irmã foram comoventes, mesmo que nenhuma lágrima rolasse das faces de Varuna. Sua mãe parecia estar inconformada e sua irmã não podia entender o que se passava. O marido da irmã lhe explicara sem entrar em muitos detalhes e, agora, Varuna não podia perder tempo. A escolta dos guardas senatoriais o esperava e foram céleres para a estação de ônibus. Varuna acabou não levando nada a não ser a roupa do corpo. Deixara o dinheiro na estante da biblioteca paterna e seu diploma universitário ainda não estava em mãos para que pudesse levá-lo junto.

Capítulo 6

A viagem foi longa, monótona e cansativa. Foram dois dias inteiros em estradas, inicialmente muito boas, mas que foram piorando a partir da província de Talumanak. Um dos guardas senatoriais que o acompanhara até o terminal rodoviário lhe entregou uma carta, com ordem expressa de só abrir quando chegasse ao destino. Obviamente, o jovem não obedecera; a curiosidade o vencera facilmente. Assim que o ônibus saiu da capital imperial, ele a abriu com todo cuidado, olhando para os lados para se certificar de que ninguém o estava observando.

Tratava-se de uma carta do primeiro-cônsul, que lhe dizia que não esmorecesse, pois aquela punição não seria permanente. O primeiro-cônsul, Trafgaman, o exortava a ter paciência e coragem, que tudo seria resolvido em muito breve, com um possível edito de perdão consular. Dentro do envelope, existia outra missiva, que Varuna viu que era uma carta de apresentação. Deveria procurar por um homem chamado Bahcor, cidadão muito rico da província, e se apresentar em seu nome, dando-lhe a carta de apresentação anexa. Bahcor já tinha sido notificado de sua chegada e lhe daria um excelente emprego num dos seus muitos negócios, o que lhe permitiria viver à larga.

A carta, no entanto, recomendava que não procurasse voltar a Tchepuat, nem entrar em contato com que quer que fosse na capital para que não agravasse seu estado atual de exílio, podendo transformar-se em prisão, dificultando a vida de seu pai e impedindo todos os esforços que ele, Trafgaman, estaria envidando para diminuir o banimento. Deveria aceitar qualquer emprego que Bahcor lhe desse, pois, possivelmente, estaria sendo testado para galgar novas e melhores situações no futuro. A carta terminava com protestos de estima e consideração de Trafgaman, que lhe afirmava que o considerava como se um filho fosse.

O ônibus chegou à capital da esquecida província do vasto império Hurukyan. Varuna notou que se tratava de uma província pobre, pois até a capital não tinha um templo central. Todas as boas cidades tinham templos centrais, chamados de *Zig-Ghurar-Teh*, que eram construções belíssimas em formas piramidais, com grandes escadarias laterais e frontais que levavam a um topo achatado, onde existia uma grande mesa de oferendas. Na época de festas religiosas, a nobreza local subia as escadarias para oferecer suas dádivas aos deuses e ao Deus Máximo, Deus dos deuses, em troca de paz, vitória nas guerras e saúde. O povo ficava no grande pátio que rodeava a enorme construção. Os hierofantes subiam pelas escadas laterais, cantando louvores aos deuses e queimando incensos. As pessoas de classe média podiam subir até a primeira plataforma e, de lá, oferecerem seus presentes aos deuses.

A capital provincial, Vubahram, era um amontoado de casas pobres que circundavam uma grande praça. Em volta desta, existiam algumas casas melhores onde habitavam as pessoas mais ricas da população. Os nobres do local preferiam viver em Tchepuat, usufruindo dos rendimentos obtidos à custa de impostos obrigatórios recolhidos dos camponeses e de algumas poucas indústrias. Havia alguns estabelecimentos bancários em volta da praça, sendo que os principais conglomerados financeiros não estavam presentes. A cidade não tinha mais do que duzentos mil habitantes e era cortada por um rio largo, o rio Varmighaf, onde as pessoas jogavam os dejetos e todo o lixo da cidade.

O rio Varmighaf tinha um cheiro insuportável e as poucas pessoas abastadas do local não moravam às suas margens. As casas que margeavam o rio eram do baixo meretrício e algumas lojas suspeitas onde se comercializavam drogas alucinógenas e locais para a cremação dos mortos.

A província tinha sido uma das últimas conquistas do império, anexada sem grandes resistências. Realmente, Klandir soubera desterrar o filho para um local terrível. Os índices de criminalidade eram altíssimos. A possibilidade de ser assaltado e morto era muito grande. A cidade toda era muito insalubre, com o esgoto correndo a céu aberto até desembocar no rio. As campanhas de vacinação em massa providenciadas pelo império teimavam em esquecer aquele rincão longínquo.

Varuna desembarcou do ônibus, sentiu o hálito fétido da cidade e seu coração sentiu um aperto de angústia, logo superado por sua mente vigorosa. Varuna era profundamente religioso, num lar onde só a mãe o era, e algumas outras pessoas de sua família acreditavam em Deus e numa vida após a morte. Olhou para a cidade semivazia em volta e orou interiormente para Deus, como a pedir forças para encontrar o seu novo caminho.

Existiam cerca de trinta religiões diferentes em Ahtilantê, mas a oficial, que tinha construído os *Zig-Ghurar-Teh*, ainda era a que obtinha as melhores verbas do Estado. O povo de Talumanak acreditava em um único Deus, repudiando todos os demais. Acreditavam que todos os seres tinham múltiplas existências, que eles denominavam de reencarnação. Acreditavam que cada um reencarnava para pagar um pecado da vida passada e que de nada adiantava se revoltar contra o destino, pois só faria agravar as penas futuras. Varuna já tinha estudado essa religião, achando-a muito estranha, mesmo que certos conceitos pudessem, eventualmente, ser aceitos. O que o deixava intrigado era o excessivo fanatismo do povo, pois, além de sua total obediência e resignação, ninguém lutava para melhorar sua posição social e econômica.

Varuna procurou uma pequena pousada para passar a noite, já que estava exausto da viagem e era muito tarde para procurar Bahcor. Encontrou, numa das ruas laterais, um pequeno hotel, simples porém limpo e com uma cama confortável. Dormiu profundamente um sono profundo. Acordou com fome e sede. Tomou um banho rápido, vestiu-se e comeu um pedaço de pão, bebeu uma xícara de uma infusão que levava mais água do que plantas.

Ele perguntou à dona da estalagem se ela conhecia Bahcor. Ela lhe respondeu grosseiramente que não era o serviço de informação da cidade, que procurasse descobrir o que procurava na prefeitura. Varuna dirigiu-se ao serviço telefônico na prefeitura, e lhe foi informado onde morava quem procurava.

A casa de Bahcor ficava na praça principal, que era suja, sem jardins floridos, com alguns mendigos deitados na relva, embaixo de árvores mal cuidadas. Não foi difícil descobrir a casa de Bahcor. Era a maior, mesmo não sendo a mais bela e nem a mais bem cuidada.

Varuna tocou a sineta de entrada e uma servente veio atendê-lo. Disse que queria falar com o dono da casa e deu a carta de apresentação do primeiro-cônsul. Foi introduzido numa antessala com dois sofás, quatro cadeiras e uma bela mesa de centro. A servente entrou à procura do dono, voltando depois de breves instantes, pedindo que o acompanhasse. Ele a seguiu por longos corredores até um pátio central, onde um homem alto e forte estava sentado numa cadeira.

Varuna aproximou-se, procurando imprimir seu melhor sorriso. O velho Bahcor o olhava de soslaio, procurando decifrar o enigma. Por que será que o primeiro-cônsul estava tão interessado num jovem tão belo e cheio de vida? O que um homem, com roupas tão boas, ar aristocrático e andar tão elegante estaria fazendo naquela província esquecida por Deus? Ele tinha sido avisado por um dos assessores do primeiro-cônsul que deveria dar um trabalho subalterno e humilhante ao jovem Varuna. Deveria ser um trabalho mal remunerado e o mais distante possível da cidade para impedi-lo de voltar facilmente a Tchepuat e entrar em contato com a noiva.

Após os cumprimentos habituais, Varuna apresentou-se, declinando seu nome, sem mencionar o de família. Se assim o fizesse, Bahcor saberia imediatamente quem ele era e teria que se explicar. Era óbvio que ele não tinha intenção de entrar em assuntos particulares com um desconhecido.

– O que o traz tão longe da gloriosa capital imperial? – perguntou Bahcor, com visível ironia.

– Meu senhor, serei honesto. Tive uma séria discussão com minha família e, por isso, viajei para estas terras à procura de uma oportunidade de trabalho. Creio que poderia lhe ser muito útil. Conheço contabilidade, administração geral e escrevo bem para lhe dar relatórios detalhados.

Varuna esforçava-se para contar a verdade, sem entrar em minudências que pudessem embaraçá-lo.

– Não preciso de ninguém. Muito menos na área administrativa, onde tenho um excelente administrador, meu próprio filho.

A resposta de Bahcor era incisiva. Varuna, entretanto, sentiu, devido à sua forte intuição, que o velho o estava testando, e retrucou:

– Isso é uma felicidade. Mas um homem rico e poderoso como o senhor deve ter muitas propriedades e, provavelmente, sempre terá um lugar para um jovem esforçado, trabalhador e honesto.

Bahcor o olhava, procurando denotar o máximo de indiferença. No seu íntimo, estava bem impressionado com o jovem. Existia nele uma força, uma determinação suave, porém firme, de superar obstáculos.

O velho continuou seu teste. Ele falou com um ar displicente.

– O que tenho não lhe serve.

– Meu senhor, sendo trabalho honesto, não vejo por que não me serviria. Afinal das contas, sou jovem e estou disposto a dar duro para servi-lo.

– Meu jovem, eu não ousaria lhe propor o trabalho que tenho disponível. Estaria muito abaixo de sua capacidade. Vê-se que tem formação superior, que estudou provavelmente em escolas nobres, e a única coisa de que disponho agora é de ajudante de servente num chiqueiro. É um trabalho abjeto para alguém de sua estirpe.

O velho falou com toda a seriedade que lhe era possível, mas no íntimo estava achando a situação deliciosa.

Bahcor era um latifundiário ladino e muito vivido. Conhecia os nobres e até fazia parte da pequena nobreza rural que nunca tinha sido bem aceita pela alta nobreza imperial. Várias vezes, Bahcor tinha sido humilhado por eles ao não ser convidado para cerimônias oficiais ou quando colocavam-no numa posição de tamanha inferioridade que melhor seria não tivesse sido convidado. Concorrera duas vezes, quando mais jovem, ao Senado Provincial, mas seu nome fora vetado pelo Senado Imperial por não apresentar credenciais de nascimento nobre. Bahcor odiava a nobreza imperial e ali estava uma boa oportunidade de se vingar dos desaforos que sofrera. Era óbvio, pelas modos polidos e pelo sotaque, que Varuna era um filho de nobres. Provavelmente, banido por ter cometido alguma leviandade com alguma moça ou por alguma outra falta mais grave, assim pensava Bahcor.

Sua família tinha sido proprietária de terras por mais de quinze gerações. Suas terras se espalhavam por grande parte de Talumanak e da província vizinha. Era mais de cem mil quilômetros quadrados. A maioria era desocupada. Não lhe rendia nada. Somente dez por cento de suas terras eram usadas para agricultura e pecuária. O resto eram terras de boa qualidade, mas que Bahcor não tinha como desenvolver. Além disso tudo, não ousaria recusar um pedido do primeiro-cônsul, a quem odiava, mas temia. Empregaria o jovem, mas lhe daria um trabalho horroroso e lhe pagaria mal, seguindo as recomendações do seu amigo, assessor direto de Trafgaman.

– Pelo contrário, acho esse trabalho muito estimulante e digno. Se estiver de acordo, posso começar imediatamente.

Era natural que Varuna quisesse se agarrar a qualquer perpectiva, pois ele estava sem dinheiro.

Bahcor estava surpreso e não conseguia esconder esse fato. Retomando o pulso da conversa, o velho ladino propôs:

– Sim, claro. Pode começar logo. Só há um pequeno problema, é que o pagamento é muito pequeno. Posso lhe dar casa, comida e um salário de vinte coroas.

Ora, vinte coroas era irregular. O mínimo que um trabalhador braçal podia ganhar eram duzentas coroas. E, mesmo assim, poucos aceitavam trabalhar por esse valor. Mal daria para comprar qualquer coisa. Um refrigerante do tipo gasoso custava cinco coroas. Dessa forma, iria trabalhar por quatro refrigerantes por mês. Um absurdo! Varuna sabia que o velho continuava testando-o e contrapropôs:

– Meu nobre senhor, a princípio, eu aceito, mas gostaria de lhe propor algo em contrapartida. Estude qual o resultado financeiro de sua fazenda de porcos que lhe interessa e, sobre o que passar desse valor, o senhor me dará cinquenta por cento. O que o senhor acha?

O velho não respondeu de imediato. Passou a mão no queixo imberbe – como eram todos os ahtilantes –, olhou para longe e quedou-se a pensar. O jovem era esperto, mas ele era ainda mais. Pensou num número tão alto que o jovem jamais alcançaria e respondeu.

– Parece-me uma boa ideia.

Bahcor respondeu de forma arrastada, escolhendo cada palavra com muito cuidado.

– No ano passado, nós conseguimos tirar perto de duzentas mil coroas naquela fazenda. Se você superar esse número, eu lhe dou cinquenta por cento do excedente.

Varuna sabia que aquela quantia devia ser um absurdo. Sentiu intuitivamente que o verdadeiro número não passava de cinquenta mil coroas. Mas não era hora de tergiversar com o velho. Ele não tinha dados para comprovar o fato. Era hora de se dobrar e aceitar;

mais tarde, de posse de dados verdadeiros, poderia tentar renegociar um novo trato com o latifundiário.

– Acho que estamos chegando a um acordo. Porém, gostaria de ser responsável pela operação de criação dos porcos. É preciso entender que, para ser responsável pelos resultados, preciso ter a chefia da operação. Quantas pessoas estão trabalhando no chiqueiro?

Varuna estava sendo muito incisivo, pois sentia que Bahcor gostava de pessoas decididas.

– Creio que são três pessoas – respondeu Bahcor, sem muita certeza.

Já fazia tempo que não lidava com suas propriedades. Tudo era administrado por Bradonin, seu único filho. O velho não se importava mais com a operação diária.

Continuaram conversando sobre os detalhes até que o velho mandou chamar o filho. Era um homem um pouco mais velho do que Varuna, mas de diferente cepa. Podia ver-se estampado no rosto que vivia de forma desbragada. Sua reputação na cidade era de um perdulário completo. Vivia oferecendo banquetes e festas nos melhores prostíbulos e pagava regiamente as mais cotadas cortesãs pelos seus favores. Gastava a riqueza amealhada pelo pai com uma velocidade alucinante. Perdia fortunas em jogo e embriagava-se de um modo revoltante. Era fraco não só de espírito, como de corpo. Vez por outra era acometido de certas febres malsãs que o deixavam prostrado por dias a fio. Quando se recuperava, voltava de imediato à vida desregrada. Todavia, Bradonin tinha um segredo que nem o pai conhecia, o que viria a ser um sério obstáculo a ser superado no futuro por Varuna.

Bradonin antipatizara com Varuna imediatamente. Este procurara perscrutar o íntimo daquele rapaz e lhe sentira os pendores para as atividades desbragadas do vício e do ócio. Sabia que o velho era ladino, inescrupuloso e não manteria a sua palavra, mas exercia uma vida sem excessos, procurando se nortear por uma existência de trabalho. Já o filho tinha os vícios do pai e mais todos os defeitos que se poderia ter. Era preciso ter cuidado com um ser assim; por isso, Varuna procurou falar o menos possível, apresentando-se de forma humilde. O filho recebeu do pai as informações a respeito do futuro trabalho de Varuna, sendo-lhe providenciado um veículo para levá-lo à fazenda para que fosse apresentado aos operários com ordens de que seria o novo supervisor dos chiqueiros.

Após a saída de Varuna, pai e filho conversaram sobre ele, e o pai confidenciou todos os detalhes da transação. O filho ria a gargalhadas, pois o trato era impossível de ser cumprido. Pai e filho sempre se deram muito bem, especialmente no que tangia aos negócios. Varuna não podia ter caído num covil de lobos mais ferozes do que aquela dupla.

A viagem para o chiqueiro, no veículo de um capataz que não morava na fazenda e que lá só ia mensalmente para pagar os empregados e levar os porcos para o abate, foi muito cansativa. A estrada era empoeirada, sem calçamento, tendo sido cortada no meio da planície, apresentando inúmeros buracos e desníveis. O veículo era velho, andando lentamente, já que não se podia correr numa estrada de tal qualidade sem que se deixassem quebrar as fracas molas. A viagem levou mais de duas horas e meia. Varuna soube através do antipático capataz que não havia videofones, nem eletricidade, nem nenhum conforto moderno por perto.

A fazenda não podia ser pior. As duas famílias que moravam no sítio eram muito pobres, vivendo em barracos miseráveis. O fogão era a lenha, apresentando rachaduras, por onde escapava uma fumaça que tomava conta da casa. O terceiro peão tinha ido embora há dois anos. A situação era lastimável. As duas famílias tinham três crianças cada, todas em idade escolar. Nenhuma frequentava a escola, por estar localizada a mais de vinte quilômetros e não existir um transporte regular para levá-las e trazê-las. Trabalhavam na fazenda, junto com os pais, cuidando de uma pequena horta comunitária, assim como dos porcos.

As famílias receberam-no muito mal. As mulheres vieram vê-lo, dando-lhe as costas assim que viram que mais parecia um janota do que um trabalhador braçal. Os dois homens eram rudes, grosseiros e o trataram com enorme desdém quando souberam que ele seria o novo supervisor dos chiqueiros. Ora, pensaram, quem precisa de supervisor para um chiqueiro abandonado. Desde que o velho Bahcor tinha passado os negócios para seu filho, este só tinha vindo ali uma única vez, há cerca de três anos. O capataz das fazendas passava mensalmente e lhes pagava pelos serviços prestados. Nesse dia, o capataz levava os porcos que estavam prontos para o abate. Varuna, depois, descobriu que ele vendia a metade dos porcos, auferindo rendimentos extras irregulares. Como não havia controles, o roubo tornava-se uma atividade muito fácil.

O chiqueiro era digno do nome. A imundície era tamanha que parecia que jamais tinha sido limpo. Cerca de duzentos e cinquenta porcos chafurdavam na lama, onde se misturavam machos, fêmeas e leitões. Havia quatro ou cinco carcaças de leitões espalhadas pela área, denotando que os mesmos morriam e não eram retirados do meio dos vivos. Os porcos ahtilantes eram muito parecidos com os porcos terrestres, sendo, contudo, bem maiores e de uma cor violácea intensa. Seu pelo era mais espesso e encaracolado, apresentando um couro muito grosso, do qual se faziam excelentes sapatos e bolsas para mulheres. Sua feição, no entanto, eram mais afilada, mais parecendo um grande cão.

Varuna não era um especialista em agropecuária e, muito menos, em porcos, que eram considerados animais imundos pelos ahtilantes. Na realidade, os porcos ahtilantes assim como seus irmãos terrestres são animais limpos, que gostam de limpeza, mas que sentem enorme calor e, por isso, chafurdam na lama para se refrescar.

Varuna inspecionou todos os detalhes da fazenda sem nada comentar, acompanhado de um dos trabalhadores locais, já que o outro se afastou sem pedir licença e sem dar nenhuma desculpa assim que soube que seria supervisionado. Ele foi observando com crescente interesse o enorme potencial descuidado que se apresentava aos seus olhos.

Levado para a sua casa pelo operário rural, Varuna foi informado de que o jantar sairia dentro de quinze minutos, devendo estar lá, pontualmente, senão correria o risco de ficar sem comida. O recém-chegado entrou na casa que lhe fora reservada e observou que estava imunda, em péssimo estado de conservação. Era uma casa de um único cômodo, onde existiam uma cama, uma mesa e duas cadeiras, um pequeno fogão de barro, três panelas penduradas na parede, um armário e duas prateleiras. Varuna suspirou profundamente e sentou-se numa cadeira que rangeu fortemente, demostrando que sua situação era precária e que não iria tolerar desaforos de ninguém, podendo vir a desabar se algum esforço mais forte fosse feito ou algum peso maior fosse colocado sobre ela.

Varuna lavou-se numa fonte externa e apressou-se para ir à casa de um dos trabalhadores, que o convidara para jantar. O jantar era paupérrimo, constituído de alguns legumes cozidos na água, sem nenhum sal, e alguns pedaços de porco, obviamente conseguidos do chiqueiro local. Varuna estava com muita fome, já que não comia direito há mais de dois dias. Lançou-se com forte apetite sobre o que a pobre mulher lhe servira, elogiando o sabor mesmo que o fizesse por simples gentileza, que não deveria nunca ser levada a serio. Nem mesmo o porco tinha gosto de nada e Varuna comeu pensando em outras coisas para que a comida pudesse passar o mais despercebida possível.

Após o jantar, Varuna puxou conversa com o casal sobre as crianças, inteirando-se de sua situação escolar. Todas eram analfabetas e não possuíam nenhum conhecimento formal. Elas estavam sujas e não era de estranhar, pois a fazenda estava em completo abandono. Agradeceu pelo 'excelente' jantar e retirou-se para sua choupana. Varuna se recolheu ao seu leito, mas não conseguiu dormir. Sentia uma febre de realizar coisas. Sabia que Deus pretendia ensinar-lhe e estava disposto a aprender. Passou parte das oito horas de sono da noite pensando e, de manhã, já tinha um plano formulado. Tomou seu desjejum na casa do colono, que não estava nada satisfeito em ter que alimentar mais uma boca, e, findo o macérrimo repasto, pediu que juntasse o outro colono para uma conversa, incluindo as duas mulheres.

Os colonos obedeceram contrariados. Reuniram-se quinze minutos depois, debaixo de uma frondosa árvore de mais de quarenta metros de altura. Sua sombra imensa era uma bênção nos dias mais quentes do ano. Varuna sentou-se numa das raízes da majestosa árvore e começou a falar.

– Quis Deus que eu viesse parar aqui e não se pode negar a força do destino – começou Varuna, usando os argumentos que esses seres simples melhor entendiam. Todos tinham medo de piorarem seu *'cramah'*, portanto o destino era uma força que todos tinham medo de contrariar, mesmo não sabendo nada a respeito.

– E mais, o mesmo destino quis que eu fosse seu supervisor.

Varuna começou a ganhar a confiança dos trabalhadores, usando o seu próprio linguajar. Sentindo maior confiança nos seus futuros assistentes, continuou expondo suas ideias.

– Eu tenho um trato com o dono desta fazenda. Se nós conseguirmos superar uma determinada meta, ele me pagará um bom dinheiro. Ora, eu não posso fazer nada sozinho. Ninguém pode. Quis, portanto, o destino que nós trabalhássemos juntos e, se vamos ser irmãos no trabalho, deveremos ser irmãos nos lucros. O destino quer que nos unamos, aperfeiçoando esta fazenda e dela retirando não só o nosso sustento, como também o nosso progresso. Está escrito que aquele que administrar de forma correta os tesouros do grande Deus, receberá dele as bênçãos da riqueza. Fomos convocados para essa empreitada e desejo ter o concurso laborioso de todos vocês.

As suas palavras fortes, mas gentis, emanadas de sua magnética personalidade, fascinou imediatamente os camponeses. Todos estavam prestando o máximo de atenção. Desse modo, Varuna começou a explicar seu plano. Terminada a exposição, respondeu a várias perguntas, e partiram para iniciar o que fora determinado.

Primeiro, os três homens foram até uma mata que se encontrava perto e cortaram várias árvores. Levaram as árvores de volta, arrastadas por dois belos lazornes, uma espécie de cavalo ahtilante. Os lazornes puxaram as árvores cortadas até uma clareira do outro lado dos chiqueiros. Varuna e Asprende, um dos operários, cortaram as árvores em tamanhos iguais. Enquanto isso, Mufadezim, o outro camponês, continuava juntando os troncos cortados e amarrando-os nos lazornes. Terminada essa tarefa, guiava os grandes lazornes para a clareira onde seria cortada toda a madeira em tamanhos similares.

Essa atividade durou vários dias. Quando terminou a primeira fase, todos se juntaram e oraram ao Deus todo poderoso por ter permitido que aquela tarefa fosse concluída sem acidentes. Nesse ínterim, as duas mulheres tinham alimentado os porcos de modo costumeiro e se desdobrado nas tarefas domésticas, tão pouco reconhecidas e tão importantes.

Nos dias seguintes, Varuna e os demais homens e mulheres começaram a construir um novo chiqueiro. No antigo, os porcos ficavam espalhados por uma grande área, onde podiam andar e chafurdar num lamaçal pestilento. No novo que estava sendo construído, os porcos eram separados em vários grupos. O primeiro, eram os machos que ficavam individualmente em baias isoladas. O segundo grupo, eram as fêmeas que ficavam em pequenos bandos de oito, em baias próprias. O terceiro grupo era a maternidade, onde ficavam as porcas que estavam prenhas, esperando o nascimento da ninhada ou que já tinham trazido à luz seus leitõezinhos. E, finalmente, uma série de baias para engorda dos leitões.

Varuna e sua equipe levaram duas semanas para construir as novas instalações. Além dessa divisão, as novas instalações tinham várias facilidades adicionais. A primeira novidade era que todas as baias eram cobertas. A segunda, é que a terra tinha sido batida no local, junto com uma argamassa forte, que fornecia um piso duro e impermeável, levemente inclinado para fora, de forma a permitir que diariamente fosse lavado e todos os excrementos pudessem ser coletados numa vala. Da vala, eram levados para uma fossa grande onde se decompunham. Parte desse esterco suíno seria utilizado para alimentar uma criação de peixes ainda a ser implantada e a outra parte, ao se decompor, desprenderia gás metano, que serviria para gerar eletricidade e gás de cozinha.

A água seria levada pelos lazornes até um reservatório que foi edificado numa das extremidades da construção que passou a abrigar os porcos, e desceria por gravidade até as baias, permitindo não só que os porcos tivessem água fresca para beber, como também água para limpar as baias e, nos dias em que a canícula fosse intensa, banhar os suínos para que não se desidratassem e viessem a morrer.

Antes de dar entrada no novo habitat, todos os suínos passaram por uma séria inspeção. Os doentes não foram admitidos, sendo imediatamente sacrificados e sua carne queimada. Os que apresentavam bom estado foram introduzidos numa espécie de chuveiro, onde tomaram um forte banho de alguns produtos químicos que já existiam na fazenda, mas que nunca tinham sido usados por ignorarem a necessidade dos mesmos. Varuna, aproveitando o conhecimento de Mufadezim na criação de porcos, separou os espécimens por categoria; os que apresentavam boa constituição física foram introduzidos nas baias, enquanto aqueles que demonstravam defeitos, fraqueza ou excessiva idade foram separados para ser vendidos para o abate.

Após o primeiro mês, quando da chegada do capataz, Varuna o fez assinar um recibo pela venda dos porcos. O capataz mostrou-se profundamente irritado, isso iria dificultar a sua receita marginal com a venda ilegal de porcos. Demonstrando o mais profundo desprezo, o capataz assinou o recibo, não sem antes protestar veementemente, alegando que estavam desconfiando dele e que tal atitude era uma ofensa, já que ele já trabalhava como capataz há mais de vinte anos e ninguém se atrevera a pedir um recibo; acrescentou que iria se queixar ao mestre Bradonin e que isso não ficaria assim.

Varuna, cheio de mesuras e demonstrações de humildade, rebatia cada uma das suas alegações, contudo, firme nas suas afirmações de que seria impossível que algum porco pudesse sair da propriedade sem a assinatura no recibo de entrega, pois essa tinha sido a ordem expressa do mestre Bahcor.

Após a partida do capataz, levando o dobro de porcos que normalmente levava, a equipe da fazenda começou a construir uma barragem para formar um lago, exatamente no lugar onde tinha estado o antigo chiqueiro. Limparam o terreno das carcaças dos leitões e eventuais suínos que faleceram, tocando fogo nos detritos, mas não alterando o local que tinha mais excrementos. O trabalho teria sido rápido e menos cansativo se tivessem tratores, mas a fazenda era desprovida desses implementos. Portanto, a labuta foi lenta, cansativa e fastidiosa.

Em todas as atividades braçais, Varuna se empenhava com denodo extraordinário. Era sempre o primeiro a começar e o último a terminar.

Após um mês de labuta incessante, o córrego que passava ao lado foi desviado para a pequena barragem. Logo, a água represada formou um belo lago, que desembocava na barragem, que tinha uma pequena passagem no meio, de forma a permitir que o precioso líquido corresse por cima, escoando o excesso sem prejuízo para a barragem e o lago.

No rio vizinho, que cruzava toda a extensão da fazenda, existia um tipo de peixe muito requisitado pela excelência de sua carne. Porém, esse peixe era de difícil captura, só podendo ser pescado em determinadas épocas do ano, quando subia para desovar na cabeceira do rio. Sua carne era não só muito apreciada pelas pessoas da região como também de Tchepuat, onde alcançava elevados preços de venda.

A ideia de Varuna era criar esses peixes em uma barragem fechada em que pudessem ser alimentados com os excrementos dos porcos. Seria uma fonte de renda adicional para a fazenda. Sua primeira ideia era mencionar o fato ao capataz, mas, após a discussão com o mesmo, sentiu que seria melhor se fizesse esse negócio sozinho. Levaram alguns dias para capturar vivos os espécimes e trazê-los dentro de grandes baldes com água, para que não morressem no transporte.

Em menos de dois meses, eles estavam retirando grandes quantidades de peixes que proporcionavam uma excelente renda adicional. Varuna contabilizava detalhadamente cada operação, tanto nos custos como nos lucros. Os peixes foram inicialmente vendidos na feira da capital provincial, mas os preços alcançados eram mais baixos do que se esperava.

Varuna logo viu que para conseguir preços melhores seria necessário industrializar a mercadoria, congelando-a e vendendo diretamente na capital imperial. Para tanto, necessitava de recursos e não queria pedir ao velho Bahcor, pois sabia que ele se apropriaria do negócio, passando para seu filho que nada faria, tornando todos os esforços inúteis. Varuna ainda não tinha a resposta e, por isso, continuava a vender os peixes semanalmente na feira local, a preços não tão convidativos, mas que geravam uma importante renda suplementar para os integrantes da fazenda.

Os resultados da criação dos suínos foi notável. Sendo um animal muito prolífico, Varuna começou a separar os melhores espécimes, aumentando grandemente o número de matrizes. Os dois operários esperavam que ele mandasse também as matrizes para abate, mas Varuna os convenceu de que dessa forma jamais poderiam expandir a sua criação. As porcas ficavam prontas para a primeira cruza com oito meses e geravam os primeiros doze a quinze filhotes com doze meses de vida. Era preciso ter paciência e investir em novas baias, mais água e melhores rações.

Varuna, assim que terminou a barragem e as encheu com os primeiros peixes, ingressou na sua terceira obra, sempre ajudado pelos seus diligentes assistentes. Havia uma excelente extensão da gleba que beirava o rio que, duas vezes por ano, transbordava produzindo uma rica terra de aluvião. Varuna procurou comprar sementes de várias espécies de grãos, muito parecidos com o trigo sarraceno, milho e soja terrestres, e começou a preparar o terreno para o plantio. Ora, a fazenda crescera muito e havia necessidade de mais operários e maiores investimentos.

Antes de ampliar ainda mais os seus planos, todos se concentraram nas horas vagas na construção de novas residências para os colonos. Suas casas originais estavam em estado deplorável e nenhuma melhora poderia advir de estruturas tão pouco sólidas. Com a transformação dos excrementos dos suínos, pode-se ter um pequeno gerador que fornecia energia elétrica, que era ajudada por um sistema que captava a energia solar. Este funcionava de dia; e o gerador, à noite.

Três novas casas foram construídas em local fresco, antes que a brisa suave passasse pelas baias e trouxesse os odores dos animais para dentro de casa. Foram feitas melhoras e, usando os recursos obtidos com a venda do peixe, alguns aparelhos eletrodomésticos foram adquiridos, inclusive uma televisão, que era vista por todos nas horas de recreio. Varuna aproveitava as horas frescas da manhã para ensinar às crianças as primeiras letras, e, em menos de seis meses, os pequenos já eram capazes de ler e escrever razoavelmente bem, o que tirava lágrimas de suas mães emocionadas.

Além disso, compraram, com a venda dos peixes e de alguns suínos, um pequeno trator movido a energia elétrica, produzida por um motor a gás. Esse trator de segunda mão, que foi reparado por Varuna, servia de excelente meio de transporte para levar as rações dos suínos, árvores que eram cortadas e vários outros itens pesados.

Varuna tinha outras ideias. A fazenda necessitava de outros implementos, além de mais mão-de-obra. Os três homens não davam mais conta de tantos afazeres e, mesmo com a ajuda das mulheres e até das crianças, o trabalho tinha-se multiplicado além do normal. Era fundamental que Varuna conversasse com Bahcor, e, por isso, quando o capataz veio trazer o dinheiro e levar os porcos, Varuna foi junto com ele no seu caminhão para a cidade.

Já fazia doze meses que Varuna tinha conversado com Bahcor e era chegada a hora de voltarem a acertar novos acordos, e obter o justo prêmio que precisava ser dividido com os seus associados.

Bahcor o recebeu desconfiado. O que seria que aquele jovem nobre desterrado queria dele? Bahcor, no dia seguinte da chegada de Varuna, mandara investigar em Tchepuat e descobrira que ele era filho de Klandir, que o tinha desterrado. Não havia nenhuma ordem de prisão contra ele nem sua saída tinha provocado grande escândalo. Os poucos comentários a respeito de seu desterro tinham ficado restritos ao ambiente familiar, sua universidade, seus amigos e mestres. Bahcor não corria o risco de estar abrigando um fugitivo da lei, como tinha sido sua primeira impressão, e também de se indispor com o poderoso Klandir. Afinal, o pai deveria imaginar que seu filho estava trabalhando para sobreviver.

Ao descobrir quem era Varuna, Bahcor repensou melhor sua decisão de trair sua palavra. Não seria de bom alvitre se indispor com um futuro senador imperial, pois, sem dúvida, após o desterro de cinco anos, Varuna teria uma cadeira assegurada no senado, após a morte do avô paterno. Bahcor preferia não mencionar que sabia desses fatos, nem tanto para não melindrar o jovem, mas, principalmente, para não poder lhe ser imputada nenhuma culpa por algum problema futuro.

Após os cumprimentos, atendendo ao convite para sentar, Varuna começou a expor o que tinha feito e o que pretendia fazer. Bahcor o escutou, mesmo já tendo recebido relatórios detalhados do capataz. Ele expôs com muito cuidado o que pretendia fazer a seguir, ou seja, industrializar o pescado e vendê-lo na capital imperial, onde seria bem recebido. Sua ideia era iniciar uma plantação, que facilitaria a criação do grande gado ahtilante para corte e leite, com excelentes possibilidades de industrializar o leite, fornecendo queijos, pastas de leite, cremes de nata.

Além disso, havia uma série de outras ideias muito atraentes. Bahcor o escutava e gradativamente dava-se conta de que quem estava na sua frente não era um futuro senador imperial, que iria viver nababescamente às custas do povo, e sim um homem capaz de mobilizar essa gentalha, como Bahcor considerava os camponeses, e levá-los a realizações muito acima dos sonhos dos filósofos e das ideias ingênuas dos religiosos. Era um realizador e o que tinha feito em doze meses era mais do que seu filho tinha realizado em oito anos. Ali estava um homem que merecia ser ajudado e incentivado.

Bahcor não pensava em Varuna de forma idealista. Pelo contrário, o idealismo não era uma de suas características. Ele o via como uma forma de ganhar muito dinheiro, ampliar seu poder na província, tornar-se um senador provincial e, quem sabe, associando-se àquele jovem, não poderia até ser aceito na fechadíssima sociedade da nobreza imperial. Era preciso raciocinar com calma, e nisso Bahcor era muito bom. Imaginou imediatamente que tudo que Varuna queria fazer na sua fazenda de porcos era muito pouco, se comparado com o que podia fazer em todas as suas terras. Precisava de sua liderança e de suas boas ideias. Necessitava, por outro lado, afastar Bradonin, pois ele seria um sério rival para esse administrador de mão-cheia. Bahcor precisava de tempo para pensar e convidou Varuna para descansar aquela noite em sua casa, como hóspede, para que no outro dia pudessem conversar com mais calma.

Bahcor, todavia, estava olhando para muito mais longe do que a simples fazendinha de porcos. Varuna lhe falara de seus planos, que eram muito interessantes, mas Bahcor sentia que muito mais podia ser feito. Ele era dono de extensões enormes de terras totalmente vazias e sem utilidade. Varuna sabia obter resultados dos homens simples e ignorantes, gerando neles excelentes trabalhadores, quando sempre foram indolentes e sem iniciativa.

Bahcor, por sua vez, tinha recursos e muito crédito junto aos bancos oficiais e particulares. Podia não ser reconhecido pela nobreza imperial, mas os banqueiros o conheciam e sabiam que sua fortuna era enorme. Mas ele era velho e cansado e nunca conseguira fazer aqueles camponeses trabalharem mais do que a mínima obrigação. Por outro lado, Varuna era um trabalhador incansável, tendo agregado à sua propriedade novas casas, estábulos, criação de peixes, quadruplicado a produção de porcos, semeado em terras que nunca tinham sequer sido tocadas por ninguém. Transformara uma pequena fazenda que não lhe dava mais do que cinquenta mil coroas anuais, num negócio de mais de trezentas mil coroas. Se ele conseguisse tais resultados em todas as suas terras, levaria sua receita anual de vinte milhões de coroas para mais de cem milhões. Ora, com cem milhões de coroas, até o primeiro-cônsul o receberia em audiência privada, e pode ser até que conseguisse casar sua filha com algum nobre e não com um provinciano estúpido que a encheria de filhos, nunca lhe possibilitando conhecer o resto do mundo.

Bahcor amava sua única filha e a resguardava de um mau casamento. Terapitis era uma moça muito bonita, alta, delgada, de vinte anos, que tinha estudado na capital imperial em bons colégios, destinados à classe média alta. Era doce, meiga e gentil, porém tristonha devido à excessiva reclusão a que o pai a submetia. Até seus amigos só podiam vê-la em sua casa e nunca seu pai permitia que ela saísse com quem quer que fosse. Tinha passado da época de casamento, que era normal com quinze anos de idade, e ansiava por uma vida mais livre dos cuidados paternos. Sonhava com filhos e uma vida sexual saudável com um marido que pudesse amar, sendo-lhe uma companheira fiel e amorosa.

A grande amiga de Terapitis era sua mãe, que lhe servia de confidente, sempre encontrando uma palavra de encorajamento e doçura. Terapitis amava o pai, mas o temia, conhecendo-lhe o gênio irascível. Detestava o irmão, que sempre a tratava com grosseria e expulsava seus amigos com modos terríveis.

Bahcor explicou a Varuna que achava suas ideias muito interessantes, mas que gostaria de que ele providenciasse um plano mais amplo que pudesse ser aplicado para todas as suas propriedades, especialmente aquelas que eram improdutivas. Ele queria que Varuna apresentasse esse plano dentro de um dia para sua análise e decisão. Enquanto isso, Varuna deveria se considerar seu hóspede, descansar, tomar um banho de ervas aromáticas e se preparar para o jantar que seria servido dentro de três horas. Os serventes de sua casa iriam lhe proporcionar roupas adequadas, já que Varuna não tinha nada que pudesse usar para tal ocasião.

Varuna recolheu-se aos aposentos que lhe foram oferecidos e meditou, enquanto tomava um banho refrescante numa banheira de pedras muito bem esculpidas.

"Deus age de forma misteriosa, pois Ele estava usando as fraquezas daquele homem para o bem de toda uma comunidade. Não são motivações altruístas que o impelem para o bem, e, sim, ganhar mais dinheiro, prestígio, reconhecimento social, a aceitação de seus pares", meditava ele enquanto se deliciava num banho tépido. Chegou à conclusão de que o melhor caminho era oferecer o que ele queria e obter os recursos para sanar os problemas da miséria. A cada um é preciso satisfazer aos seus anseios. Se ainda deseja mais riqueza e poder, que esse seja o caminho. Varuna pensava acertadamente que o caminho para combater a miséria parte do mais rico para o mais pobre, não lhe oferecendo glórias futuras no céu, mas lucro imediato no mundo. O combate à miséria deveria se transformar num excelente negócio para os ricos, sem o que a pobreza iria se perpetuar.

O jantar foi magnífico. O melhor vinho foi retirado da adega, os mais finos pássaros foram sacrificados para o deleite dos presentes, regados com molhos exóticos de sabor agridoce, acompanhados de uma forma de batata levemente consistente e pães de um tipo de trigo especialmente torrados e crocantes. Varuna sentou-se ao lado direito de Bahcor, à frente de Terapitis, tendo do seu lado direito a esposa de Bahcor, Nefretari. Era uma senhora de aspecto maduro e grave, muito distinta, que traduzia antiga nobreza local. Sua aparência diferia em muito da de seu marido, parecendo ter sido um daqueles casamentos de conveniência entre uma nobreza falida e derrotada pelas anexações do império Hurukyan e um proprietário rural rico e rude. O filho do casal não estava presente para gáudio de todos.

Terapitis nunca tinha visto um homem tão elegante, bonito e charmoso como Varuna. Devia ser alguém importante para que o pai o colocasse ao seu lado direito e mandasse servir os melhores vinhos e as iguarias mais finas. O pai, sempre taciturno, hoje se mostrava acolhedor e afável. A moça imaginou que o pai lhe tinha arranjado um noivo da capital imperial, pois seu sotaque não negava sua procedência. Seu coração bateu mais forte e tornou-se mais simpática ao forasteiro. O jantar decorreu num clima agradável, e Varuna soube saborear todos os quitutes que não degustava há mais de um ano. A ausência valoriza!

Após o repasto noturno, os dois homens passaram para a sala ao lado para acompanhar as notícias da televisão e constataram que o império Hurukyan tinha anexado mais um pequeno país que lhe fazia fronteira. Os demais países do globo se dividiam em apoio e protestos, mas que não passavam de simples atitudes diplomáticas de nenhuma repercussão prática.

Bahcor era uma velha raposa e notara o interesse da filha por Varuna. Contudo, não conseguira decifrar se o mesmo também demonstrara reciprocidade para com ela, ou apenas fora educado e solícito pelo fato de se tratar de pessoa de sua família. Observara Varuna desdobrar-se no complexo cerimonial de boas maneiras ahtilantes, especialmente no que tangia ao sexo oposto. Em nenhum momento fora galante ou arriscara uma pergunta mais íntima e provocativa, tratando as duas senhoras com especial deferência.

Ele havia se sentado depois de ajudar as duas senhoras a sentarem, tendo puxado com elegância e distinção a cadeira de ambas, sendo que a velha matrona recebeu seus cuidados em primeiro lugar. Não começara a comer antes que a dona da casa se servisse e começasse a jantar. Elogiou todos os pratos, assim como o vinho recebeu especial elogio direto ao dono da casa. Usou seus talheres de ouro e prata incrustados com pedras preciosas de uma forma delicada, porém máscula. Mostrara-se um verdadeiro nobre em todos os seus modos fidalgos. A filha também reparara nele, com um pouco mais de admiração do que seria de se prever.

Bahcor era muito astuto para misturar dinheiro com família. Negócios são prioritários e a família sempre pode esperar, pois o que seria da família se não houvesse os negócios. Sua filha podia ter interesse naquele homem jovem e bonito, mas ela obedeceria a ele, o pai, de forma completa. Bahcor sabia que, se um dia fosse possível estabelecer um casamento entre sua filha e Varuna, teria que ser com o consentimento de Klandir, sem o qual haveria o risco de não só conseguir um inimigo poderoso demais, como a anulação do matrimônio.

A classe dominante tinha leis muito especiais, de forma que o casamento tanto de um filho, como de uma filha, era intermediado pelo pai. Se um pai fosse contra, o casamento era considerado nulo de fato; e os dotes, devolvidos. Por enquanto, Bahcor queria os atributos administrativos de Varuna, e não os seus títulos nobiliárquicos. Trataria de dissuadir a filha para que seu interesse não tivesse progresso.

Após as notícias da televisão, Varuna recolheu-se aos seus aposentos para descansar e pensar a respeito de um plano que pudesse convencer Bahcor a investir na melhoria de suas fazendas e na erradicação da miséria da região. Enquanto isso, Terapitis foi se entrevistar com o pai, tentando satisfazer sua curiosidade sobre Varuna.

– Varuna?! – exclamou displicentemente o pai, e arrematou com um certo desdém na voz – é o supervisor do chiqueiro.

É natural que isso só tenha aguçado ainda mais a curiosidade feminina. Como seria possível o pai ter tamanha deferência para com um simples empregado e ainda por cima um mero cuidador de porcos? Por que tanto luxo? E como sendo um simples supervisor de chiqueiros podia ter os modos impecáveis de um nobre hurukyan?

Bahcor logo se arrependeu de ter dado uma explicação tão sumária à filha e resolveu lhe explicar detalhadamente quem era Varuna, o que lhe acontecera, como viera parar ali e, distorcendo um pouco a verdade, como ele, Bahcor, um homem de bom coração, dera uma oportunidade de ouro, com alta remuneração, condições invejáveis, a um pobre desterrado pela incompreensível fúria paterna. Todavia, acrescentou em tempo mais uma pequena distorção, dizendo-lhe que o banimento era perpétuo e, com isso, tinha perdido toda a fortuna paterna, os títulos nobiliárquicos e estava proibido para o todo sempre de pisar em Tchepuat, a capital imperial, correndo grave risco de prisão e até mesmo a morte. Bahcor insinuou que nenhuma mulher de bem poderia se consorciar com tal homem, pois corria o risco de se tornar desonrada junto com ele.

Bahcor era um profundo conhecedor dos seus negócios, mas não conhecia quase nada da alma feminina. Com sua história fantasiosa, estimulara a curiosidade da filha, assim como o espírito maternal de proteção e ajuda que caracteriza as mulheres em qualquer planeta. Além disso, o risco da aventura e do amor proibido eram componentes de que a alma feminina não consegue se desvencilhar.

A pobre Terapitis foi dormir cheia de sonhos de amor, aventuras e romances. Sua cabeça estava cheia de nobres ideais. Salvaria Varuna com seu amor. Faria o detestável Klandir voltar atrás, quando apresentasse o neto nos seus braços. Seria aceita pelos pais de Varuna como a mulher que trouxe o seu filho de volta ao caminho do bem. Sonhos e esperanças acalentaram o sono da moça. Enquanto isso, Varuna dedicava-se a planejar a sua conversa com Bahcor. O sono veio em tempo para ajudá-lo a ter um dia decisivo.

Capítulo 7

No interior do quarto, Varuna, deitado de costas para a cama, continuava pensando. Seu guia espiritual aproximou-se dele, no plano astral, sem que ele soubesse, e colocou a destra em sua fronte. Pouco tempo depois, Varuna dormia um sono profundo. O guia passou as mãos por sobre seu corpo, como a lhe dar passes magnéticos longitudinais, e, aos poucos, ele se desprendeu do corpo físico.

Varuna exteriorizou-se, mas estava inconsciente. O guia espiritual tocou sua fronte e ele despertou levemente. Tudo lhe parecia um sonho. O guia lhe falou.

– Varuna, lembre-se de Karion. Karion, Helvente-Varuna, Karion!

Algumas reminiscências brotavam lentamente. Um planeta dourado, pessoas pequenas. Rostos familiares – Lachmey, Higastos, Hamaburba, Lachmey novamente – desfilavam à sua frente. Trechos de conversas. O que eles fazem aqui? Eles criam felicidade. Varuna estava semiadormecido e suas lembranças eram fragmentos. O guia colocou a destra na sua testa e uma leve luz apareceu no centro do seu córtex cerebral espiritual, deslocando-se suavemente para trás, até estacionar no seu cerebelo, na parte posterior do cérebro espiritual. "Eles criam felicidade!" "Eles criam felicidade!" A frase se repetia na sua mente insistentemente, tornando-se mais clara. – Os bancos, em Karion, criam felicidade. Eles criam felicidade – dizia a pequena Lachmey.

Varuna ficou excitado e o guia espiritual o acalmou com passes na região do coração. Aos poucos, adormeceu novamente e voltou a ingressar no corpo físico.

Acordou cedo, quando o enorme sol vermelho de Capela ainda não tinha despontado, junto com seu minúsculo porém brilhante acompanhante. Fez suas abluções matinais e continuou pensando sobre como apresentar suas ideias a Bahcor. Subitamente, teve um estalo e a solução apareceu clara em sua mente. Ficou animado. Aquele era o caminho mais seguro. Não tinha tempo para colocar tudo isso no papel. Faria, entretanto, uma apresentação sintética, mas completa.

Tinha menos de doze horas para apresentar o projeto a Bahcor. Tomou um desjejum leve e conversou com os serventes da grande casa. Os patrões acordavam tarde e ele foi levado por um serviçal para um escritório da grande casa. Instalou-se frente a um computador pequeno, portátil e rápido. Ligou a máquina, correu o diretório e viu os vários tipos de softwares que estavam disponíveis. Escolheu um misto de processador de texto, planilha eletrônica e apresentação gráfica que ele conhecia bem e começou a trabalhar

Duas horas depois, Bahcor entrou no escritório e o viu em plena atividade. Cumprimentaram-se e o velho perguntou se estava trabalhando no projeto. Ele respondeu afirmativamente, e Bahcor disse que não o incomodaria mais, retirando-se satisfeito. Cada hora que passava, Bahcor gostava mais de Varuna. Era o filho que gostaria de ter tido, mas o destino, oh destino ingrato, lhe reservara um tipo bem diferente. Bahcor amava o filho e era condescendente com sua vida desregrada.

No início, achou que se tratava de loucuras da juventude, pois ele mesmo tinha sido assim, logo depois do Bir-Ma-Keva. Entretanto, aquela fase de inconsciência passara logo assim que veio o casamento. Tornara-se um pai de família exemplar. Tivera uma ou duas amantes, mas nada sério, somente casos eventuais, de pouca duração. O filho beirava os trinta anos, o que era uma idade madura para um ahtilante, e se recusava a casar. Bahcor não se deixava enganar pelo filho. Sabia que as fazendas eram mal administradas, que o capataz roubava tudo que era possível, que os operários eram ineptos e ladrões, e os números apontavam que seus rendimentos caíam de ano para ano. O velho não se mostrava satisfeito com o filho e já o repreendera diversas vezes, sem obter nenhum sucesso.

– Se o plano deste rapaz for bom, eu terei que dar um jeito em Bradonin. Provavelmente, o melhor seria enviá-lo para Tchepuat, o que ele sempre quis, e deixá-lo lá com sua vida alucinada. Quem sabe se não seria vantajoso e ele encontrasse uma boa moça e casasse? – pensava o velho Bahcor, procurando se enganar com bons pensamentos.

Bradonin era pior do que o pai imaginava. Mal sabia o velho astuto que o jovem biltre estava metido em coisa muito maior. Em suas plantações distantes, Bradonin tinha plantado miridina, uma espécie de papoula, que gerava uma forma forte de droga alucinógena. Ele tinha um esquema muito bem montado de refino e distribuição. Seus associados principais eram as altas patentes policiais, elementos do submundo do crime organizado do mercado negro de Hurukyan e, até mesmo, alguns senadores provinciais. Diziam até que alguns senadores imperiais ganhavam propinas polpudas para virarem o rosto ao crime.

Bradonin não era o chefe supremo dessa máfia hurukyan, mas era elemento importante, já que mais de trinta por cento do pó azul de miridina era produzido nas terras do pai. Bradonin era um mestre do disfarce, pois passava por irresponsável propositadamente para que pudesse escapulir por dias a fio, dando a impressão ao pai de que estava em orgias desenfreadas, quando, na realidade, cuidava muito diligentemente de suas plantações.

Varuna havia tido a intuição de que qualquer esquema que viesse a ser proposto seria aceito por ele, mas que não iria para frente devido ao filho. Bradonin era um perigo em potencial, pois não tergiversaria em mandar matar quem quer que fosse para que seus negócios não fossem perturbados. Havia muito dinheiro em jogo. Não era só Bradonin, porquanto havia também os policiais que ganhavam para dar proteção ao grupo, os distribuidores regionais, nacionais e internacionais, membros da imprensa pagos para abafar certos escândalos, os guarda-costas, em suma, um exército muito bem articulado.

Se o pai resolvesse atrapalhar os negócios de Bradonin, ampliando as suas atividades agropastoris, entrando em suas terras, e vindo a descobrir que grande parte delas era destinada à plantação da miridina, ele teria que dar um jeito de dissuadir o pai, por bem ou por mal. Essa faceta da personalidade do filho era totalmente desconhecida do pai, mas não para Varuna, que não conhecia os detalhes, mas que intuía que Bradonin era muito mais canalha do que aparentava.

Varuna não estava preparado para desenvolver um projeto completo. Sempre pensara na fazenda de porcos e nunca lhe passara pela mente um plano mais amplo. Todos os projetos envolviam grandes investimentos por parte de Bahcor, arriscando seu patrimônio numa aventura. Seria mais sábio que Bahcor pudesse se associar a outros banqueiros ou capitalistas. Desse modo, teriam mais recursos e dividiriam os riscos a níveis toleráveis para todos.

Varuna passou a manhã e grande parte da tarde escrevendo seu sumário-executivo, procurando fazê-lo da forma mais sucinta e abrangente. Era impossível fazer um projeto completo que iria requerer pesquisas, números, projeções e uma equipe multissetorial para assisti-lo. No final da tarde, Varuna estava razoavelmente satisfeito com suas ideias, tirou diversas cópias impressas, grampeou-as e aguardou que Bahcor o procurasse.

Bahcor gostava de dormir após o almoço, e acordara no seu horário habitual particularmente de mau humor. Seu rosto apresentava um cansaço fora do habitual e, mesmo após uma forte ducha, não tinha melhorado seu estado geral. Varuna o esperava na sala de reuniões, onde repassava mentalmente a sua apresentação. Bahcor entrou na sala e exsudava mau-humor, que foi imediatamente captado por Varuna. A tarde não era propícia para explicações e, mentalmente, Varuna rezava para que o velho tivesse boa vontade para com suas ideias.

Começaram falando de assuntos leves, como o tempo firme, a cotação das moedas, a expansão do império. O velho foi sentindo-se melhor, tornando-se um pouco mais afável e, finalmente, acabou por entrar no assunto.

– Então, meu jovem, onde está seu plano?

Varuna começou expondo as ideias.

– A nossa ideia está baseada em algumas premissas. A primeira é que todo mundo trabalha com mais afinco, quando o faz em sua própria propriedade. O segundo ponto é que uma propriedade rural é muito parecida com uma indústria. É preciso comprar máquinas e matérias-primas, transformá-las, vender produtos, contabilizá-los, cobrar, pagar etc. Uma fazenda não é uma atividade fácil ou de fim-de-semana, exige esforço permanente, fiscalização atenta e atividade grupal. Logo, nossa segunda premissa nos afirma que deve ser uma atividade coletiva, administrada profissionalmente e de forma industrial. O terceiro ponto de nossa premissa é que a terra só vale muito, se for bem trabalhada. Parada não vale nada, a não ser potencialmente. Portanto, suas terras, potencialmente falando, valem bilhões de coroas imperiais, mas, atualmente, valem menos de um por cento desse valor.

Bahcor começava a demonstrar sinais de impaciência, o que Varuna logo captou e resolveu acelerar a apresentação.

– Veja bem, nobre Bahcor, se ampliássemos o sistema que implantamos na fazenda de porcos, não daria certo. Só deu certo por que eu estava lá, vigiando e trabalhando o tempo todo. Veja como o seu filho não consegue extrair resultados das outras fazendas. Isso por que os trabalhadores não têm motivação. É preciso fazer fazendas coletivas, mas que pertençam a eles, e não a latifundiários.

– Mas, você não está querendo que eu dê as minhas terras para os trabalhadores? – perguntou horrorizado Bahcor.

— Claro que não. Tudo que é dado não tem valor. O que o faremos é vender para um grupo de vinte a trinta famílias, neles incluídos um técnico agrícola e um administrador de empresas, que coordenarão toda a atividade agropastoril da fazenda. Todos serão sócios, tendo que trabalhar duro. Enquanto não pagarem o terreno, não serão os legítimos proprietários da gleba, portanto sempre teremos garantias reais sobre tudo.

— Mas, Varuna, eles irão precisar de muito dinheiro para comprar implementos agrícolas, sementes, construírem casas, silos, abrigos e currais. Isto sem falar em dinheiro para viver durante seis meses, enquanto preparam a terra, constroem tudo o que for necessário para plantar as sementes, até a colheita. Quem é que vai bancar essa fortuna?

— O banco de investimento e desenvolvimento Bahcor.

— O quê? — o velho estava estarrecido.

— É mais do que óbvio que nenhuma pessoa física deve se meter num negócio tão grande e arriscado. Não estamos falando de uma ou duas fazendas, e sim de milhares. Além disso, após a primeira etapa, virão as fases seguintes com agroindústrias, distribuição dos produtos, estocagem, transportes e outras indústrias e serviços que nascerão em volta de tudo isso. O senhor deve montar um banco de investimento e desenvolvimento regional e reunir um grupo de amigos ricos, empresários, além de bancos comerciais e outras empresas capitalistas para se juntarem nesta empreitada.

Bahcor estava excessivamente quieto. Varuna sentia que sua mente estava analisando detalhadamente as perspectivas que lhe eram propostas, não demonstrando ainda nenhum sentimento de rejeição, nem também de aceitação. Varuna prosseguiu sua exposição.

— Mestre Bahcor, o caminho a ser trilhado é simples. Primeiro, constituiremos um banco. Todas as suas terras serão, teoricamente, vendidas ao banco. Segundo, faremos um projeto-piloto, onde o banco investirá poucos recursos e analisará os resultados. Findo esse período, e assegurado que o sucesso é possível, poderemos captar recursos junto ao público. Mais tarde, poderemos conseguir benefícios fiscais junto ao Estado, assim como troca de serviços por impostos a pagar. Faremos, por exemplo, uma estrada vicinal e descontaremos do imposto a pagar.

A mente arguta de Bahcor já estava muito além do que Varuna estava lhe dizendo, e este sentiu que atingira um ponto nevrálgico. Resolveu prosseguir na sua exposição.

– Cada projeto será analisado pelo banco, por uma equipe pequena, mas eficiente. Poderemos captar recursos específicos para cada um ou através de títulos e ações do banco. Para que os projetos agropastoris possam dar resultados, proponho que os operários e administradores passem por um estágio, de tal forma que possam aprender com a experiência dos outros projetos e progridam mais rapidamente. A troca de experiências pode ser estimulada pelo banco, em convenções específicas, e a sinergia entre os vários projetos poderá ser muito grande.

Bahcor interrompeu a exposição entusiasmada de Varuna, com uma pergunta típica de quem tem os pés no chão.

– Quanto terei que investir e qual será o retorno do investimento?

Varuna estava preparado. Tirou o sumário-executivo que tinha preparado e o entregou a Bahcor. O velho folheou displicentemente, mas seu olhar não perdia um detalhe sequer. Parou de folhear por um instante, olhando para Varuna, que aproveitou para lhe responder.

– Um projeto-piloto com quatro grupos de vinte e cinco famílias lhe custará perto de dez milhões de coroas imperiais. Espero um retorno do capital investido em dois anos e meio, já incluídos os juros e taxas de administração do banco na ordem de três por cento ao ano.

– Isso tudo é teoria, meu caro Varuna! –

O velho era muito esperto para dizer que era um bom negócio. Desse modo, testaria a certeza que Varuna tinha sobre os números projetados.

Passaram perto de uma hora e meia analisando as projeções, as perspectivas e Bahcor foi se convencendo de que eram muito realísticas. A sua única dúvida é se Varuna seria capaz de reunir cerca de cem famílias motivadas para fazerem o projeto-piloto. Varuna respondeu-lhe que acreditava ser possível, mas que somente o tempo poderia confirmar.

Bahcor despediu-se de Varuna com a promessa de que analisaria cuidadosamente aquele projeto, dando-lhe uma resposta em breve. Entretanto, antes de mandá-lo de volta à fazenda, a velha raposa lhe deu cinquenta mil coroas, que era seu justo prêmio pela produtividade alcançada. Varuna retomou o caminho de volta no velho carro do capataz.

Duas horas e meia depois, estava chegando à fazenda, sendo acolhido por todos. A alegria foi maior quando ele dividiu as cinquenta mil coroas entre as duas famílias. Ficou com dez mil coroas para si, e deu vinte mil para cada casal. Nunca os pobres coitados tinham visto tanto dinheiro, pois isso representava o salário de dois anos inteiros.

Cada um fez planos para melhor usar o dinheiro e pediram-lhe conselhos. Ele refletiu um pouco e concluiu que o ideal seria comprarem um pequeno transporte para que as crianças pudessem ir diariamente à escola e, nos fins de semana, todos passeariam pelas cidades vizinhas. O que sobrasse, deveria ser investido solidamente em poupanças populares nos bancos da cidade mais próxima. Todos concordaram e ficou resolvido que iriam comprar o veículo no outro dia.

As semanas se passaram e não havia resposta à proposta de Varuna. Ele não perdera a esperança, trabalhando com vigor redobrado. Uma nova família foi admitida, ficando estabelecido que também teriam direito ao prêmio. A criação de porcos quadruplicara com novos filhotes e o sistema de ampliar o plantel de matrizes. A criação de peixes se expandiu com a chegada do novo ajudante.

Introduziram vários melhoramentos, inclusive uma pequena industrialização do pescado, que era retirado do lago, limpo, aberto e colocado em um fumeiro, vindo a dar um pescado defumado que alcançava preços excelentes no mercado local. Além desse melhoramento, as safras dos grãos estavam atingindo níveis altos, devido à qualidade da terra de aluvião e às novas técnicas de arado que Varuna aprendera com um vizinho agricultor, que tinha uma filha linda que era sua amiga íntima.

Para completar o sistema integrado, outras criações se fizeram presentes, como o gado confinado, um coelho cuja carne era um quitute muito apreciado e sua pele muito usada em estofamentos e móveis em geral. Algumas melhorias foram implantadas gradativamente, tais como silos para armazenar os grãos, um sistema engenhoso de produção de ração, uma ampliação das casas dos colonos para proporcionar mais conforto e um aumento do lago onde se criavam os peixes para que pudessem criar mais animais aquáticos e gerar melhores resultados.

Três meses tinham se passado desde que Varuna conversara com o velho Bahcor e não recebera nenhuma notícia do mesmo. Varuna nunca desanimava e já estava imaginando alternativas no caso de o velho não aceitar suas ideias.

Numa manhã, um luxuoso automóvel entrou pelos portões da fazenda, atraindo logo todos os olhares curiosos. A limousine parou na frente da pequena casa que servia de refeitório comunitário e Bahcor desceu do veículo, seguido de dois outros homens. Varuna foi imediatamente chamado, comparecendo vestido com seu longo macacão de trabalhador rural. Suas mãos estavam sujas da poeira e seu rosto levemente suado.

Bahcor cumprimentou-o, apresentando-o aos demais, que o saudaram polidamente. Ninguém o estava tratando como a um camponês. Bahcor tivera o cuidado de contar a história de Varuna, exaltando certas partes, onde ele próprio aparecia como benfeitor. Os dois outros homens eram ricos, o que se podia notar pelas suas roupas, suas joias caras e seus ornamentos de prata e ouro. Varuna deduziu que eram investidores que Bahcor estava trazendo para, juntos, desenvolverem a ideia das fazendas coletivas.

Bahcor pediu para ver a propriedade, no que foi atendido por Varuna, que os cicerone ou em todas as dependências, sempre prestativamente explicando os melhoramentos introduzidos. Após a curta excursão, todos voltaram para o refeitório comunitário, onde deliciosos sucos de frutas locais e bolinhos doces estavam à espera. Bahcor e os demais apreciaram as guloseimas e retiraram-se após as despedidas. Nenhuma palavra especial foi dirigida a Varuna.

Ele viu o carro afastando-se e, no seu íntimo, estava confiante. Bahcor não traria dois ilustres visitantes se não fosse para lhes mostrar os resultados de seu trabalho coletivo na fazenda, demonstrando cabalmente que seu plano era exequível. Em breve, tinha certeza, teria notícias de Bahcor. Era preciso ter paciência.

Os dois visitantes que Bahcor trouxera eram dois banqueiros locais. Na volta, vieram conversando no possante veículo. Tratava-se de uma espécie de limousine, muito ampla, cujo interior formava um pequeno salão, onde os passageiros podiam conversar frente a frente, enquanto saboreavam bebidas retiradas de uma pequena geladeira-bar incrustada na parte traseira do carro. Os dois banqueiros eram Ditra e Rotrebaldo.

Ditra era um homem relativamente velho, em torno de oitenta anos ahtilantes. Tinha conseguido sobreviver a toda espécie de infortúnios, e até mesmo à anexação de Hurukyan, que fora brutal e despropositada. Sua fortuna era muito grande e ele também era um grande latifundiário, tendo muitas propriedades, agroindústrias e empresas de serviço, numa outra província rica do império. Seu banco não era dos maiores, mas tinha filiais espalhadas pelo império e na própria capital.

Rotrebaldo era um sócio menor, mais jovem, em torno de quarenta anos ahtilantes, e tivera uma ascensão meteórica no banco. Começara como um obscuro gerente de contas e obtivera sucesso muito rápido. Caíra nas boas graças de Ditra, que o promovera a diretor em poucos anos. Mas Rotrebaldo era um indivíduo sem escrúpulos.

A maioria de seus negócios eram escusos e a razão de seu sucesso como banqueiro era porque conseguira canalizar para a empresa quase todo dinheiro adquirido pela venda de drogas. O banco lavava o dinheiro sujo, dando-lhe credibilidade. Rotrebaldo tornara-se imprescindível para o cartel de drogas. Através de operações bancárias regulares, junto com os principais chefes do cartel, conseguira transformar todo o dinheiro das vendas de drogas em investimentos importantes.

Ditra sabia de tudo. No início, pensara em despedir Rotrebaldo, quando ele ainda era um insignificante gerente de contas, mas, naquela época, seu banco estava à beira da ruína. Passara algumas noites preocupado com a decisão de suspender toda essa operação e voltar para suas atividades normais de financiar os pequenos agricultores, mas o volume de dinheiro captado e as enormes possibilidades de lucro fácil, poder e ampliação dos negócios foram decisivos para a manutenção de Rotrebaldo e de seu esquema. Pensara que, se não o fizesse, outro banco o faria.

Ditra arquitetou toda a operação com Rotrebaldo, desenvolvendo grandes negócios para o cartel. Fora Rotrebaldo que recrutara o filho de Bahcor para a plantação de miridina que ele desenvolvia nos longínquos sertões, afastados de Vubahram, a capital provincial de Talumanak, desconhecidos do próprio pai. Bradonin nunca se mostrara relutante, aceitando de bom grado as sugestões de Rotrebaldo, tendo sido financiado por eles, tornando-se não apenas um dos maiores plantadores, mas responsável também por boa parte do refino primário do forte alucinógeno ahtilante.

– O que é que vocês acharam? – perguntou Bahcor.

Os dois estavam ensimesmados. No fundo, todos estavam impressionados com as atividades da fazenda. Realmente era um modelo interessante. Porém, Rotrebaldo estava preocupado que isso pudesse interferir nos seus negócios escusos. Se o velho Bahcor resolvesse desenvolver o modelo em suas terras, mais cedo ou mais tarde, iria penetrar nas culturas da miridina e o resultado seria imprevisível.

Todos sabiam que Bahcor era mesquinho e sagaz nos seus negócios, mas a sua correção em relação à lei era também muito difundida. Bahcor jamais aceitaria fazer parte de um esquema daquela natureza. Tinha verdadeiro horror a qualquer coisa ligada a drogas, pois vira um sobrinho morrer por uma dose excessiva. Esse jovem rapaz, filho de sua irmã mais velha, lhe era muito querido, assim como sua irmã, que ele vira definhar até morrer com a perda de seu querido e único filho. Tornara-se um feroz inimigo do tráfico de narcóticos, contribuindo com alguns donativos para campanhas antidrogas que o império tinha encetado tempos atrás.

— Muito bom, realmente. Você pretende desenvolver esse esquema com aquele rapaz? — perguntou Ditra.

— O que o meu gerente deseja é que eu invista em fazendas coletivas, gerando empregos e riquezas. Ele me propôs um plano onde eu venderia as terras para as famílias pobres, assim como investiria em novas técnicas, agroindústrias e por aí afora, onde eu poderia ganhar em três frentes. Em suma, na venda das terras, nos juros dos empréstimos e na futura distribuição dos produtos agropecuários. Em outras palavras, ele deseja que eu monte um banco de investimentos e desenvolvimento.

— A ideia parece muito interessante. Você pretende fazer isso?

Ditra parecia realmente impressionado.

— Eu tenho pensado bastante sobre o assunto. Andei conversando com alguns consultores de Tchepuat e colhi diversas ideias, assim como me inteirei de certos aspectos jurídicos. A lei favorece a criação de bancos de desenvolvimento, especialmente quando estão agrupados com bancos comerciais. Essa é a razão por que o procurei. Sei que seu banco pode se interessar, já que não tem nem financeira nem banco de investimentos. Seria uma oportunidade muito boa para unirmos as forças e criarmos um grupo financeiro regional completo. Qual é a sua opinião, Ditra?

Bahcor tinha progredido ainda mais a ideia original de Varuna. O banco tornar-se-ia mais forte e poderoso, abrangendo um escopo ainda maior. Ao invés de ser apenas um pequeno banco de investimento agrícola, poderia tornar-se um forte conglomerado financeiro.

– Essa é sua ideia, Bahcor? – Rotrebaldo indagara, preocupado. Tudo que ele temia parecia estar acontecendo. O velho fora estimulado a continuar seus negócios por aquele jovem intrometido, pensava o jovem banqueiro.

– A ideia parece-me muito promissora. Além do que, como vocês sabem, Varuna é o filho de Klandir, nosso primeiro-cônsul. Não vejo muita dificuldade em lhe dar um posto de alta chefia, conseguindo com isso benefícios fiscais e financeiros do império. Não acham?

Klandir já era o primeiro-cônsul do império há cerca de um ano. Trafgaman o apoiava abertamente, sendo que as poucas dissidências eram tratadas rudemente.

Bahcor parou de falar, tomou um longo hausto e continuou, mudando a sua voz para um tom mais intimista.

– Para montar tal esquema, preciso de sócios. É por isso que convidei vocês a conhecerem a fazenda-modelo. Fizemos alguns cálculos e vou precisar de dez milhões de coroas para iniciar o processo. Disponho de três milhões e quero convidar seu banco a participar com o resto. Posso dar garantias reais com as terras e com todos os implementos agrícolas.

Bahcor, enquanto ia discorrendo sobre suas ideias, abriu um compartimento do veículo e retirou uma pasta, entregando-a a Ditra. Ele a folheou rapidamente, vendo que se tratavam de planilhas de investimentos.

Ditra era um banqueiro na acepção da palavra. Cheirava de longe um bom negócio e sabia que tinha em mãos uma excelente oportunidade de prosperar ainda mais. As terras de Bahcor eram enormes, apresentando grandes possibilidades. A quantidade de pobres e miseráveis da região iria favorecer em muito a obtenção de mão-de-obra barata. Além disso, Bahcor estava disposto a investir pesado, o que era uma garantia de sucesso. Para o banco, investir sete milhões de coroas era um bom negócio, pois a garantia das terras de Bahcor cobriam em muito este valor.

Outro aspecto atraente era o fato de seu banco, que sempre fora pequeno e regional, poder se expandir para outras atividades financeiras, tornando-se um forte e completo grupo. No futuro, seria necessário uma empresa seguradora, e estariam consolidados e completos.

– Vou estudar o projeto e lhe darei uma resposta na próxima semana. A princípio, acho a ideia boa, mas quero pensar bem e saber a opinião de meus técnicos.

– Pense, meu amigo, eu não tenho pressa.

Bahcor falara, brincando, pois ele tinha pressa, mas sabia que teria o dinheiro. Se não com aquele banco, com outro. Preferia trabalhar com Ditra, mas tinha sempre a opção de procurar outros associados. Na realidade, ele tinha todo o dinheiro disponível, mas queria sócios para ajudá-lo a tocar o negócio.

Não queria contar com o filho. Já tinha tudo planejado. Se o banco aceitasse o negócio, iria propor a Bradonin que fosse morar em Tchepuat, com uma mesada digna de um rei. Livrar-se-ia de um empecilho, deixando o caminho livre para Varuna. Calculava que, dentro de três anos, o negócio poderia estar tão próspero que conversaria de igual para igual com o pai de Varuna, o orgulhoso primeiro-cônsul Klandir, e, quem sabe, até propor uma aliança mais proveitosa entre suas famílias.

Sua filha vivia suspirando pelo jovem Varuna. Um casamento entre eles não seria nada mau. Pelo contrário, pensava o velho, seria uma aliança proveitosa para ele. Finalmente, poderia ser aceito na alta sociedade imperial como sogro de Varuna, futuro senador imperial e herdeiro de suas vastas terras. Deixaria de ser um simples latifundiário colonial para se tornar um nobre imperial. Klandir não o recusaria, pois seu dinheiro seria bem visto, até mesmo pelo multimilionário primeiro-cônsul.

Enquanto o velho Bahcor planejava seu futuro ingresso na corte imperial, o sócio minoritário do banqueiro Ditra estava muito pensativo. Se o plano do velho desse certo, é óbvio que ele iria avançar pelas terras onde hoje estavam sendo cultivadas as miridinas. Precisava avisar Bradonin de todos esses planos. Não era possível que o jovem filho de Bahcor não soubesse de nada! Se ele sabia, por que não lhe falara nada ainda? Se não sabia, teria que saber e tomar alguma providência para acabar com os planos do pai.

O resto da viagem correu a contento, com o possante veículo vencendo a distância velozmente. O motorista, no seu compartimento fechado, não participava da conversa, e toda sua atenção estava na estrada, meio esburacada, como toda estrada vicinal de uma província de segunda categoria do império.

Naquela mesma noite, Rotrebaldo explicava a Bradonin, com riqueza de detalhes, a conversa que tiveram com o pai. Bradonin estava quase engasgado de ódio. A sua primeira ideia era matar Varuna, no que fora fortemente repreendido por Rotrebaldo. Afinal, matar o filho do primeiro-cônsul traria investigações severas e, provavelmente, consequências imprevisíveis. O senador imperial tinha exilado o filho, mas, obviamente, continuava a amá-lo. Não se poderiam prever os resultados de uma investigação conduzida pela guarda senatorial. A solução era dissuadir o velho Bahcor de seus sonhos de prosperidade tardia. Discutiram, por horas a fio, o que deveria ser feito, mas Bradonin tinha um espírito independente e só faria o que bem desejasse. Rotrebaldo saiu com a impressão de que tinha tudo sob controle. Mas as forças espirituais trevosas que agiam sobre os dois tinham outros planos.

No outro dia, um visivelmente nervoso Bradonin discutia com o pai. Desde o início da tensa conversa, o pai mostrou-se irredutível. Não iria abandonar o projeto, porquanto Bradonin não lhe oferecia nenhuma argumentação válida. Tentara inventar histórias a respeito de Varuna que o velho sabia serem falsas. Além do que, dissera-lhe Bahcor, Varuna não era tão importante assim no seu esquema, pois poderia ser substituído por outro gerente. Queria porque queria desenvolver aquele projeto, pois representava mais dinheiro e mais poder.

Bahcor explicou os seus motivos a Bradonin, evitando falar muito em Varuna e seus planos sociais de ingresso na corte imperial. Todavia, a conversa logo azedou. Bradonin não tinha tato e ofendera o pai chamando-o de velho demais para uma empreitada dessa natureza. O pai respondeu-lhe de forma dura, chamando-o de irresponsável, bêbado e vicioso. Disse-lhe que não tinha fibra e coragem para as aventuras do empresariado. Bradonin saiu furioso do encontro com o pai.

* * *

O capataz passou três dias mais cedo na fazenda. Ninguém o esperava e, quando foi embora levando Varuna, todos se perguntavam se voltaria em breve trazendo o dinheiro, as sementes e alguns implementos agrícolas que tinham sido solicitados. Sua viagem fora só para buscar Varuna a mando de Bahcor. Chegaram no fim da tarde e o veículo do capataz deixou Varuna à porta da casa do latifundiário. Varuna, como todo jovem idealista, vinha imaginando que seu plano tinha sido aceito e que, agora, poderia colocar em prática tudo que pensara a respeito das fazendas coletivas. Esse projeto era apenas a ponta do *iceberg* para Varuna. Nos seus planos, ele antevia o sucesso das fazendas, o desenvolvimento da província, a expansão da ideia para as outras províncias pobres do império e o império transformando-se numa confederação.

Nenhuma confederação ou federação poderia existir se as províncias, os estados ou os países que fizessem parte não fossem homogêneos. Enquanto existissem províncias ou estados mais desenvolvidos em relação a outros, a organização do estado não poderia sobreviver. As províncias ricas se sentiriam lesadas pelas pobres. Estas, por sua vez, iriam sempre achar que as províncias ricas não estavam fazendo o suficiente para que se desenvolvessem. Varuna achava que uma associação de províncias, formando uma confederação, deveria obedecer a um sistema equânime. Para tal, era fundamental acabar com a miséria e a pobreza. As fazendas coletivas e, depois, as agroindústrias e as demais indústrias iriam ser a alavanca que levaria a felicidade todos.

Varuna foi admitido na mansão por um criado e pediram-lhe que esperasse na biblioteca, pois em breve seria atendido pelo dono da casa. A sala estava às escuras e Varuna tateou até encontrar o interruptor. A luz inundou a sala e Varuna se deparou com uma massa escura e grande caída atrás de uma poltrona. Aproximou-se intrigado e o que viu fez seu sangue gelar. Bahcor estava deitado numa grande poça azul escura de sangue. Os ahtilantes têm um sangue muito fino e líquido, de cor azul-clara, que circula bombeada por um coração muito pequeno, do tamanho de um punho de criança. Bahcor tinha sido esfaqueado na altura do pescoço e o sangue tinha se esvaído rapidamente. Deveria estar morto há quatro ou cinco horas, pois sua pele azul já mostrava mudança de cor. Os ahtilantes eram imediatamente cremados, pois com três a quatro horas já começavam a se decompor, levantando um cheiro insuportável, que já estava invadindo toda a sala.

Varuna aproximou-se e ajoelhou-se ao lado do corpo. Neste instante, como se estivessem a esperar, saltaram de trás de uma grande cortina de tecido, com belos desenhos de *jacquards*, dois policiais fardados, golpeando-o fortemente na nuca. Ele caiu desfalecido e os policiais empaparam sua vestes com o sangue malcheiroso, já em decomposição de Bahcor, colocando a adaga fina na sua mão. Assim que fizeram isso, começaram a gritar feito loucos, como se estivessem lutando contra um possesso. Em breves instantes, a sala se encheu de criados e tanto a matrona como sua filha chegaram para ver o motivo de tamanha balbúrdia. Bradonin que também estava atrás da cortina, gritava feito um louco que seu pai tinha sido assassinado por Varuna. A comoção foi enorme, ficando todos horrorizados ao ver que o velho tinha sido praticamente degolado de forma brutal e sanguinária.

Varuna foi levado numa viatura policial para a prisão, ainda desacordado. Foi jogado com as mãos amarradas nas costas, numa cela no subsolo, sem janelas, com portas maciças de ferro, com uma pequena abertura na parede que dava para o corredor, por onde entrava um pouco de luz. Estava só na minúscula solitária. Fora jogado no chão úmido e fétido e lá deixado a sua mercê. Acordou com uma fortíssima dor de cabeça, seus olhos mal conseguindo enxergar, suas mãos latejando de dor pelas algemas excessivamente apertadas. Procurou colocar suas ideias em ordem, pois sentia-se amedrontado e confuso. Em questão de segundos, tirou todas as ilações possíveis. Estava preso e amarrado numa prisão municipal, que eram sempre as piores. Bahcor estava morto e, sem dúvida, a culpa recaíra nele. Sentiu o cheiro nauseabundo do sangue decomposto ressecado contra as suas vestes e viu que elas estavam rasgadas.

Após tomar consciência de seu estado e da sua injusta prisão, sua primeira reação foi de profundo ódio. Começou a gritar e a chamar pelo carcereiro. Sua voz era forte e carregada de fúria. Em breves minutos, dois carcereiros entraram na cela, com dois compridos cassetetes. Abriram a porta com estrondo e já entraram furiosos, batendo no pobre coitado, que tinha com muito esforço se levantado. Os cassetetes caíram impiedosamente nas suas costas, estômago e braços, fazendo-o gritar de dor. Procurava se desvencilhar dos golpes, mas, quando conseguia fugir de um, outro o acertava. Pressentiu que seria melhor ficar calado e imóvel. Arriou-se num canto sob o impacto de mais dois ou três golpes, olhando mudo para seus algozes. Estes já tinham aplacado sua fúria, arfando do esforço de golpear o prisioneiro. Saíram da cela, não sem antes desfiarem uma série de imprecações e ameaças, fechando a porta com um estrondo que preencheu a cela. Varuna ficou acocorado por alguns instantes com o coração opresso, os olhos marejados de lágrimas, chorando de raiva. Seu orgulho ferido o fazia se sentir cheio de ódio. Pouco a pouco, foi tomando pé da situação. Viu um catre sujo e, levantando-se com dificuldade, arrastou-se até lá. Deitou-se numa laje dura, que tinha um colchonete fino, extremamente malcheiroso, parecendo ter sido urinado. Procurou se deitar de lado pois as mãos estavam atadas e não permitiam outra posição. Neste instante, mais calmo, lembrou-se de Deus. Varuna lembrava-se de Deus o tempo todo. Quando as frutas nasciam, quando a colheita era próspera, quando os pequenos animais começavam a andar, Deus era sempre uma lembrança viva na sua mente. Não recorria a Deus somente nos momentos difíceis. Fechou os olhos, procurando se concentrar na imagem do grande profeta Trigêmetro, que há cinco mil anos fora enviado pelo Pai Altíssimo para orientar a humanidade ahtilante.

– Trigêmetro, filho do Altíssimo, que tudo vê e tudo sabe, intercede por mim, seu mais humilde e ínfimo irmão. Sabes que sou inocente desse crime, pois Bahcor, mesmo não sendo o melhor dos homens, sempre foi justo comigo. Preciso de lenitivo e de conselho. Digna-te a olhar para este minúsculo grão de vida que jaz neste cárcere obscuro e envia-lhe paz de espírito, tranquilidade para refletir e serenidade para demonstrar perante a lei dos homens que sou inocente. Irmão maior, que participa da celestial corte divina, perdoa-me por recorrer a ti nesta hora de aflição, quando devem existir milhões de seres com tribulações maiores do que a minha. Porém, sinto-me revoltado e sei que este sentimento é a fúria dos tolos. Sinto-me espoliado, quando na realidade é o meu orgulho ferido que clama por vingança. Proíbe esses sentimentos inferiores em mim. Faze-me digno de teu exemplo, pois tu também foste aprisionado, tendo sido brutalizado e nada reclamaste. Tu também foste açoitado e não proferiste uma reclamação sequer. Tu foste sentenciado à morte injustamente e enfrentaste o esquartejamento sem pronunciar um grito de dor sequer. Enche meu coração com tua divina paz, permitindo que, se eu for digno, possa morrer como um verdadeiro servo do Senhor, ou provar minha inocência perante as cortes de justiça humana.

Varuna tinha agora os olhos cheios de lágrimas, mas não eram de ódio, revolta ou dor. Uma viva emoção tomara conta dele e sentia uma tranquilidade enorme. Essa sensação foi sendo substituída por uma pesada sonolência que invadia todo o seu ser. Em poucos instantes, ele adormeceu naquele catre imundo. Ao seu lado, um resplandecente espírito, seu guia espiritual, afagava sua cabeça, induzindo-o ao sono. Quando Varuna dormiu, o guia de elevada estirpe sideral acompanhado de mais três espíritos e doze guardiães astrais retiraram Varuna de seu corpo e o levaram para um campo verde, cheio de flores que ficava a poucos quilômetros da prisão em que seu corpo físico estava adormecido.

Para Varuna, tudo não passou de um belo sonho. Imaginou-se no campo, com pessoas amigas em volta dele, dando-lhe conselhos fraternais e insuflando-lhe coragem, resignação e confiança nos desígnios do Altíssimo. O seu guia espiritual, acompanhado de espíritos amigos da legião de Trigêmetro, não só o aconselhavam, como também lhe injetavam energias astrais safirinas, de altíssima qualidade espiritual, que se traduziam por imediato alívio psíquico e mental. Enquanto isso, dois espíritos médicos davam-lhe passes magnéticos no corpo físico a fim de atenuar as dores corpóreas e acelerar a pronta recomposição do organismo. Outro guia espiritual estava simultaneamente trabalhando junto a Hidravel, o chefe de polícia. Oriundo da capital imperial, o chefe de polícia havia sido guarda senatorial por muitos anos. Casara-se com uma jovem dessa província e conseguira ser transferido para a chefia da polícia provincial. Era um homem maduro de quarenta anos ahtilantes, pai de três adolescentes sadios, extremamente severo com os criminosos, mas justo. Sua fama de incorruptível tinha alcançado Tchepuat. Entretanto, sua equipe era lastimável. A maioria estava corrompida pelo cartel das drogas e pelo jogo clandestino. Hidravel era terrível com os subordinados faltosos, mas era muito difícil apanhá-los em flagrante.

Hidravel tinha trazido da guarda senatorial alguns amigos, que já se haviam aposentado do serviço ativo e ele os usava como uma polícia secreta. Sua grande ambição pessoal era desmantelar o cartel de drogas e, por isso, conseguira introduzir secretamente um dos seus amigos na organização. Os demais trabalhavam como agentes secretos, infiltrados na polícia, tentando descobrir quais eram os policiais corruptos, os venais e os que eram dignos de confiança. Seu amigo introduzido nas hostes do cartel ainda era um elemento inútil, pois essa falange de drogas era muito sagaz e todo elemento novo era testado durante meses para se ter absoluta confiança de que era digno de pertencer ao grupo. Profundos levantamentos eram feitos na vida pregressa do novo participante para que não sobrasse nenhuma dúvida. O amigo de Hidravel não poderia ser detectável, já que não tinha participado da guarda senatorial e nem mesmo da polícia imperial. Fora um pequeno bandido, dado a pequenos furtos que tinha sido preso e condenado a curta sentença de aprisionamento numa prisão imperial. Cumprira sua sentença sem maiores atribulações e, ao se ver livre, procurou legítimo trabalho. As portas lhe eram fechadas e por uma dessas firulas do destino acabou vindo parar na casa de parentes da esposa de Hidravel. Fora aceito como operário não categorizado numa das fazendas locais e demonstrara com grande empenho seu valor. Hidravel, conhecedor de sua história, acabou por convidá-lo a ingressar como agente policial secreto nas coortes do cartel. Seu ingresso não apresentara maiores dificuldades, entretanto, sua atuação era mínima. Não o deixavam conhecer nada. Não sabia quem eram os chefes e só tinha contato com um pequeno distribuidor local. Seu trabalho consistia em transportar, num veículo apropriado, a carga maldita. Fazia seu relatório diretamente a Hidravel, sempre escondido pelo manto da noite e variando de lugar a lugar.

 O guia espiritual lançou na mente de Hidravel a ideia de visitar os presos do subsolo. Hidravel reagiu lentamente à sugestão. Afinal das contas, aqueles cárceres tinham sido proibidos por ele de serem utilizados. Não havia de ter ninguém lá embaixo. Por que se dar o trabalho de descer e visitar os prisioneiros se não podia existir nenhum lá?

O guia espiritual insinuou que sua autoridade podia ter sido contestada e alguém ter sido aprisionado sem sua ordem expressa nos calabouços inferiores. A sugestão deu certo. Claro, com aquela matilha de lobos que eram seus policiais, qualquer coisa era possível. Saiu de seu escritório como se estivesse possuído pela maior urgência. Desceu as escadarias, sendo seguido dos nossos dois já conhecidos biltres que espancaram Varuna de forma brutal. Os dois vinham resfolegando atrás do chefe, um olhando para o outro questionando-se sobre o que deveriam fazer.

Hidravel olhou as seis pequenas celas escuras e passou sem nada ver na cela onde o corpo inerte de Varuna estava prostrado. Já estava para ir embora, quando ouviu um gemido baixo, quase inaudível. Era Varuna, que tinha voltado ao corpo físico, trazido pelos guias espirituais, acordando com dores nas mãos e nas costas, pela desconfortável posição em que se encontrava. Hidravel voltou-se e examinou a cela e aí viu um vulto escuro se movendo. Ordenou que abrissem a porta, no que foi prontamente atendido pelos dois meganhas assustados, que já estavam prevendo sério castigo à desobediência do chefe. O cheiro de fezes, urina e sangue em decomposição invadiu as narinas de Hidravel, que logo as cobriu com a mão.

– Quem é este homem? – perguntou ferozmente Hidravel. Os dois carcereiros se entreolharam e nada responderam.

– De que crime é acusado? – voltou a insistir o chefe de polícia provincial.

Mais uma vez os dois brutamontes se olharam pateticamente. Um deles estava tão aterrado que esfregava as mãos uma na outra. Hidravel olhou duramente para os dois e falou baixo, tentando controlar a sua raiva.

– Respondam-me, agora: quem deu ordem para aprisionar este homem?

– Foi Capito Madorak – disse o mais apavorado dos dois, gaguejando e revirando os olhos.

Hidravel deu as costas, subindo lepidamente as escadas e entrando no seu gabinete. Sentou-se, tomou do interfone e chamou Madorak. Poucos minutos depois, entrou um homem de olhar baixo, como se vivesse permanentemente drogado, voz arrastada, levemente curvado para a frente.

– Madorak, quem é o prisioneiro da cela do subsolo e de que ele é acusado? – perguntou Hidravel, procurando controlar sua raiva. Madorak lhe era particularmente intragável. Não o podia despedir, já que era um policial concursado e antigo na corporação. Caso contrário, já o teria destituído da função há muito tempo. Todas as batidas que Madorak organizava para prender criminosos do cartel não davam em nada. Sempre chegava atrasado. Era um alarme falso ou, no máximo, conseguia arrestar dois ou três quilos de pó azul, que não representavam absolutamente nada perante às toneladas que eram comercializadas no mercado clandestino de Vubahram e Tchepuat.

Capito Madorak já sabia que Hidravel tinha descoberto o prisioneiro e saiu-se com uma resposta preparada com muita esperteza.

– Trata-se de um assassino que matou cruelmente um chefe de família enquanto ele descansava na sua casa. Foi preso em flagrante delito, ainda com as mãos molhadas de sangue e ofereceu extraordinária resistência à prisão. Tivemos que subjugá-lo mediante o uso de força e, mesmo amarrado, gritava imprecações, estando muito agitado. Desse modo, não foi possível fichá-lo antes de ser encarcerado, pois creio que estava sob o efeito de algum poderoso alucinógeno. Mandei jogá-lo no subsolo até que ele se acalmasse e pudesse ser convenientemente tratado, fichado e levado a uma cela ordinária no primeiro andar.

Seu tom de voz era melífluo, como se tivesse preparado um roteiro. Hidravel se apaziguou. Se, realmente, ele assassinara um pai de família dentro do sagrado recesso do seu lar, a coisa era muito mais séria e o infame não merecia a mínima consideração. O guia espiritual insinuou-lhe, intuitivamente, que aquela história não era verdadeira e que mandasse remover o prisioneiro.

— Está bem! Agora ele me parece calmo. Mande dar-lhe um banho, cortar seu cabelo como deve a um assassino confesso, fichá-lo, levantar seus antecedentes, deixá-lo dar um telefonema a seu advogado e prenda-o junto com os outros. Assim que sua ficha eletrônica chegar da capital, traga-a para mim.

Madorak estranhou que um simples homem pudesse interessar tanto àquele arrogante chefe de polícia. Madorak detestava o chefe; achava-o altivo, pretensioso e cheio de soberba. Madorak, naturalmente, ganhava mais dinheiro com o cartel do que como policial. Recebera ordens de sumir com Varuna, incriminando-o o máximo possível, mas não contava com a visita de Hidravel aos porões. Fazia anos que não ia àquele lugar, desde o tempo em que as prisões arbitrárias eram norma geral. Hoje, esses procedimentos eram ilegais. Havia as organizações de direitos humanos que faziam rondas permanentes nas prisões para ver como os prisioneiros eram tratados.

Madorak aquiesceu, deu as costas e saiu lentamente da sala. Encontrou-se com os dois esbirros no corredor e passou-lhes as ordens recebidas. Acrescentou que as roupas do infeliz deviam ser incineradas o mais rápido possível. Nessa hora, o corpo de Bahcor estava sendo cremado, pois o seu adiantado estado de putrefação já não permitia autopsiá-lo. Não era à toa que as religiões ahtilantes mandavam cremar os cadáveres até quatro horas depois da morte. A decomposição dos corpos era tão rápida que um ser insepulto mostrava a leve ossada ahtilante com menos de quatro dias.

Os dois meganhas entraram na cela, acenderam a luz e sacudiram Varuna. Ele abriu os olhos, tentando se levantar. Um dos carcereiros adiantou-se com uma vara elétrica e lhe deu um choque alucinante. Varuna estrebuchou durante alguns segundos.

— Se você não se comportar, eu lhe darei um outro choque. Entendeu, estúpido? — disse-lhe grosseiramente o que lhe tinha aplicado o choque elétrico. Varuna meneou a cabeça afirmativamente. Não tinha nenhuma disposição de lutar. Estava calmo e aquele choque fora desnecessário. O outro agressor cortou os liames do pulso, ordenando-lhe que tirasse toda a roupa. Varuna obedeceu, ficando nu. Levaram-no até uma sala no primeiro andar, onde lhe ordenaram que tomasse uma ducha. A água era fria e refrescante. Deram-lhe roupas de presidiário e levaram-no, após se vestir, para uma sala onde tiraram fotografias e colocaram sua palma da mão direita numa placa translúcida. Uma luz iluminou a placa por baixo e registrou suas linhas internas. A partir das linhas internas da palma de sua mão, seria possível identificá-lo. Todos eram registrados assim que nasciam e Varuna não tinha sido exceção. Os ahtilantes não tinham impressões digitais. Suas peles eram lisas, parecendo ser feitas de um material plástico. Mas as linhas da mão eram singulares, já que não existiam duas linhas similares.

O lapso de tempo entre a solicitação à central de polícia, em Tchepuat e o retorno da informação não passou de doze segundos. A impressora do computador imprimiu velozmente a ficha completa de Varuna. Madorak acompanhava a impressão e ficou aturdido. Não era possível que fosse o filho de Klandir, o primeiro-cônsul. "Meu Deus, isso vai feder", pensou Madorak. De repente, a angústia se transformou em ódio. Levantou-se e saiu da sala a passos largos, coisa que não fazia nem quando ia capturar os piores bandidos do cartel. Entrou numa sala vazia e telefonou para Rotrebaldo. Em poucos instantes, o interlocutor estava no videofone, perguntando qual era o assunto. Madorak explicou de forma sucinta e terminou com uma frase que deixou o banqueiro completamente fora de si.

– Se eu for preso, levo vocês todos comigo.

– Você está louco? Fique calmo! O plano era matar Bahcor, fazendo de conta que fora uma morte acidental e nunca inculpar Varuna. Isso deve ter sido ideia daquele débil mental do Bradonin. Aposto como aquele estúpido achou que poderia se livrar de dois pelo preço de um. Agora escute bem o que vou lhe dizer. Procure Bradonin e convença-o a testemunhar que viu Varuna matando

Bahcor. Agora que ele armou esse espetáculo, terá que ser o ator principal. Mas, se ele não for convincente, diga que irá fazer companhia ao pai. Por outro lado, informe ao chefe de polícia quem é Varuna e trate-o como se fosse um príncipe. É óbvio que, neste instante mesmo, alguém deve estar falando com o primeiro-cônsul Klandir sobre a grave acusação que paira sobre seu filho. A não ser que muito me engane, amanhã mesmo, essa porcaria de capital receberá mais visitantes imperiais do que quando foi anexada há quinze anos. Lembre-se de que, se você nos denunciar, sua família inteira será morta. Portanto, fique calmo e faça o que eu lhe disse.

O videofone escureceu e Madorak sentiu as pernas moles. Como é que ele foi se meter numa situação daquela? Quando Bradonin o procurou para eliminar o pai, dizendo que era uma ordem do cartel, ele se certificou e os chefões aprovaram. Contudo, ninguém disse que era para deixar Varuna de fora dessa história sórdida. Madorak lhe arranjara os dois assassinos e os confiara a Bradonin. Ele não queria conhecer os detalhes. Imaginou que matariam o velho fazendo parecer um acidente. Quando trouxeram Varuna aprisionado e lhe disseram que ele tinha que ser incriminado, até achou a ideia boa. Nada como colocar a culpa num inocente. Todas as investigações cessariam e o pobre coitado mofaria na prisão por trinta e poucos anos, ou seria condenado à morte por degola. Depois ninguém mais falaria do crime. Já quando é uma morte acidental, sempre existe o risco de alguém desconfiar, continuar as investigações, descobrindo-se o verdadeiro criminoso. A lei de Hurukyan também era terrível para com os mandantes. O criminoso podia pegar trinta anos de cadeia, mas o mandante era sempre executado. Madorak era cúmplice de mandante ou seja, receberia a mesma pena do mandante, a morte por degola. Ora, Madorak não tinha a menor intenção de perder a sua cabeça e nem saber que sua família perderia o direito à aposentadoria. Desse modo, pensou rápido:

"Aquele estúpido do Bradonin, bêbado e farrista, vai sucumbir à pressão de um advogado realmente bom. É óbvio que o pai vai mandar o melhor criminalista da capital imperial defender seu filho. O chefe de polícia vai lamber as botas dos senadores. Vão dar *status* de réu primário a Varuna, que logo vai poder responder ao inquérito solto. Vai contar o que sabe e o que não sabe. Se Bradonin quer inculpá-lo é porque deve saber sobre as plantações de miridina. A melhor coisa que eu posso fazer é matar Varuna esta noite. Vamos fazer parecer um suicídio. Vou mandar colocá-lo numa solitária do terceiro andar, onde não há ninguém e, de noite, quando a delegacia estiver vazia, eu e aqueles dois idiotas vamos pendurá-lo pelo pescoço até morrer. De manhã, ele será encontrado e poderemos dizer que ele se matou de vergonha e remorso por ter assassinado Bahcor num momento de grave crise de superdosagem de droga, que o deixou fora de si. Com isso, eliminamos o processo. Muitos estarão sob suspeita, mas não haverá provas."

Enquanto Madorak maquinava seu truculento plano, dirigia-se para a sala onde tinha deixado Varuna. Lá chegando, deu ordens para levá-lo para o terceiro andar, na solitária vinte e oito. Era a única que tinha um teto alto o suficiente para passarem o cinto que prendia a calça do prisioneiro e o enforcar até a morte. Os dois brutamontes o levaram rispidamente até a cela e o deixaram preso, enquanto fechavam o cadeado. Varuna estava mais uma vez só.

Na capital imperial, o computador central da polícia imperial registrou a solicitação de identificação de um acusado de homicídio na província de Talumanak. A cópia da solicitação, junto com a resposta, foi parar na mesa de Chezar Maspotan, diretor-geral da polícia. Quando ele viu o nome de Varuna Mandrekhan, videofonou para Klandir. O primeiro-cônsul estava em reunião no Senado e só retornou à ligação quatro horas depois, de sua casa. Chezar expôs em poucas palavras o ocorrido e disse que estava pronto para se deslocar para Talumanak. Já tinha mantido contato com o chefe local, explicando quem era Varuna. Klandir ficou estarrecido. Não podia acreditar que o filho fosse capaz de perpetrar tal crime. Imaginou que deveria ser em defesa própria. Conhecia bem o filho. Sabia que era um idealista e espiritualista, características que não se coadunavam com um assassino. Assim que terminou a conversa videofônica com Chezar, ligou para seu advogado, Dumtra Ideoganos. Este, por sorte, estava ainda no escritório e, após a introdução da secretária, atendeu-o prontamente. Conversaram menos de dois minutos e marcaram encontro no terminal de passageiros dos transportes aéreos.

O vimana alugado por Klandir, espécie de avião ahtilante, estava sendo aprontado para a curta viagem de duas horas até a capital provincial. Klandir, Dumtra e mais oito guardiães senatoriais estavam impacientemente prontos. Meia hora depois, o silencioso vimana, em forma de charuto voador, decolava verticalmente e rumava ao seu destino. Duas horas depois, quando pousou, o chefe de polícia local estava esperando Klandir e sua comitiva. Após a troca de cumprimentos formais, rumaram celeremente para a chefatura de polícia.

A hora já estava bem adiantada. O grande sol de Capela tinha se deitado no horizonte há mais de duas horas. Madorak estava na chefatura e chamara seus dois comparsas. Encaminharam-se furtivamente para o terceiro andar a fim de perpetrarem seu crime na calada da noite. Nesse instante, três veículos estacionavam à frente do prédio e toda a comitiva adentrava o edifício. Hidravel, o chefe de polícia, dirigiu-se ao oficial de plantão e perguntou pela cela de Varuna. Ele procurou e não encontrou. Madorak não tinha lançado no mapa das celas, o nome do prisioneiro. Isso era muito irregular! Hidravel ficou muito preocupado. Desde o início, Madorak se comportara de maneira estranha com aquele prisioneiro. Algo estava acontecendo. Sem que ninguém se apercebesse, um guia espiritual aproximou-se de Hidravel e sugeriu telepaticamente que Varuna estava no terceiro andar, confinado nas celas especiais. Imprimiu no pensamento de Hidravel a urgência e ele sentiu um forte desejo de ir até o terceiro andar. Chamou dois guardas e saíram correndo para pegar o elevador. Klandir e sua comitiva não se fizeram de rogados e correram atrás do chefe de polícia, sentindo que algo estava errado.

Madorak, naquele instante, estava entrando na cela de Varuna, que estava acordado. Os dois meganhas entraram e tentaram dominá-lo. Varuna começou a lutar contra os dois e conseguiu atingir um deles no nariz. O brutamontes lançou um grito, soltou o prisioneiro e agarrou-se ao nariz que sangrava abundantemente. Madorak golpeou Varuna de lado, nas costelas com um soco bem dirigido. Varuna sentiu o golpe, mas parecia estar possuído por dez demônios. Urrava e chutava o outro carcereiro. Ao seu lado, no mundo astral, três guardiães astrais, sob o comando de um guia espiritual, transmitiam forças vitais para Varuna. Deste modo, os golpes que ele levava quase não o afetavam. Seu sangue corria velozmente pelas suas artérias, deixando-o mais forte e menos sensível à dor. O outro guarda tinha se recuperado da forte dor no nariz quebrado e alcançara o prisioneiro por trás, segurando-o fortemente. Varuna se apoiou no carcereiro que o segurava e chutou Madorak na altura do estômago. Ele sentiu o impacto, mas também era muito forte e assimilou bem o golpe. O outro carcereiro conseguiu com muito esforço passar um cinto pelo pescoço de Varuna e junto com Madorak tentavam pendurá-lo na grade que fechava a parte superior da cela, já que a mesma parecia uma gaiola.

Hidravel e sua comitiva chegaram naquele instante. Tinham ouvido os gritos partindo da cela e entraram no momento em que Madorak estava começando a alçar Varuna com o cinto a lhe apertar o pescoço. A entrada súbita de dois guardas, Hidravel e mais três guardas senatoriais, desconcertou a trinca de assassinos. Madorak ficou lívido e logo se entregou. Os dois carcereiros opuseram tímida resistência, mas, à frente de número superior de guardas armados, acabaram ficando quietos. Klandir penetrou esbaforido a pequena cela e viu seu filho caído com o cinto a lhe apertar o pescoço. O sangue lhe subiu à cabeça e, furioso, virou-se para Hidravel e lhe perguntou, quase fora de si, o que estava acontecendo.

Hidravel lhe explicou em poucas palavras que Madorak tinha tentado matar Varuna e que tudo seria esclarecido. Klandir ajudou o filho a se erguer do chão frio e sujo, e seus olhos encheram-se de lágrimas quando viu o corte de cabelo horrível, que denunciava um homicida preso em flagrante. Varuna estava cansado e nem reconheceu o pai naquela penumbra.

Todos saíram da cela para o corredor. Madorak escoltado por dois guardas senatoriais, com algemas a lhe apertarem os pulsos, enquanto os dois meganhas eram literalmente empurrados para outra cela vazia pelos guardas locais. Madorak iria passar a pior noite de sua vida. Hidravel, que já não gostava dele, Klandir e o advogado Dumtra Ideoganos o interrogaram. Mas Madorak não respondia às perguntas, isolando-se num mutismo desconcertante. Após alguns minutos de inútil questionamento, Dumtra, o famoso advogado de Hurukyan, dirigiu-se a ele, dizendo-lhe muito calmamente:

– Capito Madorak, sua situação é extremamente delicada. Você tentou matar o filho de um primeiro-cônsul imperial e deve existir uma razão para tal ato. Como você está quieto e mudo, eu só posso pensar numa única situação: você deve estar protegendo outras pessoas. Quanto a isso não há problema! Se você continuar calado, será inculpado sozinho. Perderá direito à pensão. Seus filhos serão deportados e internados em orfanatos do Estado. Sua mulher será presa como cúmplice, pois essa é a lei, e você terá que trabalhar nas minas de carvão pelo resto de sua vida. Quero só lhe lembrar que o trabalho nessas minas deixa os condenados cegos e com doenças pulmonares muito graves. Dentro de cinco anos, você estará completamente deformado, vomitando sangue e tateando no escuro. Agora, se você conversar conosco e nos disser o que queremos saber, podemos conseguir uma pena branda de três anos numa prisão imperial, sob a proteção do próprio primeiro-cônsul. Sua família nada sofrerá e receberá seu soldo, que será pago normalmente. Após o tempo de prisão privilegiada, você será levado para outra cidade do império, com outro nome, com seu soldo de aposentado, com sua família, e mais, seus filhos nunca saberão que você esteve preso. Pensarão que o pai foi um grande herói do império e, como tal, terão direito a universidade gratuita na capital imperial. Depende de você! Se você colaborar, o grande Klandir será magnânimo com você e os seus. Caso contrário, as consequências serão terríveis. Você sabe que é melhor a morte por degola do que a prisão perpétua de trabalhos forçados nas minas.

Madorak olhou para Klandir como se procurasse a confirmação de tudo que o advogado lhe dissera. Klandir meneou a cabeça sério, confirmando sua disposição de ajudar Madorak desde que ele falasse. Madorak fechou os olhos como se estivesse pensando. Estava algemado nas mãos e pés, com correntes que o prendiam à parede. Não tinha como fugir. Pensou por um longo tempo. Sua família, seus filhos, sua mulher. Mas o que o fez decidir-se a falar tudo foi a possibilidade de aquele estúpido do Bradonin sair-se bem dessa história toda. Enquanto ele mofaria nas minas, Bradonin, que o diabo o carregue, estaria divertindo-se às largas com o dinheiro do pai. Parecia ver o rosto daquele pulha, bêbado e mulherengo, rindo às gargalhadas e gastando alucinadamente todo o dinheiro ganho. Isso era insuportável!

Madorak abriu os olhos. Tinha pensado durante uns dois minutos, enquanto todos estavam quietos olhando para ele. O advogado tinha sorrido para os outros dois homens como a lhes transmitir confiança de que o capito da polícia iria contar tudo. Era preciso dar tempo ao tempo.

– Está bem. Contarei tudo, mas quero uma garantia por escrito do senador Klandir.

– Escreverei tudo que eu lhe disse e o senador assinará – disse Dumtras.

– Fale tudo e eu assinarei o que foi combinado. Se você mentir, sua situação poderá ficar ainda pior – disse Klandir, ameaçadoramente.

Madorak concordou com os termos e desandou a falar. Iniciou com Bradonin, como ele tinha planejado o assassinato do pai e a inculpação de Varuna. Só que, ao revelar os motivos de Bradonin, teve que falar da plantação de miridina. Durante mais de seis horas, Madorak foi desfiando um novelo de revelações. No momento em que soltou a língua, acabou revelando o nome de seu contato com o cartel. Falou dos policiais corruptos, dos distribuidores que conhecia, dos plantadores menores e dos distribuidores na capital imperial. Hidravel começou a ter um material extraordinário para desbancar o cartel.

Quando terminou, Madorak foi levado para uma cela especial e Hidravel foi junto com Klandir e o advogado para a casa de um juiz para expedir mandatos de prisão contra mais de trinta e cinco pessoas. Doze horas depois, quase todos estavam presos e sendo ouvidos. As leis ahtilantes eram muito severas para com os distribuidores de drogas, assim como para os assassinos. A degola ou a prisão perpétua de trabalhos forçados nas minas ou nos campos era uma ameaça terrível. Dois distribuidores médios abriram a boca e contaram mais novidades, em troca de penas menores. Assim como três plantadores presos foram caçados e dois deles foram mortos durante a perseguição. O terceiro rendeu-se e negociou condições especiais de aprisionamento contra mais novas revelações.

Foram quinze dias terríveis. Toda a polícia imperial e provincial, tanto de Talumanak como de outras quinze províncias do império, prendeu e caçou distribuidores de drogas e, mais importante do que isso, vários figurões do império foram acusados e presos. Um senador imperial suicidou-se e três senadores provinciais foram presos. Dois banqueiros desapareceram e um deles tocou fogo em vários documentos importantes antes de tentar fugir. Rotrebaldo e Ditra foram presos e seus bens confiscados. Rotrebaldo conseguiu fugir, mas, na fuga, foi atropelado por um carro em alta velocidade e morreu a caminho do hospital. Em suma, grande parte do cartel foi desmantelado e o restante sofreu um duro golpe. Mas as forças trevosas estão sempre constantemente em ação e, alguns anos mais tarde, dois novos cartéis de drogas estavam operando ainda mais possantes e ainda mais organizados do que antes. Os cartéis só faziam atender às necessidades do grande público. Os hurukyans assim como os demais ahtilantes procuravam o caminho das drogas como uma forma de se sentirem bem e terem sensações fortes.

Voltemos à noite em que Varuna quase foi esganado. Quando se viu livre, foi levado com urgência para um hospital para tratarem de seus ferimentos. Dois dias depois, recebia alta, depois de rasparem totalmente sua cabeça. Klandir e Varuna encontraram-se ainda no quarto amplo e confortável da clínica em que fora internado. O pai já sabia de tudo, inclusive de seu trabalho na fazenda e de suas ideias. Bradonin mostrara-se extremamente cooperativo, pois a pena para parricídio era a degola. Em troca de informações valiosas, Bradonin revelara grande parte da organização criminosa de que fazia parte e tudo que Varuna representava como perigo, se conseguisse difundir suas ideias de reforma agrária.

Klandir não era um pai relapso. Desde quando desterrara Varuna, ele o acompanhava à distância. Seus olheiros lhe davam relatórios periódicos. Sabia que estava trabalhando para Bahcor, mas não conhecia os detalhes da operação. Ficara satisfeito que o filho fosse cuidar de porcos, pois achava que isso lhe mostraria que a vida não era apenas o fausto da corte imperial. Klandir amava o filho, mas não entendia aquele apego às ideias de igualdade entre as classes sociais, assim como os conceitos de que os países mais pobres podiam ser conquistados pela força da união econômica e não pela força das armas dos exércitos imperiais. Continuava a achar que Varuna era um jovem destrambelhado, que só se metia em confusões, achando que podia salvar o mundo.

Bradonin foi condenado à prisão perpétua, com certas regalias, que lhe conferiam segurança contra vinganças pessoais, conforto de uma cela particular e outras modernidades. Perdeu, contudo, todos os direitos sobre suas propriedades, que passaram imediatamente para sua mãe e sua irmã. Isso foi um arranjo excepcional que foi conseguido por Klandir. Durante o período que Varuna passara na clínica, Klandir foi procurado por Nefretari, mãe de Bradonin, e tiveram uma longa conversa. A matrona lhe explicou que Bahcor amava Varuna como a um filho e que, com a prisão de Bradonin, a família estava acéfala. Ela não tinha experiência em cuidar dos negócios e muito menos sua filha. Por lei, as terras onde eram cultivadas as drogas reverteriam para o império, entretanto, este já tinha terras a não mais acabar e um pouco mais ou menos não lhe faria falta, argumentou a nobre senhora. Pediu que Klandir intercedesse por ela e sua filha, Terapitis, e mais, que nomeasse um administrador capaz de desenvolver os negócios do falecido marido.

Klandir reconhecia na velha matrona uma senhora digna e não sabia o que fazer. Entretanto, os guias espirituais não descansam e um deles lhe intuiu a ideia de casar a filha da respeitável senhora com Varuna. Na mente paterna, o escândalo em que o filho tinha se metido, com ou sem culpa, o deixaria marcado junto à corte imperial. Já não era um bom partido para se arranjar um casamento de conveniência. O velho senador Potemat já tinha dado sinais de que seria preciso renegociar o casamento da filha. Agora, com este escândalo, não haveria muito o que discutir com Potemat; o casamento marcado teria que ser desfeito. Seria preferível deixá-lo envolvido com aquela família, da qual involuntariamente tinha sido o causador da morte do dirigente. Klandir recebeu a intuição do guia espiritual como se fosse seu próprio pensamento e achou a ideia muito boa. Casaria Varuna com Terapitis. Combinou todos os detalhes com a mãe, que achou a ideia excelente, pois com isso estaria ligando-se a um nobre da corte imperial, recebendo toda a proteção de que necessitasse.

Pai e filho começaram a conversar ainda no quarto da clínica e, como era de seu feitio, Klandir foi direto e autoritário. Varuna não reclamou. Sabia que seu pai tinha o direito de casá-lo com quem quisesse. Casar com Terapitis, uma mocinha bonita, educada e gentil, não era nenhum sacrifício e Varuna não objetou.

O casamento foi simples, com poucos convidados. A mãe de Varuna viera para o casamento, assim como a sua irmã, mais ninguém fora convidado, nem mesmo seus parentes mais próximos. Não era de bom-tom social fazerem uma grande festa, quando o dono da casa tinha sido brutalmente assassinado há apenas duas semanas. Klandir arcou com todas as despesas, inclusive uma curta viagem de núpcias para fora de Hurukyan. Klandir era um homem prático. Sabia que não poderia deixar Varuna herdar seu posto de senador no futuro. Os escândalos, mesmo que falsos, não se coadunavam com a imagem que um senador deve passar para o público. Na realidade, Klandir tinha medo de que, se Varuna se tornasse senador, voltaria a ter ideias revolucionárias de confederação, desintegração do império e associação com países mais pobres, e com isso voltaria a se tornar uma séria ameaça à segurança familiar.

Klandir o deserdou, mas, por conta, o agraciou com uma grande fortuna. Deu-lhe mais de cem milhões de coroas como dote de casamento, o que representava um quarto da fortuna paterna, mas foi muito incisivo e direto no que tangia ao direito sucessório da posição de senador imperial. Sua posição iria para seu primo, sobrinho de Klandir, filho de sua irmã mais moça. Ele não poderia reivindicar jamais esse cargo. Varuna aceitara tudo calado. Não que tivesse ambições ao Senado, mas ficara magoado com a atitude ríspida do pai. Varuna amava o pai mais do que outro ser na face de Ahtilantê. Tinha-lhe um amor que superava o amor filial, sendo um amor espiritual profundo. Queria bem ao pai como se ele fosse seu próprio filho e se entristecia com suas atitudes cheias de soberba e orgulho. Klandir achava-se superior aos demais homens, porque era o primeiro-cônsul do maior império do planeta. Nada poderia demovê-lo desse sentimento, e Varuna, ciente do fato, nem mesmo tentava. Isso tudo o deixava decepcionado com o pai.

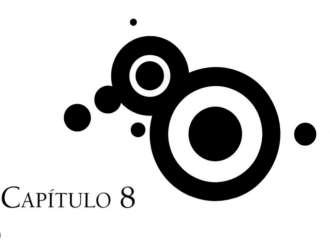

Capítulo 8

Varuna mantivera alguns relacionamentos amorosos, antes de casar-se com Terapitis. Desde os seus quinze anos, envolvera-se com diversas mulheres ahtilantes. Seu primeiro relacionamento fora com uma viúva, amiga de sua mãe. Era bonita e, mais jovem, casara com um oficial do exército imperial que tinha morrido em combate numa expedição de conquista dos hurukyans. Ela não passava de trinta anos e Varuna era um belo rapaz de quinze anos. Ela, muito docemente, o introduzira na arte do amor e lhe descortinara um mundo cheio de sensações deliciosas e prazeres. Sua mãe, Nardira, nunca desconfiara de sua relação com aquela mulher condenada a ser a eterna viúva de um herói hurukyan. Nunca mais poderia casar, pois a lei era severa. Era a viúva de um herói e sua memória não poderia ser maculada por nenhum outro homem. Naturalmente, a sociedade sabia que as viúvas encontravam lenitivo para seus sofrimentos nos braços de outros homens, mas, oficialmente, elas não podiam casar nem ter filhos. Matrale era muito jovem, quando seu marido morreu e não lhe dera nenhum filho. No início, Matrale gostava de Varuna pois era o filho que não podia ter, porém, com o decorrer do tempo, ele ficara adulto e muito bonito, e a jovem viúva sentiu-se atraída por ele.

Nunca ninguém desconfiou do relacionamento entre os dois, pois Varuna sempre ia brincar nos grandes jardins da viúva e tomar chá no final da tarde. Quando o relacionamento com Matrale se tornou mais íntimo, sua idade já lhe permitia sair sozinho à noite e, duas ou três vezes por semana, Varuna frequentava a casa da jovem viúva. Tinha por ela um enorme carinho e a respeitava grandemente. Ela, por sua vez, sentia-se atraída por aquele belo corpo juvenil.

Com o desterro, Varuna não pode sequer despedir-se de Matrale. Na fazenda de porcos, as mulheres eram casadas e Varuna as respeitava. Na propriedade vizinha, existia uma moça bonita e simples com quem ele muito se afinizara. Seu pai era um pequeno arrendatário de terras e a mãe tinha morrido muito cedo, deixando o marido a cuidar de duas crianças pequenas. Uma delas ao crescer tornou-se a jovem moça que compartilhava dos ardores da juventude, e o outro era um rapaz, simples trabalhador iletrado que ajudava o pai na pequena fazenda. Varuna gostava do jeito simples de Lenora, de seus cabelos pretos e de sua pele cinza-azulada. O pai era um cinza que tinha se estabelecido há muitos anos em Talumanak, tendo sido prisioneiro de guerra dos hurukyans. Com o tempo, ganhara sua liberdade e se fixara na província, pois se apaixonara pela mãe de Lenora, uma bela azul de cabelos e olhos pretos, com cílios extremamente compridos que lhe davam um ar doce e angelical. Lenora era uma mistura de cinza com azul e sua pele era suave, com um cheiro que acendia a paixão em Varuna. Não havia propriamente amor entre eles. Varuna sabia que, como nobre de Hurukyan, o casamento era uma prerrogativa exclusiva de seu pai e, por isso, de nada adiantaria se apaixonar, já que o poderoso senador Klandir poderia cancelar o casamento, tornando-o nulo de direito e de fato. Lenora sabia desse fato e, por isso mesmo, sempre procurara ser realista. Gostava de Varuna, principalmente da forma como ele a tratava, quase como se ela fosse uma rainha. No início, um certo amor surgira entre eles, mas ambos sabiam que estava fadado ao fracasso. Sublimaram a nascente paixão por uma terna amizade.

Na universidade, Varuna tivera alguns envolvimentos rápidos e inconsequentes com algumas colegas e o que durara mais tinha sido com Kon-ta-kiti, uma belíssima verde da república Haglis, que estava fazendo um curso de pós-graduação em Tchepuat. Kon-ta-kiti era filha de um rico e bem sucedido industrial, e sempre fora extremamente independente. As Haglis eram mulheres liberadas tanto sexualmente como profissionalmente. Sua república tinha um grande poderio econômico, mesmo sendo um país menor do que o império Hurukyan. Sua raça era constituída de pessoas mais altas do que os azuis, todas, de um verde-esmeralda profundo, cabelos e olhos pretos muito grandes, quase sem pupilas. Sua história era toda especial, pois essa república era constituída de vinte e oito estados federativos, que viviam em constantes rixas entre si, pela divisão do orçamento anual. Essas discussões eram comuns, mas nunca chegavam a guerrear entre si. Pelo contrário, era um povo pacífico, mesmo que excessivamente orgulhoso e profundamente chauvinista.

Algumas horas após a cerimônia de casamento de Varuna e Terapitis, o casal recolheu-se aos seus aposentos, na residência do falecido Bahcor. Sentia-se que a noiva estava profundamente abalada. Em poucos dias, ela tinha passado pela terrível experiência de perder o pai num brutal assassinato, a prisão do provável criminoso, Varuna, a revelação tenebrosa do parricídio de Bradonin, o casamento apressado com o reabilitado Varuna e a cerimônia simples, quase sem convidados. Varuna passara de amor secreto para assassino de seu pai, voltara inocentado e, finalmente, casara com ele. Tudo isso, pela velocidade que foi entabulado, deixara a moça perplexa. Aceitara tudo calmamente, mas definitivamente aquele não era o seu sonho de mulher. Sempre idealizara um casamento com uma cerimônia, onde seus amigos pudessem vir, numa nova casa onde pudesse reinar como uma rainha e um marido, senão belo, pelo menos apaixonado por ela. Varuna não a amava, mesmo que tivesse por essa doce e encantadora moça, nos seus vinte e poucos anos de idade, um carinho e um respeito que facilmente poderia se tornar uma avassaladora paixão. Todavia, o casamento se procedera de modo frio e impessoal. Tudo fora providenciado entre sua mãe e o severo primeiro-cônsul, que, no fundo, a atemorizava. O frio Klandir não lhe dirigira uma palavra sequer e, durante a curta cerimônia, onde o hierofante cobrira os noivos com um véu que representava a felicidade, Varuna também não lhe dera muita atenção. Terapitis, ao entrar nos seus aposentos íntimos, sentou-se numa poltrona e chorou copiosamente. As lágrimas, longamente represadas desde a morte do pai, rolaram pelas suas faces. Varuna ficou inicialmente surpreso, mas, como excelso ser que era, logo a compreendeu. Acercou-se da pobre mocinha, procurando abraçá-la, sem nada dizer.

O ataque de choro fora violento, copioso e sacudira o corpo da noiva em convulsivas ondas, todavia com o abraço de Varuna tornara-se mais sereno. Na medida em que conseguira se controlar, a gentil recém-casada tornara-se mais dócil e tranquila, o que permitiu que Varuna a consolasse. Durante meia-hora, ele lhe falou o quanto estava satisfeito com o casamento e que, se antes não lhe dera a devida atenção, era por ser um simples empregado do seu pai. Procurou elogiar o falecido Bahcor, assim como lhe prometeu que envidaria todos os esforços para que seu casamento fosse um grande sucesso. Na medida em que a moça tornou-se mais calma, Varuna lhe serviu um copo com água e deu-lhe um comprimido tranquilizante. Em poucos instantes, a mocinha estava sentindo o efeito do soporífero e desejou se recolher ao leito. Varuna a ajudou até o limite que a decência lhe permitia e retirou-se para a sala ao lado. Ligou a televisão em volume bem baixo e acabou dormindo na frente do aparelho, sem antes deixar de pensar longamente sobre tudo o que lhe acontecera e como deveria agir daquele momento em diante, especialmente no que tangia a Terapitis. Tinha a obrigação de fazê-la feliz, assim como deveria providenciar para que Nefretari, a sua sogra, não passasse nenhum tipo de privação e constrangimento.

O dia seguinte chegou, fazendo com que o céu se tornasse alaranjado rapidamente. Varuna acordara cedo, tomara seu banho e ainda sentia muitas dores no corpo duramente surrado alguns dias antes. Foi até o quarto onde repousava Terapitis, notando que ela dormia profundamente. Resolveu não acordá-la. Estivera planejando uma surpresa agradável e resolveu agir antes que toda a casa estivesse desperta. Videofonou para uma companhia aérea que tinha voos regulares para Tchepuat, reservando dois lugares. Pediu que fizessem também reservas para o luxuosíssimo Hotel Batrapol, conhecido pela sua excelente localização e fantástica vista para o maior *Zig-Ghurar-Teh* do mundo, famoso templo com mais de duzentos metros de altura, situado num parque ajardinado de mais de dez milhões de metros quadrados. O seu acesso se dava pelo interior, através de enormes elevadores, que podiam levar cinquenta pessoas de cada vez. Existiam oito grandes elevadores, além de uma escadaria interna, que era pouco frequentada pelos visitantes. No topo do monumento, podia-se ver toda Tchepuat. Varuna pedira para reservar a suíte nupcial que ficava no último andar e que era decorada com estátuas de Tregueriso, o maior escultor vivo de Ahtilantê, e afrescos de Bontra Levoni, outro mestre das artes mundiais. A diária era exorbitante, mas dinheiro não era mais problema, pois Klandir fora mais do que generoso. Cem milhões de coroas dava para comprar oito mil veículos automotores modernos e possantes.

Varuna solicitou também uma viagem para duas pessoas para Pintheachuan, ao pé da grande cordilheira de Azincachuan. Queria dar à noiva e também a si próprio tempo de se conhecerem. Nada como uma boa viagem para tirar a moça do ambiente depressivo da casa enlutada. Ele sabia que o seu casamento fora arranjado e não havia nada mais o que fazer. Isso era comum nas altas esferas e, por isso, normalmente, os homens acabavam tendo várias amantes. Varuna decidira que não seguiria esse caminho. Era preciso encontrar tranquilidade no lar e afeição na esposa. As aventuras extraconjugais, mesmo que toleradas pelas esposas, não eram o caminho para que ele pudesse pôr em prática seus planos, assim como lhe trazia repulsa imaginar-se nos braços de outras mulheres e ter que ser falso para a encantadora esposa. Resolvera que faria Terapitis feliz e que, também, com ela encontraria a felicidade. Nada como um bom começo e ele substituiria as lágrimas da noite de núpcias pelo sorriso de toda uma vida.

Terapitis acordara tarde. O soporífero fizera um forte efeito e tivera uma noite de sono profundo, sem sonhos e sem os pesadelos que a morte do pai e a prisão de Varuna provocaram. Não estava muito disposta, pois seu corpo se ressentia do barbitúrico, mas após um longo banho sentiu que as forças retornavam ao corpo dolorido de tantas emoções. Encontrou Varuna na sala de estar e ele a recebeu radiante. Estava excitado com a viagem e transmitiu essa vibração salutar à esposa. A notícia não poderia ter sido mais bem recebida e, ainda naquele dia, partiriam para Tchepuat.

A lua-de-mel foi um sucesso. Uma viagem de quinze dias, pontilhada de novidades, beleza e muitas compras nos grandes magazines da capital. O relacionamento entre Varuna e Terapitis tornou-se cada vez mais amoroso. A moça tinha uma gentileza insuperável e tratava Varuna como se fosse um semideus. Por sua vez, Varuna encantava-se com o espírito vivo e inteligente de Terapitis. Sua fineza de trato, sua educação esmerada, dada por uma mãe severa, e sua cultura muito vasta para uma moça de uma simples capital provinciana tinham sido agradáveis surpresas.

Varuna não procurara a intimidade imediata. Sentia a esposa retraída e somente depois de estarem instalados num pequeno chalé nas altas montanhas é que Varuna a levou para seu leito, para torná-la sua esposa de fato e de direito.

Terapitis e Varuna voltaram da viagem, após quinze dias de novidades, passeios, prazer e entendimento. Nefretari logo viu pelo semblante radiante da filha que a viagem fora bem sucedida e que Terapitis havia encontrado em Varuna não só um companheiro atencioso, como um homem forte e viril. Na noite do seu regresso, Varuna externou, durante o jantar, a sua vontade de mandar construir, o mais perto possível da atual residência, uma nova casa onde pudesse abrigar os sonhos de uma casa própria para Terapitis. A ideia foi bem recebida por todos e Nefretari entendeu muito bem que os recém-casados precisavam da intimidade de uma casa nova e que aquela residência trazia excessivas recordações pesarosas para todos. A velha senhora também externou a vontade de adquirir uma residência menor, onde pudesse tranquilamente viver a sua velhice. Varuna, prontamente, se dispôs a procurar no outro dia uma nova residência, menor, porém confortável, para a sogra, e colocar a mansão Bahcor à venda.

O cotidiano tem uma força invisível muito forte. Era preciso retornar às atividades. Varuna empreendeu, alguns dias depois, uma viagem à antiga fazenda de porcos, de onde saíra de forma tão precipitada. Reencontrara todos em perfeito estado de saúde, já a par das novidades. Varuna agora era o proprietário e, portanto, já não o tratavam como um associado, e sim com a deferência de um patrão. Varuna reuniu os seus antigos parceiros, dizendo-lhes que nada mudaria. Pelo contrário, fixou um preço razoável pela fazenda e lhes deu a opção de comprá-la. Explicou-lhes durante um bom tempo o que pretendia fazer para que todos entendessem claramente.

Em primeiro lugar, Varuna explicou que anexaria uma série de terras contíguas à fazenda, tornando-a muito maior, de tal forma que se pudesse aumentar em muito o potencial econômico da propriedade. Com esse aumento brutal de terras, Varuna explicou que agregaria mais quinze famílias de trabalhadores, num total de dezoito, para que todos, coletivamente, pudessem cultivar a terra. Mandaria, em alguns dias, um administrador, que também seria associado dos colonos e que teria como função coordenar as atividades, implementar novas técnicas agropastoris, desenvolver novos projetos e tornar a propriedade rentável.

A princípio, os colonos desconfiaram do plano. Para que novos colonos? Para que um administrador? Para que novos projetos? Quem pagaria isso tudo? Como pagariam esses investimentos, assim como o preço da nova e aumentada propriedade? Varuna esclareceu delicadamente cada um dos pontos. O aumento da extensão das terras permitiria que a fazenda se tornasse mais rentável. Para que toda a terra pudesse ser trabalhada, assim como novas criações pudessem ser implementadas eram necessários mais colonos. Todos os colonos e o administrador estariam trabalhando para eles próprios. O preço justo, corretamente avaliado da fazenda, e mais todos os investimentos em implementos agrícolas, novas cabeças de porcos, gado, coelhos e demais animais necessários seriam financiados por Varuna. Acrescido a isso, seria fixado um salário para cada associado. Desse rendimento mensal, uma parte seria retida para fazer face à integralização do capital social da nova empresa, ou seja, a fazenda. Com o lucro, parte ficaria destinado para gerar capital de giro; e parte, para pagar os financiamentos. Pelos seus cálculos, Varuna afirmou que em três ou quatro anos a fazenda seria exclusivamente deles. Portanto, não estariam trabalhando para ele, Varuna, e sim para eles próprios, novos proprietários da terra. Alguns quiseram saber se não era melhor dividir a terra em pequenas glebas e cada um cuidaria de sua vida. Varuna, pacientemente, explicou que um trabalho profícuo no campo é como uma grande indústria. É necessário que haja organização, divisão do trabalho, tecnologia apropriada, bens de capital e, também, serviços de venda, distribuição, transporte, armazenagem e muitas outras atividades. Uma única família não poderia fazer isso tudo sozinha, além de custar extremamente caro, ninguém poderia, por si só, obter os créditos para tal atividade. Já em grupo poderiam conseguir resultados notáveis, especialmente, se estivessem trabalhando para si próprios. Os colonos não ficaram de todo convencidos. Alguns murmuraram contra a ideia, mas não podiam fazer nada contra. Varuna pediu paciência, prometendo que ninguém sairia prejudicado. Muito pelo contrário!

    Ele voltou para a cidade com muitas atividades a realizar. Além dos assuntos particulares, era fundamental legalizar todos os seus projetos. Procurou por vários advogados e logo viu que a capital provincial era desprovida de competentes profissionais. Dirigiu-se para Tchepuat e, alguns dias depois, retornava com três profissionais jovens e competentes. Hodorick era um jovem advogado, recém-formado por uma universidade da capital e trabalhava num escritório especializado. Fora-lhe indicado pelo advogado do seu pai, que também conduzira o seu processo e o livrara de uma situação terrível. Hodorick o apresentara a dois amigos e testemunhara por eles, dando-lhe as melhores recomendações, que foram investigadas e devidamente aprovadas. Um era Gelibar, um jovem verde, mais alto do que Varuna, especializado em ciências contábeis e administração industrial, e o outro era Abcobrem, um homem maduro, mais velho do que Varuna, de uns quarenta e poucos anos, com vasta experiência em assuntos mercadológicos.

Hodorick era de uma família de classe média, que muito se esforçara para dar aos filhos uma educação formal. As escolas públicas eram excelentes, porém a universidade estatal era somente para os filhos dos nobres. Era quase impossível alguém mais pobre ingressar nela, já que os testes de admissão eram desenvolvidos para que não pudessem ter acesso. Todas as notas das escolas públicas tinham peso um, enquanto que as escolas altamente selecionadas e extremamente caras dos nobres tinham peso dois. Para ser aprovado na faculdade, o filho do nobre bastava ter média acima de cinco que já superaria o melhor dos alunos das escolas públicas, a quem cabiam as universidades da periferia de Tchepuat. Poderiam ter formação superior, porém nunca na Universidade Imperial de Tchepuat. Por outro lado, os melhores empregos e um futuro garantido era reservado para quem se formasse na Universidade de Tchepuat. Aos outros, competiriam os empregos secundários que jamais dariam acesso aos altos cargos executivos com seus salários magníficos. Quando apareceu o jovem Varuna convidando nossos três amigos, formados em faculdades secundárias, a se tornarem altos executivos de um novo banco de desenvolvimento a ser formado, com régios salários, não titubearam e aceitaram de bom grado a mudança de ares.

Varuna acabou por propor a compra da casa de Nefretari, pagando-lhe um preço acima do mercado, fixou-a numa confortável e agradável casa, a poucos passos de sua nova residência, que ainda estava em fase de construção. Nesse ínterim, Terapitis e ele ficaram hospedados num aconchegante hotel, que não apresentava grande luxo, porém era rico em limpeza e privacidade, e os proprietários desdobravam-se em atenção ao novo milionário. A antiga residência do falecido Bahcor transformou-se na sede do mais novo banco de desenvolvimento da região que, depois de devidamente legalizado perante as autoridades competentes, recebeu o nome de Banco de Desenvolvimento Regional Bahcor, em homenagem ao falecido, que, indiretamente, proporcionara o empreendimento.

Cabia agora encontrar quinze famílias de colonos para que se pudesse montar a fazenda-coletiva modelo que serviria de alavanca para os negócios que Varuna tinha em mente. Conversando com um dos novos empregados subalternos do banco, ele informou que não teria dificuldade de encontrar o que precisava nas favelas da cidade. Varuna nunca tinha entrado numa favela. Sempre passara por fora das mesmas e, de relance, podia ver que se tratava de um amontoado de casas pobres, parecendo ter uma comunidade bastante grande acumulada numa área pequena. Resolveu que iria selecionar pessoalmente os quinze colonos e dirigiu-se à maior favela local, que ficava nos subúrbios da cidade. Foi acompanhado de sua pequena equipe.

A limousine, herdada do falecido sogro, parou numa das ruas que dava acesso à favela. Todos desceram, menos o motorista que ficou cuidando do automóvel. Abcobrem chamara a atenção de Varuna, advertindo-o dos perigos da favela, porém ele achara que se tratava de algum exagero. Assim que desceram, viram-se rodeados de uma série de crianças que lhes estendiam as mãozinhas a lhes pedir esmolas. Todas estavam sujas e maltrapilhas. As menores, ainda bem pequenas, estavam nuas e apresentavam grandes manchas violáceas nos seus corpinhos azuis-claros. Varuna, imprudentemente, retirou do bolso algumas moedas e as distribuiu, condoído com a situação de penúria. Como se fosse um chamado mágico, várias outras crianças afluíram ruidosamente ao local, cercando nossos amigos imprevidentes, a ponto de lhes tolher a caminhada. A retirada era a única forma de escaparem de tamanha avalanche de mãos estendidas e o grito ensurdecedor das crianças. Varuna e sua equipe voltaram, a duras penas, para a viatura e saíram chispando do local. Varuna estava transtornado. Não conhecera a miséria de forma tão brutal quanto aquela manifestada nos rostos sujos e profundos das crianças.

Não era homem de desistir. Deu ordens para que a limousine contornasse a favela. Fariam nova tentativa por outra entrada. Desta vez, mais precavidos, procurariam não anunciar sua chegada de forma tão espalhafatosa. O carro parou a uma centena de metros de outra entrada e seguiram a pé. Encontraram outras crianças brincando num terreno baldio, cercado de lixo, cujo cheiro nauseabundo tomava conta do lugar. Procuraram se esquivar das pequenas mãos pedintes, que logo desistiram quando não se viram saciadas nos seus intentos. Varuna e os amigos entraram por uma sinuosa e estreita rua, ladeada de casas de madeira. Eles observaram que a madeira, na maioria das vezes, era aproveitamento de caixas onde se transportavam produtos e bens. As casas pareciam pequenos letreiros de ruas, tamanha quantidade de nomes comerciais que apareciam nas suas paredes. As vielas eram de terra batida, irregulares e, vez por outra, os obrigava a saltar por cima de pequenas valas negras de dejetos humanos, de cheiro característico de fezes e urina. Algumas pessoas apareciam às portas e os olhavam de forma desconfiada. Varuna estava vivamente impressionado. Nos seus vinte e dois anos de idade, nunca vira tamanha sujeira, pessoas tão mal encaradas, crianças tão deformadas pela falta de nutrição e doenças de pele que as transformavam em pequenos monstrinhos estranhos. Varuna não estava horrorizado, pois o seu sentimento não era de rejeição, e sim de compaixão.

Chegaram a uma pequena praça, se é que a confluência de seis vielas poderia ser chamada de tal. Pararam para olhar que direção tomar, quando se viram cercados por oito homens muito mal encarados. Dois deles traziam porretes em suas mãos e um tinha uma arma, uma espécie de metralhadora, extremamente moderna, que só deveria estar nas mãos das forças armadas imperiais. Gelibar agarrou-se ao braço de Varuna, já que o homem armado apontava a arma diretamente para ele. Os nossos amigos estacaram subitamente. Varuna, revelando sangue frio, dirigiu-se ao homem armado.

– Bom-dia, amigo.

O homem armado não respondeu e, simplesmente, engatilhou a arma. Gelibar soltou um pequeno grito de pavor, baixo, quase inaudível, e suas mãos se crisparam no braço de Varuna. A situação era tensa, mas não havia motivo ainda para pânico. Varuna fitou o homem diretamente nos olhos e lhe disse:

– Amigo, viemos em paz. Não somos da polícia. Muito pelo contrário, estamos aqui à procura de pessoas que queiram trabalhar.

– Trabalhar? – perguntou um dos homens, que não estava armado.

Varuna voltou-se para ele e procurou dar o seu melhor sorriso.

– Sim, meu amigo. Trabalhar! Estamos montando uma fazenda onde as pessoas poderão encontrar trabalho.

– Aqui ninguém entende de fazenda, não! – respondeu o homem, com ar de desdém.

– Nos ensinaremos tudo que for preciso.

– Quanto irão pagar? – perguntou o homem, ainda mais desconfiado.

Varuna ia responder, quando Abcobrem se antecipou.

– Ah, isso depende da função, meu bom homem! O que viemos fazer aqui é falar com o presidente da associação dos moradores para oferecer essa oportunidade. Entretanto, as entrevistas para os empregos deverão ser conduzidas na sede da empresa.

– Que empresa? – perguntou o nosso desconfiado interlocutor.

Mais uma vez, antes que Varuna pudesse responder. Abcobrem antecipou-se.

– Trata-se de uma empresa nova, que fica na praça central, no número 38. Se você pudesse nos conduzir até o presidente da associação dos moradores, poderíamos deixar afixado no quadro de avisos esta oportunidade de emprego.

Os homens se olharam e o que estava com a metralhadora perguntou, numa voz muito pouco amistosa.

– Quem é o chefe de vocês?

Mais uma vez, antes que Varuna pudesse imprudentemente dizer que era ele, Abcobrem se antecipou, com sua experiência. Ele vinha de família pobre, conhecendo as favelas de Tchepuat, e imaginava, corretamente aliás, que as favelas da capital provinciana não deveriam ser muito diferentes.

– Nosso chefe ficou no escritório. Ele nos mandou falar com vocês e os aguarda a qualquer instante.

Fez-se um silêncio perturbador. Os favelados se entreolhavam e o interlocutor inicial acabou falando por todos.

– Aqui não tem presidente de nada, não! Vocês podem ir embora e procurem não voltar aqui. Quanto ao seu emprego, podem enfiá-lo onde vocês quiserem. Nós conhecemos todos esses truques. Na época de eleição, sempre aparecem aqui candidatos prometendo isso e aquilo, e, depois de eleitos, nunca mais os vemos. Esses políticos não fazem nada por nós. Por outro lado, ninguém está disposto a sair daqui para ir Deus sabe onde para trabalhar e ganhar uma miséria. Diga ao seu patrão que, ao invés de mandar uns pares de borra-botas, que venha ele mesmo, se tiver coragem. Agora saiam, antes que meu amigo aqui resolva coisa pior – disse, mostrando com a cabeça o homem com a metralhadora.

Abcobrem balançou a cabeça afirmativamente e puxou o braço de Varuna como a sacudi-lo e apressá-lo. Todos saíram por onde entraram a passos acelerados. Varuna estava muito transtornado e não imaginara que a recepção fosse tão fria e perigosa.

Imaginara o contrário, que seria recebido de braços abertos e que sairia, não com quinze, mas cem famílias, o que lhe permitiria expandir suas ideias rapidamente. A limousine os aguardava a distância segura da entrada da favela e todos voltaram ao escritório calados e taciturnos.

– Foi uma bela experiência. É do erro que se retira o conhecimento – disse Varuna, após se acomodar no seu escritório.

– Sim, sem dúvida, desde que o erro não nos leve à morte prematura – respondeu duramente Abcobrem.

Varuna olhou-o surpreso. Abcobrem continuou, num tom mais brando.

– Desculpe lhe dizer, nobre Varuna. Pouco o conheço, mas me parece que você é um homem cheio de boas intenções, de coração puro e de nobres vocações. Permita-lhe dizer que, assim como se usa uma forma de linguagem para se falar com crianças, o mesmo se deve fazer com os homens. Nem todos entendem seu coração nobre e muitos irão achá-lo ingênuo. Sou um homem escolado na dureza da vida e sei que você tem ótimas ideias e, sem dúvida, as colocará em prática. Mas, se aceita o conselho de um amigo recém-chegado ao grupo, precisamos encontrar outras formas de agir, sem o que não alcançaremos nosso objetivo.

Todos estavam perplexos com Abcobrem. Como é que reagiria o filho de um nobre hurukyan? Varuna, por sua vez, escutara com muita atenção. Os sábios aprendem com os conselhos dos outros, enquanto que os tolos só aprendem sofrendo. Varuna, mesmo com pouca idade, não era tolo nem prepotente. Sua intuição lhe dizia que tinha um homem de valor na figura de Abcobrem e que esse ser era experiente e corajoso. Era preciso respeitá-lo e ouvi-lo.

– Meu caro Abcobrem, você tem absoluta razão. Comportei-me sem a menor prudência e coloquei as nossas vidas em perigo. O que você sugere?

O ambiente tornou-se menos tenso e Hodorick e Gelibar conseguiram sorrir um esgar amarelo de medo e de tensão superada.

— Não sei se a minha sugestão será bem recebida, mas pense a respeito. Vamos a ela — disse Abcobrem, tomando um longo hausto de ar. — Creio que essas pessoas infelizes que moram em favela, na sua maioria, são honestas e bem intencionadas, entretanto, já foram usadas, exploradas e escravizadas pelos poderosos e desconfiam de tudo e de todos. Precisamos de pessoas menos traumatizadas, que já tenham experiência em trabalho duro, obediência, disciplina, responsabilidade e organização. Há muitos trabalhadores qualificados que estão desempregados, já que foram substituídos por máquinas modernas e robôs. Eles têm prática de trabalho organizado e são eles que devemos convidar para fazer nosso projeto-piloto.

Como todos estavam prestando muita atenção à conversa, Abcobrem prosseguiu.

— Devemos planejar bem esse projeto para que sirva de modelo para os demais. Devemos filmar cada etapa para depois demonstrar aos demais, tanto os favelados, os quais no futuro teremos que empregar; como aos investidores que quisermos convencer de que pegamos uma terra nua e sem valor, e a transformamos num gerador de riqueza e progresso. As pessoas não se convencem apenas com palavras. Precisam de fatos.

Todos concordavam com a exposição. Abcobrem empolgou-se com a aquiescência tácita de todos e arrematou.

— Sugiro colocar um anúncio num jornal de grande circulação de Tchepuat e arregimentarmos o que precisamos por lá. Temos que ser cuidadosos para selecionar o que queremos. Uma fruta podre pode estragar o cesto.

Varuna parecia convencido, mas, num último rasgo de ingenuidade, procurou defender sua ideia de aproveitar os favelados.

— Mas, Abcobrem, no fundo, estaríamos favorecendo quem não precisa tanto assim. Esses operários poderão encontrar outros empregos, enquanto que os pobres seres da favela só têm esta oportunidade, mesmo que não saibam.

– Mas esta é a dura lei da vida. Aos que têm, mais lhe será dado; e aos que nada têm, o pouco lhes será retirado. Para que você possa ajudar aos que nada têm, é preciso que os que têm algo possam lhes dar – respondeu enfaticamente Abcobrem. – Além disso, por mais dinheiro que você tenha, é fundamental que possamos captar mais recursos no mercado. Se não me falha a memória, é sua própria ideia facultar aos demais a oportunidade de participarem desse projeto. Não é verdade? – complementou o excelente assessor.

– Sim, concordo – disse Varuna.

– Para que os pobres possam se tornar uma força de trabalho, precisaremos de pessoas que os guiem; outros, que invistam nos projetos; em suma, que acreditem em você e na sua proposta. Ninguém irá fazer investimentos baseados em belas palavras. As pessoas querem certezas, garantias, e não apenas sonhos dourados. Todos querem se assegurar de que não irão perder o que têm e, ainda por cima, ter lucro nos investimentos. Muito correto e justo, aliás!

Varuna escutava com atenção. Abcobrem era direto e sincero. Ninguém iria crer em Varuna só por que teve uma experiência bem sucedida com porcos. O homem tinha razão. Fez-se um silêncio na sala. Hodorick e Gelibar temeram pelo emprego de Abcobrem. Mas nunca passara pela cabeça de Varuna despedir um homem que fora sincero e cujas palavras duras, mas ditas em tom de voz calmo e respeitoso, o alertavam para a realidade. Varuna tomou um gole de seu chá e olhou fixamente para Abcobrem. O homem estava silencioso e esperando a decisão do jovem chefe. Após o que pareceu a todos uma eternidade, Varuna falou.

– Você tem razão. Vamos nós dois para Tchepuat e traremos quinze famílias de operários desempregados. Partiremos amanhã bem cedo. Façamos as reservas para viajar o mais cedo possível. Usaremos os meus recursos neste projeto-piloto e, com o sucesso do mesmo, partiremos para uma captação maciça no mercado.

A reunião prosseguiu com os quatro ultimando uma série de detalhes para que todos os pontos fossem perfeitamente cobertos e nada os surpreendesse, colocando em risco o projeto. Hodorick e Gelibar não estavam acostumados a trabalhar com um chefe que não dava ordens, mas que tomava decisões. Todos os seus chefes anteriores não faziam reuniões e deliberavam sozinhos; davam ordens peremptórias que deviam ser obedecidas sem discussões. Varuna possibilitava a discussão e não entrava numa reunião com uma ideia preconcebida que não seria alterada por mais que se argumentasse. Seus outros chefes, os poucos que reuniam as equipes, estavam tão imbuídos de si próprios que, quando faziam reuniões, era apenas para que todos tomassem ciência de suas deliberações definitivas e imutáveis. Depois, quando os planos fracassavam, os culpados eram os subalternos e, quando davam certo, os responsáveis eram eles, os chefes geniais. Varuna era diferente. Escutava com atenção as objeções de cada um. Nunca decidia no impulso. Algumas vezes levava dois a três dias pensando num assunto, e reunia seus associados, como ele os chamava, e rediscutiam todos os pontos, especialmente aqueles que o entusiasmo levasse a acreditar que seriam um sucesso assegurado.

A viagem a Tcheput foi coroada de êxito. Colocaram um anúncio e mais de cinquenta currículos foram enviados. Desses, cerca de vinte e cinco foram entrevistados e retiradas quinze famílias que iam se mudar para a província. Na volta, dois candidatos desistiram e Varuna e Abcobrem decidiram levar o projeto com treze famílias e mais as três que já estavam na fazenda.

Durante um ano, os quatro amigos trabalharam sobre o projeto, em conjunto com as famílias dos dezoito colonos. No decorrer do ano, mais duas famílias desistiram e mais uma teve que ser dispensada, já que o seu chefe demonstrou ser preguiçoso, cheio de artimanhas para fugir do trabalho pesado, além de reclamar de tudo e de todos. Conseguiu se indispor até com o meigo Varuna, que já não lhe suportava as descabidas exigências e a falta de iniciativa, quando se tratava de trabalho honesto. Fora esses, o restante conseguiu resultados absolutamente notáveis, dobrando a criação dos animais e ampliando as terras aráveis em mais de mil e duzentos hectares. Todas as etapas foram filmadas e fartamente documentadas. Gelibar demonstrou ser um ás com os números e com a estatística. Tudo era minuciosamente levantado, registrado e catalogado. Os pontos fracos foram discutidos com os colonos, que eram um repositório de soluções inéditas e práticas.

Findo o primeiro ano, a equipe começou a planejar a expansão daquele tipo de empreendimento. Após muitas discussões, marchas e contramarchas, foi decidido pelo grupo que os outros projetos deveriam ser implantados um ao lado dos outros, de forma a facilitar a implementação futura de agroindústrias e do escoamento da produção. Foram meses de recrutamento e seleção, treinamento, demarcação, investimentos e implantação do pessoal nas fazendas coletivas. Voltou a se usar a mão-de-obra operária da capital, que era mais bem qualificada e acostumada ao trabalho organizado. Houve sucessos e insucessos, os quais foram servindo de base para melhorias futuras. Já no final do segundo ano, eram oito fazendas coletivas, com cerca de trezentas famílias assentadas.

Três anos se passaram rapidamente. Terapitis estava grávida de seu primeiro filho, que nasceria belo e saudável, e receberia o nome de um antepassado longínquo, Granotírio. Agora já eram quatro módulos de oito fazendas coletivas concentradas numa área relativamente próxima, com estradas vicinais, eletricidade rural, videofonia, escola para as crianças e outras facilidades. Além desses, foram implementados silos, abatedouros, frigorífico, curtume, oito pequenas indústrias de artigos de couro: calçados, cintos e bolsas.

Aos poucos, já se começava a usar mão-de-obra de alguns favelados que tinham ouvido falar dos projetos e pediram que fossem aproveitados. O treinamento deste pessoal exigiu mais esforço e muito mais conscientização, mas o seu trabalho era consistente. Fariam qualquer coisa para não voltar para a antiga situação. As primeiras fazendas já estavam se pagando e tornaram-se propriedades dos colonos. A primeira fazenda, que tinha sido ampliada por Varuna, como criador de porcos, conseguiu lucros substanciais devido às várias criações simultâneas e à excelente plantação de cereais, grãos em geral, legumes e frutas. Tornou-se a primeira a ganhar o título de propriedade definitiva ao pagar tudo que lhe fora emprestado com juros de mercado. A fazenda tornara-se sócia de uma das agroindústrias de que o Banco Bahcor era o controlador. Como consequência, os colonos tornaram-se também sócios da agroindústria, com mercado garantido para seus produtos, fazendo com que tivessem também lucros na industrialização e na comercialização dos produtos manufaturados.

No quarto ano, Varuna, já com vinte e seis anos, sempre acompanhado de seus associados, resolveu por bem ampliar ainda mais os negócios. Estabeleceram um plano de metas efetivamente ambicioso. Para tal, era preciso captar recursos no mercado financeiro. Optaram por não trabalhar com o dinheiro fácil do estado, para não se comprometerem com os poderes escusos dos senadores vitalícios. Hodorick conhecia muito bem as artimanhas do Senado e evitava comentá-las, pois sabia que Klandir, pai de Varuna, tinha sido reeleito primeiro-cônsul e que os comentários sobre o seu governo eram os piores possíveis. Acusavam-no de corrupto e sanguinário.

O império Hurukyan tinha anexado uma pequena república, tornando-a o seu mais novo satélite. Houve algumas resistências e Klandir não trepidara em mandar as tropas aplacarem as manifestações civis a ferro e fogo. Os soldados imperiais massacraram, inicialmente, mais de trezentos jovens que marchavam com faixas e bandeiras, pleiteando a retirada das tropas. Essa carnificina inútil marcou o governo de Klandir como um dos mais selvagens dos últimos anos. Varuna soubera da anexação, do massacre e das ordens dadas pelo seu pai e quase adoeceu de tristeza e vergonha. Terapitis o consolava na intimidade do lar, enquanto Varuna se debulhava em lágrimas ao escutar as notícias na televisão e ao ver o pai, em pose majestosa, dando as ordens terríveis. A televisão não poupou as piores imagens e tudo foi transmitido com detalhamento brutal. Jovens sendo trucidados pelos carros de combate, sendo esmagados e suas tripas misturadas com sangue azul-escuro derramado pelas ruas.

Mas o pior estava para acontecer, pois, no calor dos combates, a soldadesca enfurecida começou a atirar em mulheres, crianças e velhos. Quando menos se esperava, a matança passou dos limites, na medida em que a fúria dos soldados se espalhou pelo resto da cidade. Estupros selvagens, morticínio aterrador, pessoas inocentes retiradas de seus lares, sendo fuziladas sumariamente nas ruas, em suas casas ateado fogo. O terror instalou-se por dois dias e uma noite. Na segunda noite, a soldadesca animalizada se apaziguou tanto pelo cansaço dos nervos sobreexaltados, como também porque não existia mais nada a ser saqueado, queimado, roubado e assassinado. Trinta mil pessoas conseguiram fugir, levando a roupa do corpo, mas cerca de duzentas mil não tiveram a mesma sorte. As principais razões do massacre foram racistas, pois a maioria das pessoas daquela república indefesa, cujo único mal era fazer fronteira com o império Hurukyan, era constituída de uma minoria de púrpuras, alguns cinzas e muitos verdes. Os azuis hurukyans não perdoaram tamanha miscigenação numa das pouquíssimas repúblicas multirraciais de Ahtilantê. O nome desta cidade era Guersuem e ficaria na memória de Klandir Mandrekhan por muitos milênios, até que resgataria essa vilania numa das mais belas epopeias da humanidade terrestre.

Varuna e sua equipe, agora acrescida de mais oito pessoas, inclusive duas mulheres especializadas em genética e medicina, prepararam um plano para lançar uma forma de poupança, onde pretendiam captar recursos do mercado e ampliar os projetos em questão. Abcobrem, especialista em mercadologia, esmerou-se de forma maiúscula. Seu projeto de divulgação era perfeito. As revistas de maior circulação fariam extensas reportagens, mostrando tudo que já tinha sido feito naqueles quatro anos. A televisão faria coberturas excelentes, usando o farto material coletado durante longo período. Haveria palestras, assim como Varuna iria para programas de entrevistas onde poderia divulgar as suas ideias relativas aos projetos. Tudo fora cuidadosamente planejado, inclusive a autorização estatal para abrir uma poupança que dependia de várias pessoas, como burocratas profissionais que exigiam farta documentação, garantias legais, assim como fianças bancárias. Enquanto estava no terreno da burocracia, tudo estava marchando bem, já que Varuna tinha pessoalmente todas as garantias necessárias. As fianças bancárias foram um pouco mais trabalhosas, porém os bancos logo se convenceram ao visitar as extensas áreas plantadas, as criações de vários tipos de animais, as agroindústrias e todos os benefícios físicos advindos deste extenso e bem planejado programa. Mas a decisão final dependia do Senado e nisso residia a maior dificuldade. Varuna não queria depender do pai e lembrou-se de Trafgaman, que o tinha indicado a Bahcor, e resolveu procurá-lo.

Trafgaman conseguira seu intento de casar seu sobrinho com a antiga noiva de Varuna e, agora, além de estabelecer forte ascendência sobre Klandir, tinha se tornado um homem imensamente rico. Alguns bilhões de coroas imperiais faziam parte de seu imenso acervo de bens, que incluía terras, propriedades, empresas, bancos e espécie. Tornara-se tão importante que nada que fosse determinado no Senado passava sem seu beneplácito. Klandir era o primeiro-cônsul, porém era subordinado aos desejos de Trafgaman. Klandir baixava a cabeça às vontades desse tirano, porque também usufruía de enormes benefícios. Todos os projetos que tramitavam no Senado Imperial e também em alguns senados provinciais tinham uma espécie de pedágio, normalmente dez por cento, que era pago à dupla Trafgaman e Klandir. Outros senadores abiscoitavam suas comissões, mas em volumes bem menores, já que a dupla só deixava as coisas pequenas para eles. Grandes obras saíam por preços exorbitantes, pois a dupla de rapaces senadores ficava com trinta por cento do total. Havia pedágio para ganhar a obra e pedágio que a empreiteira pagava para receber o dinheiro dos cofres públicos.

Obras inúteis eram planejadas, assim como a educação, que sempre fora um ponto forte, passou por grave crise. Os salários dos professores eram achatados com vários descontos, que tinham por bem oferecer benefícios posteriores tais como aposentadoria, assistência médica e colônia de férias. A qualidade caía a olhos vistos. Os bons professores preferiam trabalhar em outras atividades mais lucrativas. A educação virou sinônimo de grandes obras. Grandes colégios eram feitos em lugares em que não existiam alunos, rendendo polpudas comissões aos senadores e seus associados empreiteiros. Trafgaman e Klandir viviam, cada vez mais, à espreita de novos projetos que lhes rendessem mais e mais dinheiro fácil.

Trafgaman recebeu Varuna no seu gabinete e o escutou falar durante cerca de vinte minutos. Varuna foi equipado e lhe mostrou um vídeo de tudo que tinha sido feito e lhe explicou o projeto de forma sucinta. Trafgaman ficou abismado com tudo que tinha sido realizado e reconheceu intimamente que aquele jovem tinha um valor extraordinário. Mas sua cobiça tinha virado verdadeiro câncer a lhe corroer as entranhas e, desse modo, interessou-se imediatamente pela poupança. Ofereceu os serviços de seu banco para canalizar toda a poupança e poder cobrar uma taxa módica, no seu ponto de vista, de quatro por cento.

Varuna lhe agradeceu, mas explicou que isso iria corroer todo lucro que pudesse ser gerado pelo empreendimento. Os poupadores iriam receber perto de dezoito por cento ao ano, o que cobriria a inflação de três por cento ao ano e ainda deixava uma boa margem. Era um dos negócios mais lucrativos do mercado, só rivalizando com o mercado de ações, mas que era instável, enquanto que seu negócio era seguro, devidamente lastreado por algumas instituições bancárias fortes. Trafgaman perguntou quais os bancos que estavam dando fianças e Varuna teve que responder.

O arguto Trafgaman arquitetou imediatamente um plano, pelo qual forçaria os bancos a recuar de seu compromisso com Varuna, o que obrigaria o jovem empresário a aceitar suas condições, que, aliás, na sua mente gananciosa, já tinha subido para cinco por cento de tudo que arrecadasse. Trafgaman pediu um tempo para pensar e voltaria a lhe falar em breve.

Com meia dúzia de telefonemas, Trafgaman bloqueou meses de negociação exaustiva que Varuna e sua equipe mantiveram com os bancos particulares. Em menos de uma semana, estes ligaram para o Banco Bahcor desfazendo o negócio com as desculpas mais pobres que puderam pensar. Varuna recebera com muita tranquilidade a notícia. Sua intuição lhe dissera que a conversa com Trafgaman tinha sido um desastre. Algo lhe dizia que era a segunda vez que aquele homem se intrometia no seu caminho. Na primeira, mesmo sem saber de nada, Varuna conseguira resultados bem acima do que Trafgaman poderia imaginar. Não podia prever que aquele jovem se sairia tão bem, que o velho Bahcor ficaria interessado em ajudá-lo, nem que seria assassinado pelo seu próprio filho e que aquele fedelho impertinente acabaria herdando as terras do velho latifundiário e uma grande parte da fortuna do pai. Nesta segunda vez, Trafgaman não queria impedir que Varuna fizesse o negócio, apenas queria que o fizesse com ele.

Varuna tinha três opções. A primeira era continuar seus projetos com seus recursos, o que levaria muitos anos para consolidar algo de realmente portentoso, de forma a propiciar a absorção da mão-de-obra dos pobres e miseráveis de sua província. Essa região tinha cerca de quinze milhões de habitantes, sendo mais de doze milhões pobres e miseráveis. Para gerar empregos para todos, ou a grande maioria, eram precisos investimentos na ordem de quarenta bilhões de coroas imperiais. Varuna tinha um patrimônio próximo de trezentos milhões de coroas, o que seria suficiente para gerar empregos para menos de um por cento da população.

A segunda opção era conseguir investidores particulares. Naturalmente, existiam vários homens ricos que poderiam investir até dez milhões de coroas junto com ele, mas para obter o que queria seria necessário mais de quatro mil sócios. Isso era muito difícil e exigiria um tempo enorme. A última opção era se associar a Trafgaman. Poderia ser um suicídio político, econômico e pessoal, se Varuna não procedesse de forma correta e adequada com um crápula como Trafgaman. Sentou-se com sua equipe e especularam todas as opções e chegaram à conclusão de que Trafgaman poderia ser a morte empresarial para todos, a não ser que conseguissem condições mais favoráveis. Era, portanto, fundamental renegociar as condições imediatamente.

Varuna comentou o assunto com Terapitis, que já esperava o segundo filho, que nasceria forte e robusto e seria batizado com o nome de Bahcor, em homenagem ao avô. Ela estava cada dia mais bela e apaixonada pelo marido, que nutria um forte amor, suave e doce para com aquela mulher que lhe dera tranquilidade no lar, dois belos filhos e muito prazer no leito nupcial. Varuna amava Terapitis, com um amor tranquilo, cheio de paz e segurança. A mulher o ouviu com todo o cuidado e, seguindo sua intuição feminina, disse-lhe:

– Varuna, por que você não procura outro lugar para fazer o que você quer?

– Como assim, meu bem? Que outro lugar? Irei sempre depender da autorização do Senado.

– Não, se você fosse para outro país que não dependesse do Senado Imperial. Pobres e miseráveis existem em todos os lugares do mundo. Não é privilégio deste império. Quantos governos não o receberiam de braços abertos? O que não falta é terra a ser cultivada e pessoas para cultivá-las.

A ideia foi muito mal recebida por Varuna. No fundo, havia um pouco de orgulho ferido com a atitude do pai em desterrá-lo e, depois, em deserdá-lo da cadeira do Senado. Queria demonstrar seu valor em Hurukyan e não num país longínquo. Não disse nada a Terapitis. Não queria magoá-la, mas sua sugestão era descabida. Entretanto, as forças espirituais positivas já intuíam a bela esposa para as possibilidades futuras.

No outro dia, a equipe continuou discutindo o assunto, sem chegar a nenhuma conclusão. No final do dia, Varuna recebeu um convite, que beirava a ordem, para se apresentar a Trafgaman. Para chegar à hora marcada, era preciso pegar o voo da noite e se hospedar num hotel. Passou rapidamente em casa, fez uma pequena mala de viagem, despediu-se da mulher e a informou do convite extemporâneo que recebera de Trafgaman. Terapitis o acumulou de conselhos de calma e prudência. Varuna já não era mais tão ingênuo. Aprendera a ser prudente, externando o seu pensamento de forma comedida, não se entusiasmando com as aparências.

Trafgaman o esperava na hora marcada, com um rosto severo, e um olhar duro. Varuna sentiu que a pose do velho senador era intimidadora.

– Então, Varuna Mandrekhan, pensou na minha oferta? – perguntou de chofre a velha raposa.

– Pensei, Excelência – disse Varuna, curvando-se levemente perante a autoridade.

– E aí, rapaz? Não tenho o dia inteiro para perder. Qual é a sua resposta? – Trafgaman tinha absoluta certeza de que Varuna cederia.

– Resolvi não fazer mais o negócio – disse Varuna, após se sentar confortavelmente, mesmo não tendo sido convidado. E, sem deixar oportunidade de o velho lhe perguntar nada, Varuna continuou a sua exposição de forma calma e bem lenta, como se procurasse irritá-lo. Algo dentro dele dizia que deveria ser mais prudente, mas Trafgaman era revoltante e Varuna não podia aturar seus modos superiores. – Pensei bem no negócio que me foi proposto e cheguei à conclusão de que para se ir à falência é melhor ir sozinho. Uma poupança popular envolveria milhões de pessoas, desde ricos e poderosos, até gente mais humilde que deseja um refrigério para os dias de velhice. Envolver essas pessoas num negócio arriscado seria uma falta de caráter de minha parte. Seu banco ficaria com quatro por cento...

— Cinco por cento — interrompeu Trafgaman.

— Pior ainda. Se com quatro já era difícil, com cinco é impraticável. O máximo que eu poderia pagar pelos serviços de captação seria um por cento, o que já seria um ótimo negócio para seu banco. Pense bem, Excelência, isso representaria quatrocentos milhões de coroas imperiais por ano.

— Um por cento? Trabalhar tanto para ganhar um por cento? Você deve estar completamente fora de si — disse Trafgaman, dando um pulo de sua cadeira de espaldar alto.

Varuna o encarou com um leve sorriso irônico e disse, muito calmamente:

— Seu banco teve um lucro, no ano passado, de pouco mais de quatrocentos milhões de coroas. Afinal das contas, o senhor pode ser riquíssimo, mas seu banco é uma instituição de médio porte. Quatrocentos milhões de coroas é muito dinheiro, mesmo para vossa excelência. O que estou lhe propondo é dobrar esse lucro, sem nenhum custo adicional. Todo o trabalho de divulgação será nosso. Por outro lado, se seu banco não aceitar, existem outros meios que nós estamos investigando.

— Quais? Nenhum banco irá ajudá-lo.

— Sim, em Hurukyan, não há banco que não lhe obedeça, mas Ahtilantê é um planeta grande e há outras nações importantes que desejam nossos investimentos e minhas ideias. Afinal das contas, o que estou pronto para implantar é um negócio que representa alguns bilhões de coroas. E dinheiro, meu caro senador, não tem pátria. Qualquer outro país, abrirá suas portas para meio bilhão de coroas.

— Tudo isso! Você já tem tudo isso? — perguntou espantado o senador.

— Não, senador, eu tenho muito mais. Isso é apenas o dinheiro disponível para um investimento a curto prazo.

— Não é verdade. Minhas fontes dizem que você só tem cinquenta milhões e que tem mais trezentos milhões imobilizados em terras, implementos agrícolas e outros ativos. Como você espera tirar isso tudo de Hurukyan? – disse escarnecendo o senador.

– Ora, senador, nem parece que o senhor é um homem do mundo! – disse Varuna, rindo, com um sorriso maroto. – É óbvio que eu não deixaria todo o meu dinheiro num único lugar. O senhor não acha?

Os olhos do senador estavam arregalados. Não era possível que aquele jovem, mal saído dos seus cueiros, tivesse dinheiro em algum paraíso fiscal. Havia tantos que seria impossível encontrá-lo. Além disso, havia paraísos fiscais que não exigiam nada para abrir contas, apenas boas somas de dinheiro. Klandir dissera que dera cem milhões de coroas, mas qual seria a fortuna do velho Bahcor? Quanto seria a fortuna daquele crápula do Bradonin, que estava mofando numa prisão imperial? Será que Varuna se apossara do dinheiro do velho Bahcor e do de Bradonin? Afinal das contas, se esse jovem tinha bastante topete para vir desafiá-lo, deveria ter algo que ele não sabia. E se ele realmente tivesse todo esse dinheiro, seria facilmente aceito em qualquer país pobre. O que ele propunha? Um por cento? Eram quatrocentos milhões de coroas! Muito dinheiro! Seu banco bem que poderia aceitar o negócio. Um por cento era pouco, mas no futuro poderia extorquir muito mais deste jovem insolente. O velho pensava com extrema rapidez. Sentia um bom negócio fugir de suas mãos.

– Você tem dinheiro no exterior?

– O senhor sabe que isso é proibido. Eu não faria nada de ilegal, assim como tenho certeza de que o senhor também não o faria.

O sorriso de Varuna era quase sarcástico. Fez menção de se levantar. O velho reagiu imediatamente.

– Três por cento. É minha última oferta.

– Um por cento já é bom demais, senador.

– Dois por cento, só porque você é filho do primeiro-cônsul.

– Um por cento só porque o senhor já foi primeiro-cônsul.

Varuna se levantou, curvou-se levemente para o senador e dirigiu-se à porta.

– Que diabo! Que seja um por cento, então.

Varuna voltou-se para o senador e lhe disse com um sorriso amplo, amigável, quase infantil, um pouco falso:

– Negócio fechado, senador. O senhor fez um excelente negócio.

Combinaram que os advogados redigiriam uma minuta para ser assinada o mais breve possível. Depois disso, o projeto de lei passaria facilmente no Senado. Palavra de Trafgaman!

Um homem como Trafgaman tinha seu tempo todo tomado e delegava as funções para outras pessoas, que ele tratava como se fossem escravos. Delegar é preciso, mas cobrar a delegação é fundamental. Trafgaman desconfiava de todos, menos de seu advogado, Cherry Pondatur. O contrato foi redigido em comum acordo entre Pondatur, Hodorick e Varuna. Desde o início, Pondatur demonstrara excessiva boa vontade, não obstaculizando nada para o Banco Bahcor e até sugerindo artigos no contrato que frontalmente favoreciam ao pequeno grupo provincial. Entre esses artigos constava o fato de a fiança bancária ser exclusiva de Trafgaman, o qual empenhava sua fortuna pessoal, além dos recursos do seu banco para cobrir eventuais inadimplências que o Banco Bahcor pudesse vir a ter. Aliás, essa cláusula era exigida pelas autoridades monetárias hurukyanas, sem as quais o alvará não poderia ser concedido pelo estado. Cherry não sugeriu sequer que o Banco Bahcor e seus controladores, Varuna e seus associados, também fossem co-responsáveis, o que seria mais do que natural. Varuna sentia em Cherry Pondatur, um homem angustiado e profundamente magoado com Trafgaman. Ele pressentiu que Pondatur era o inimigo secreto de Trafgaman e tudo faria para prejudicá-lo, mas não o demonstrava abertamente. Sua consciência lhe dizia que o contrato era imoral, mas Trafgaman não corria grande risco, já que pretendia administrar bem seu negócio, jamais levando-o à inadimplência. Varuna alertou Pondatur dos riscos daquele contrato e que, se Trafgaman descobrisse, sua vida valeria pouco. Pondatur riu e lhe disse, com um olhar cheio de amargura, que sua vida já não valia mais nada mesmo.

O contrato não foi sequer discutido com Trafgaman, que assinou quase sem lê-lo. Cherry, muito astuciosamente, deu uma minuta levemente diferente para que a raposa lesse, o que fez de forma apressada e, na hora de formalizar, o advogado do senador agendou um horário impróprio para seu cliente; poucos minutos antes de uma viagem importante de Trafgaman. O contrato foi assinado sem maiores leituras. O contrato era uma espada sobre a cabeça de Trafgaman, caso ele não honrasse a sua parte do negócio.

Um mês depois, o império aprovava a carta patente para o Banco Bahcor, sem nenhuma dificuldade. Dentro de dois meses, Abcobrem lançava seu grande plano de captação de recursos. As principais revistas do país faziam extensas reportagens, mostrando tudo que já fora feito e os projetos futuros. O mesmo acontecia com as televisões, e os programas especializados em projetos rurais passaram a mostrar os projetos agropecuários e agroindustriais do Banco Bahcor. Varuna fora entrevistado em diversos programas e tornava-se rapidamente uma figura conhecida do grande público. Grandes investidores conhecidos do povo que receberam condições especiais do Banco Bahcor davam testemunho de que investir nos projetos do banco era um grande negócio e que a poupança mais bem remunerada, cerca de dezoito por cento ao ano, era segura e sólida. Em alguns meses, a poupança do Banco Bahcor tinha mais de oito milhões de investidores, numa média de cinco mil coroas imperiais. Com esse volume de recursos, Varuna pôde acelerar os seus projetos, já que contava com quarenta bilhões de coroas.

Foram implantados no decorrer de dois anos mais de três mil projetos de fazendas coletivas na província de Talumanak. Além disso, vários outros empreendedores sentiram-se atraídos pela dinamização da região. Nos anos que se seguiram, a província recebeu um influxo de centenas de milhões de coroas, com projetos agropastoris, agroindustriais, transportes, indústrias em geral e serviços. A criação de empregos gerou uma acumulação de riqueza muito vantajosa para todos os habitantes. As favelas da capital provinciana foram sendo desativadas de forma gradativa. Muitos saíam da favela à procura de empregos no interior ou para novos bairros que eram construídos. O governo provincial recolhia mais impostos e pôde melhorar as condições higiênicas da cidade. Novos bairros foram surgindo das antigas favelas, que foram destruídas, já que quase não tinham mais habitantes. A capital provincial embelezou-se sobremaneira e tornou-se um ponto de atração turística, após construir um enorme *Zig-Ghurar-Teh*.

Varuna recebia os novos investidores de abraços abertos, mesmo os que iriam competir diretamente com ele. Havia espaço para todos. Em pouco tempo, Varuna tornou-se presidente de uma associação patronal que se correspondia sem muitos conflitos sérios com os sindicatos de empregados. Como presidente dessa associação, Varuna era convidado a proferir palestras em quase todas as províncias do império. O sucesso dos projetos e da forma simples de desenvolvê-los notabilizou Varuna no exterior. Os convites para palestras em outros países era uma constante na vida do nosso amigo, agora já atingindo os trinta anos de existência.

Numa dessas viagens a um pequeno país dos púrpuras, que demonstrava ainda forte subdesenvolvimento, os governantes convidaram Varuna a investir ali. Varuna pensou muito no assunto e resolveu, depois de consultar sua equipe, abrir uma filial do Banco Bahcor em Milatan, capital da república Gosminiana. O desenvolvimento dos projetos no local foi lento e os resultados muito pobres, mas a equipe do banco logo erradicou o problema que repousava sobre os fracos gerentes enviados. Na realidade, os gerentes eram azuis e nutriam pelos púrpuras um profundo racismo, sempre os achando incompetentes e fracos. Varuna recambiou-os à pátria e contratou gerentes locais, púrpuras, treinando-os. Os resultados não tardaram a acontecer. Os púrpuras, com cultura diferente dos azuis, relacionavam-se bem com seus pares e obtiveram resultados excelentes. Tratava-se de um povo muito trabalhador e dedicado, e, na medida em que lhes eram dadas as devidas oportunidades, agarravam-nas com unhas e dentes.

Outros países púrpuras solicitavam do Banco Bahcor cada vez mais treinamento, palestras e investimentos. Em poucos anos, os púrpuras representavam mais de sessenta por cento dos investimentos do banco e mais de oitenta por cento de seus lucros. Varuna tinha adquirido sobre esses povos uma predominância de tal natureza, especialmente pelos seus exemplos que, se porventura viesse a se candidatar a algum cargo eletivo, teria sido eleito com esmagadora maioria.

Varuna agora beirava os trinta e cinco anos, tendo sabido retirar de seus eventuais fracassos lições que o tornavam maduro; assim como de seus sucessos retirava a lição que o tornara humilde. Sabia que o sucesso é um trabalho de grupo; e o fracasso muitas vezes é solitário. Nesse período, os vários países pequenos do Norte Ocidental, os mais pobres, e onde se concentravam os maiores investimentos do Banco Bahcor, viviam em contínuas disputas que, por pouco, não geravam guerras entre eles. Varuna sabia que a guerra, além de seu aspecto terrível para os povos, era péssimo para os negócios e, desse modo, começou a se empenhar pessoalmente para que esses conflitos não acontecessem.

Usando de sua influência junto aos governantes das repúblicas dos púrpuras, começou a preparar seu grande plano: a constituição de uma confederação. Varuna desistira de implantar essa ideia junto ao império Hurukyan. Klandir já não era mais o primeiro-cônsul e vários já tinham passado por esse posto, cada um mais furioso em querer aumentar as conquistas territoriais. Como o império fora construído sobre o sangue dos azuis e verdes do oriente, os ideais pacifistas de Varuna não eram bem acolhidos e quase sempre eram ridicularizados. Já no Norte Ocidental, os povos mais humildes e sofridos recebiam essas ideias de forma mais natural e até com um certo alento de esperança.

Durante dois anos, Varuna fez um trabalho de bastidores, usando de persuasão e mostrando as vantagens de uma confederação para os países mais pobres. A primeira grande reunião que iria lançar as bases de uma união foi patrocinada por Varuna, após muitas discussões e contratempos. Não foi um sucesso completo, mas algumas boas intenções foram marcadas. A segunda reunião levou quase seis meses para sair e não obteve muito mais resultados do que a primeira. Varuna sentia que velhas rivalidades e ódios enchiam as discussões, não se chegando a resultados mais palpáveis devido a preconceitos e tolices de parte a parte.

Um fato veio, todavia, a acelerar a primeira confederação de Ahtilantê: uma terrível guerra entre nações de povos púrpuras do continente sul-ocidental. Essa guerra foi longa e prolongada e trouxe muita miséria e terror aos povos que estavam nos combates. Após dois anos de conflitos sangrentos, o continente sul-ocidental estava semidestruído e milhões de pessoas estavam em triste situação. Esse estado de guerra assustou muito os países norte-ocidentais, e Varuna soube aproveitar a oportunidade para unir os países nortistas.

A primeira confederação denominada de Confederação Norte-ocidental foi constituída, inicialmente, por quatro países da região. A repercussão mundial dessa união foi pequena, pois tratavam-se de países sem grande importância. A maioria dos outros achava que se tratava de um fenômeno de pouca duração e que não teria repercussão mais séria. Mas estavam errados.

Varuna não suportava mais morar em Hurukyan. A província crescera, mas o resto do país estava em permanente conflito. As províncias menores eram infestadas de mendigos, gangues de ruas, roubos, assassinatos, sequestros. A capital, Tchepuat, tinha se transformado numa pocilga de sujeira e miséria. Pessoas dormiam na rua, crianças sem pais andavam em bandos, roubando e saqueando lojas, velhos eram assaltados e mortos em suas residências e o governo era constituído de crápulas e corruptos.

Trafgaman, já com sessenta e cinco anos, resolvera dar um golpe de estado e fora bem sucedido. Já não conseguia mais dominar Klandir, que se aliara a seus antigos desafetos para impedir que Trafgaman continuasse a manter sua nefasta influência. Infelizmente, a ganância subira à cabeça de Klandir, que já não estava mais disposto a dividir com seu antigo sócio os lucros da corrupção que alcançara níveis nunca presenciados.

O império agora já tinha um novo imperador. Em pouco tempo, Trafgaman tornar-se-ia um déspota. O senado foi fechado pelas tropas imperiais e vários senadores foram presos, inclusive Klandir. Trafgaman não poupou até mesmo seus velhos comparsas e arrestou os bens dos senadores. Klandir foi enviado para uma prisão e amanheceu estranhamente degolado. As notícias eram controladas pelo governo e ninguém ousava dizer nada. Nardira, a mãe de Varuna, refugiou-se em sua casa, mas os guardas não pouparam a velha senhora. Fora presa na calada da noite e ninguém sabia onde estava. Varuna procurou interceder por sua mãe, mas Trafgaman sequer o atendeu. Informações vindas de fontes fidedignas davam conta de que sua mãe já não existia mais. Fora morta logo após sua prisão. Sua irmã fugira com o marido e os filhos, e seu destino era incerto.

Varuna sabia que sua vida não valia nada. Durante alguns anos, Trafgaman sempre tentara modificar o contrato inicial, mas o fato de existir uma cláusula pétrea que o colocava em desvantagem sempre o restringira nos seus ímpetos mais ambiciosos. Na primeira vez que tentara algo, Hodorick, cheio de mesuras e falsa humildade, o alertara para a cláusula em questão. Trafgaman pensara seriamente em romper o contrato, mas sentia que isso traria um escândalo muito grande sobre sua pessoa. Naquele tempo, não estava em posição política tão vantajosa. Claro que não pagaria nada a ninguém, podendo fazer o Senado votar uma lei pela qual o estado pagaria essas dívidas assumidas com os investidores. Porém, sua reputação política ficaria abalada. Além disso, poderia matar as galinhas do ovo de ouro em que tinha se transformado o Banco

Bahcor. Voltou sua fúria contra o advogado Cherry, mas este, avisado por Varuna, fugiu com sua família, evitando um lastimável fim. A ordem que Trafgaman dera aos seus esbirros era de matar o advogado, assim como sua mulher, filhos menores e criados. A culpa deveria recair sobre ladrões noturnos e o caso seria abafado. Cherry Pondatur escapou por um triz. Trafgaman detestava Varuna, apenas esperando por uma oportunidade de trucidá-lo.

Varuna não esperou mais, na medida em que soube que sua mãe tinha sido morta. Junto com Terapitis e seus dois filhos adolescentes, sua equipe e todos os familiares, saiu da capital provincial e, num vimana fretado por eles, voaram até o Norte-Ocidental. Mais uma vez Trafgaman interferia na vida de Varuna. Mas, por mais que tentasse prejudicá-lo, novas oportunidades eram dadas ao espírito para que este evoluísse. O governo da Confederação Norte-Ocidental os recebeu de braços abertos, não só porque tinha Varuna em alta estima, mas por que junto com ele vinham alguns bilhões de coroas imperiais, moeda forte aceita em todo o mundo.

Varuna, durante anos, tinha sido prevenido da instável situação em Hurukyan por Abcobrem e, fiando-se no julgamento do seu principal executivo, vinha investindo enormes somas fora do país. Desse modo, quando resolveram sair definitivamente, alguns bilhões de coroas imperiais estavam firmemente investidas em milhares de projetos na Confederação Norte-Ocidental.

Varuna, família e equipe logo se instalaram em Tay-Bhu-Tan, capital da Confederação. Era uma cidade extremamente charmosa, à beira de um belo lago, que desaguava numa série de pequenas cachoeiras, num rio que corria para o oceano. Era cheia de templos, bem diferentes dos *Zig-Ghuhar-Tehs* dos hurukyans e da maioria dos povos azuis. Sua religião era repleta de semideuses, um para cada atividade social e cultural, e para cada fenômeno físico. Varuna e comitiva chegaram em pleno mês de Hut-Tha-Bay, que era reconhecidamente o melhor mês do ano para os púrpuras. Isso foi visto como bom presságio para a Confederação e para os ilustres visitantes. Realmente o foi, já que nos seguintes cinco anos Varuna e sua equipe puderam ampliar os negócios, ajudando a acelerar o desenvolvimento dos confederados.

Mais alguns países vizinhos uniram-se à Confederação e, durante este período, a prosperidade espalhou-se nesse conjunto de povos. Num mundo onde reinavam as disputas por territórios e guerras explodiam permanentemente, os investidores mundiais procuravam um lugar mais calmo e seguro para colocarem seu dinheiro. A Confederação Norte-Ocidental apresentava condições adequadas: mão-de-obra qualificada, inflação baixa, moeda estável e uma legislação que favorecia os investimentos em geral. Os púrpuras sempre tinham se considerado como os favoritos dos deuses, acreditando que sua raça era superior em todos os aspectos sobre as demais. Porém, eles tratavam Varuna de forma diferente. Todos o tinham na mais alta consideração. Varuna demonstrara cabalmente que não era preconceituoso, dando as mesmas chances a verdes, púrpuras, azuis e cinzas. Sua equipe era multirracial e do relacionamento saudável deles muitos casamentos envolvendo várias raças foram celebrados. Além disso, ele dava provas de grande amizade para com todos os púrpuras, fazendo muitas palestras, aconselhando governantes e mediando várias disputas que surgiam entre países pobres e ricos da Confederação.

Um dos aspectos mais importantes da união em confederação é que cada país mantinha sua independência, sua autonomia e sua soberania. Não existia a predominância de um sobre o outro e as costumeiras queixas que um povo fazia, quando se sentia lesado ou quando perdia o direito de regulamentar sua própria vida. Por outro lado, a união de todos tinha algumas vantagens extraordinárias, especialmente no que tangia à moeda única, que aparecia depois de certo tempo. Além de uma moeda mais forte, também a ajuda mútua de todos os países para com os povos, regiões e nações da confederação era um grande acelerador econômico. Ao invés de se ter um país tornando-se rico por alguma razão social ou ecológica, todos se desenvolviam de forma praticamente igual, sendo que os atrasados no processo evolutivo econômico e social recebiam de todos grandes investimentos e fortes incentivos para superarem a sua crise.

Varuna não só explicara isso, como conseguira implementar com sucesso numa das regiões mais pobres de Ahtilantê. A Confederação Norte-Ocidental foi motivo de risos por parte dos demais países ahtilantes, contudo com o seu rápido desenvolvimento e sucessos em erradicar a pobreza, a ignorância e os demais problemas associados à miséria, essa confederação foi alvo de estudos e de investigações sociais e econômicas dos demais. Varuna, após três anos de sua partida precipitada de Hurukyan, foi aclamado pelo Congresso Confederado como consultor-mor, não só pelos seus relevantes serviços prestados, como por seus exemplos e seu enorme poder de conciliar conflitos, criar situações de amizade e conforto entre os povos confederados. O posto de consultor-mor levava-o ao âmago da política confederada.

Os políticos confederados imaginavam que podiam continuar com suas negociatas, porém logo viram que Varuna era incorruptível. No início, tentaram levá-lo a associações corruptas, mas Varuna, cheio de cuidados e gentilezas, fê-los ver que havia outros caminhos para se adquirir a riqueza e se obter a felicidade. Os corruptos continuaram tão tenebrosos quanto antes e não alteraram seu modo distorcido de encarar a realidade. Varuna logo viu que conselhos seriam inúteis e resolveu fundar seu próprio partido.

Dois anos depois, Varuna concorria ao Congresso Confederado, como presidente do Partido Progressista. O nome de Varuna era garantia de sucesso. Ele escolhera os nomes de seus pares com redobrado cuidado. Durante dois anos, ele os selecionara, treinara, educara e preparara com apuro superlativo. Teve que dispensar alguns que não se amoldaram ao grupo e às ideias progressistas do partido. A maioria conseguiu se eleger. O Congresso acabou sendo constituído de mais de sessenta por cento dos partidários de Varuna. Mesmo não sendo nativo da Confederação, sua candidatura fora aceita, já que, pela legislação, era permitido que pessoas naturalizadas tivessem o mesmo direito dos nativos. Varuna, sendo naturalizado, podia ser eleito como se nativo fosse.

Varuna tornou-se primeiro-cônsul congressual e seu governo de quatro anos foi pontilhado de grandes realizações. Houve fortes incentivos fiscais para que investimentos locais e estrangeiros pudessem ser canalizados para os países e regiões mais pobres da Confederação. Nenhuma guerra foi encetada, de forma que a paz reinava, atraindo cada vez mais recursos dos ricos hurukyans, que preferiam investir na Confederação, do que no império Hurukyan. Em quatro anos, grandes realizações levaram Varuna e seu partido a serem reeleitos, agora com uma maioria tão esmagadora, que ocupava quase oitenta por cento do Congresso. Por uma questão puramente política, Varuna indicou como primeiro-cônsul um homem da raça púrpura, de cinquenta e poucos anos, que demonstrara firmeza de caráter, liderança e honestidade acima de qualquer suspeita. Thai-The-Leen era de uma probidade tão excepcional, com uma mente tão lúcida que Varuna tinha por ele admiração e respeito. A economia cresceu a ritmos tão rápidos que chamaram a atenção dos ahtilantes. E nada melhor do que um bom exemplo para incentivar a cópia e o aperfeiçoamento.

Os sul-ocidentais, constituídos de maioria púrpura, eram tão guerreiros quanto os azuis e os verdes. Viviam constantemente em disputas territoriais entre eles, e isso minava seriamente sua economia. Varuna mantivera contatos com vários países sul-ocidentais e sua pregação libertária e fusão confederativa caíram no vazio. Durante muitos anos, Varuna receava investir os recursos do seu grande banco de investimentos e desenvolvimento naqueles países, assim como retirara-se completamente do império Hurukyan.

Trafgaman apareceu morto numa bela manhã, brutalmente chacinado pela sua guarda imperial, antiga guarda senatorial, e substituído por um obscuro e desconhecido general do exército imperial, que assumiu o império de forma ilegal e arbitrária. Após o golpe de estado, o general consolidou seu poder de forma extremamente cruel. Esse celerado cercou-se de uma série de esbirros e cúmplices de qualidade moral igual ou pior que a dele. Seus atos imediatos geraram fatos graves para a história ahtilante. O império Hurukyan expandiu-se de forma rápida com diversas invasões e anexações dos vizinhos. Os países sul-ocidentais conseguiram chegar a bom termo, com medo, principalmente, do império Hurukyan e sua força militar, e constituíram, quase que imediatamente, duas grandes confederações. Com a consequente paz que se originou destes entendimentos, as duas novas confederações conseguiram expandir em muito seu comércio, especialmente nos países norte-ocidentais independentes, na Confederação Norte-Ocidental, onde morava Varuna e, fato mais grave, nos países satélites do império Hurukyan, o que viria a gerar, em futuro breve, um conflito mundial.

Varuna não fora o responsável direto por essas mudanças na constituição das confederações sul-ocidentais, mas sim a atitude violenta e agressiva do império Hurukyan. Enquanto Trafgaman foi o imperador, as guerras caíram a níveis mínimos, pois ele não era dado a grandes conquistas e preferia articular seus negócios em clima de paz relativa, o que o tornara o homem mais rico de Ahtilantê. Entretanto, Katlach, o golpista que matara Trafgaman e que tomara o trono, era o contrário. Sua preocupação era tornar-se famoso através de conquistas. Queria passar para a história como o homem que conquistara o mundo. Isso assustou a todos indiscriminadamente. Suas primeiras conquistas se localizaram no mesmo continente do império. Em menos de dois anos, quase dobrara o tamanho, guerreando com seis nações separadamente, vencendo-as pela força das armas. O total do império ocupava pouco menos da metade do continente oriental.

As pretensões de Katlach eram psicopáticas, desejando fundar um império mundial que duraria mil anos. Nada o impedia de continuar sua expansão territorial.

Os púrpuras assustaram-se com essas conquistas, estabelecendo um pacto de não-agressão entre eles e de apoio mútuo contra futuros ataques do império. Com o decorrer dos anos, solidificaram os seus acordos e, seguindo os exemplos de seus irmãos do norte, fundaram as confederações que viriam finalmente entrar em conflito militar com Hurukyan.

O déspota, assim que assumiu o trono hurukyano, mandou exterminar toda e qualquer oposição dentro e fora do país. No império, durante seu longo e tenebroso reinado de terror, mandou matar mais de dez milhões de hurukyans por temer uma revolta popular. Quando começou a invadir os seus vizinhos, Varuna e vários outros hurukyans exilados levantaram a voz contra esse arbítrio injustificado. Com isso, esses ousados homens de bem foram sentenciados à morte por Katlach. Muitos conseguiram fugir da sua sanha assassina, escondendo-se em locais ignorados, porém Varuna era um homem público, que proferia conferências, visitava projetos industriais, privava da intimidade de governantes, congressistas e, portanto, vivia exposto. Nada disso, porém impediu Katlach de articular um plano de morte. Varuna era uma figura mundial. Sua influência era muito forte. Poderia motivar a que todos se unissem contra o seu império e isso não deveria acontecer ainda. Katlach não se achava ainda suficientemente forte para guerrear contra todos ao mesmo tempo. Seus exércitos estavam muito espalhados em conquistas limítrofes. Era preciso calar Varuna, pois ele não perdia uma única oportunidade para se pronunciar, em todos os lugares, contra o déspota e o perigo do império Hurukyan.

Havia vários outros hurukyans exilados que também se pronunciavam contra as invasões e anexações forçadas de Katlach. Muitas outras vozes de púrpuras, verdes e azuis alertavam o mundo para o perigo da doutrina que norteava Katlach, a superioridade racial dos azuis sobre todos os outros povos. Era uma doutrina racial sem nenhuma base científica, já que as cores da epiderme eram ditadas muito mais por razões ecológicas do que supremacia genética. Mas os adeptos desse racismo cresciam dia a dia, sendo constituídos especialmente de todos os desajustados, os loucos, os depravados e os complexados. Quantos seres não conseguiam sucesso no mundo, seja nos seus negócios, seja no seu trabalho, ou junto ao sexo oposto e, por isso, viam no racismo a panaceia de todos os males que sofreram no mundo. Era culpa dos púrpuras se os negócios não prosperavam, já que os artigos dos púrpuras eram melhores e mais baratos. Era culpa dos cinzas que viviam trabalhando por salários inferiores aos seus, e por isso, usurpavam seus negócios. E assim por diante, o raciocínio distorcido levava os azuis a se tornarem cada vez mais intolerantes para com os outros.

Muitas vozes levantaram-se contra aquela ignomínia, mas a voz de Varuna era a que tinha mais força e poder de persuasão entre os seus pares. Varuna não podia continuar vivo, pois poderia pressionar os púrpuras e os verdes a boicotarem os produtos hurukyans, impedir o livre comércio do império e, pior do que isso, não vender mais os produtos agrícolas para o império, cuja agricultura estava totalmente dependente da importação. Os jovens eram recrutados, à força, para os exércitos e deixavam os campos abandonados. Os mais velhos e as mulheres preferiam viver nas cidades e, logo, grandes favelas enchiam a outrora bela Tchepuat.

Uma equipe de esbirros altamente treinada foi destacada por Katlach com o intuito de assassinar Varuna. Viajaram separadamente, entrando em Tay-Bhu-Tan em dias diferentes, como se fossem turistas. Reuniram-se após alguns dias e prepararam detalhadamente cada movimento do assassinato. Souberam de uma festividade em que Varuna seria homenageado. Planejaram durante dias a melhor forma de trucidar o grande líder.

– Senhores e senhoras, temos o prazer de receber o presidente da Confederação.

O anunciador interrompera as conversações dos presentes ao jantar beneficente e um homem, alto, magro, atlético, de porte majestoso, maduro, adentrou o salão. Uma salva de palmas o recebeu.

O homem transpirava simpatia e aproximou-se do palco armado. O anunciador entregou-lhe um pequeno aparelho que ele colocou perto da lapela e começou a falar. Sua voz chegava alto em todos os cantos devido à amplificação do pequeno dispositivo.

– Há vinte anos, Varuna Mandrekhan chegou em nossa terra. Feliz o dia de sua chegada!

Houve uma saraivada de aplausos, acompanhados de gritos e saudações. Realmente, Varuna era muito benquisto.

– Durante esse tempo, Varuna nos mostrou um caminho nunca trilhado. Seu dinheiro transformou-se em esperanças para os mais pobres. Seus planos abrangiam desde os menos capacitados aos mais bem preparados. Sua forma de administrar seu banco nos mostrou um modo novo de encarar a riqueza. Antes, olhávamos o dinheiro como uma coisa suja, motivo de crimes e pecados. No entanto, com Varuna, tornou-se um instrumento da Providência Divina, seja ajudando a combater a miséria, seja criando oportunidades de crescimento pessoal, de evolução espiritual. Varuna nos demostrou tudo isso com seus atos e sua forma generosa de ser.

O presidente fez uma pequena pausa e, finalmente, anunciou:

– Sem maiores delongas, senhoras e senhores, com vocês, lorde Varuna.

A audiência, que estava sentada em grandes mesas redondas, levantou-se e, num frenético aplauso, recebeu Varuna, que apareceu detrás de uma cortina.

– Meus amigos, é um imenso prazer estar aqui nesta noite memorável. Nosso presidente muito bem lembrou de minha chegada há vinte anos. No entanto não mencionou a forma generosa como fomos recebidos. Se não fosse pela amabilidade e cortesia com que fomos tratados, jamais poderíamos desenvolver o trabalho que fizemos. Mas, por outro lado, se não fosse por uma equipe dedicada e empreendedora, nossas ideias estariam ainda dormitando no fundo de alguma gaveta.

Varuna olhou em direção a Terapitis e sorriu-lhe:

– Não posso esquecer também minha esposa, que, com sua paciência, amor e palavras de bom ânimo, fez com que muitas jornadas negras pudessem se transformar em resultados radiosos.

Uma grande salva de aplausos foi o coroamento do comentário que Varuna fizera para sua amiga e companheira de todos os dias. Terapitis também era muito amada por suas obras, especialmente em relação à recuperação dos condenados quando eram soltos. Sua preocupação levara Varuna a dedicar fortes investimentos privados com o intuito de reintegrar efetivamente o antigo condenado à sociedade.

– No entanto, não sou eu, Varuna, o verdadeiro merecedor desta homenagem. Diria que sou antes o representante não só de uma empresa ou um partido político, mas de uma nova corrente de pensamento que invade nosso mundo.

Um movimento de cabeça acrescido de um murmúrio na plateia demonstrava que as pessoas concordavam com Varuna.

– Nestes últimos anos, começamos a concentrar nosso esforço para combater a miséria, não através de um assistencialismo paternalista, mas criando verdadeiras e duradouras oportunidades para que as pessoas pudessem sair da situação de sub-humanidade em que viviam. Acreditávamos, erroneamente, que através e unicamente através da educação é que poderíamos combater a miséria, esquecendo que sem um esforço coordenado das elites, gerando empregos, investindo, ampliando seus negócios e estimulando a criação de pequenos empreendimentos, nada adiantava. Não é criando um exército de instruídos que mudamos o mundo. É desenvolvendo harmoniosamente todos os aspectos da sociedade, esquecendo as filosofias que falam mal do dinheiro e enaltecendo mais o fato de que a riqueza é apenas um instrumento e, como tal, não tem valor moral. Apenas seu uso, sua obtenção e sua manipulação é que devem estar sujeitas a leis morais e divinas. A riqueza, assim como as ciências econômicas, é também parte da Providência Divina.

A assembleia aclamou freneticamente as palavras calmas de Varuna, que parou um instante para permitir que as pessoas pudessem extravasar sua alegria. Quando o clamor diminuiu, ele retomou a palavra. No entanto, mudou sua fisionomia, tornando-se mais grave. A plateia sentiu que Varuna tinha algo de profundo para dizer.

– Mas, meus amigos, não devemos esquecer que em Ahtilantê ainda existe muita miséria, muito sofrimento e, principalmente, muita injustiça. Enquanto lutamos para combater a miséria, existem aqueles que lutam para destruir tudo que construímos. Há aqueles que, na calada da noite, trafegam com a morte em armas e drogas potentes. Há tiranos que se regozijam com anexações descabidas, invasões de países vizinhos e a carnificina de minorias raciais e religiosas. Não é possível que Ahtilantê, com mais de sessenta séculos de civilização, ainda apresente barbárie dessa espécie! Pessoas como o tirano Katlach são intoleráveis num planeta idílico como o nosso! E o que podemos fazer a respeito?

Um silêncio sepulcral havia caído sobre a plateia. Varuna falava com um timbre quase metálico em sua voz agora já não tão calma.

– Pois eu lhes digo: boicotem os produtos de Hurukyan. Isolem-nos do mundo. Preparem-se para a guerra; é a única coisa que poderá impedir Katlach de nos atacar. Não comercializem com o tirano. Numa época de economia globalizada como a nossa, nenhum país poderá se tornar uma ilha. É chegada a época de lutarmos contra todas as formas de tirania, especialmente aquelas que transformam os homens em escravos, impedindo que decidam seus destinos por si próprios.

A plateia, mais uma vez, aplaudiu Varuna. No entanto, agora os cenhos estavam mais carregados. Todos sabiam que uma guerra com Katlach seria quase inevitável e os presentes não queriam que tal fato acontecesse. Eles não tinham certeza de que seriam vitoriosos. O império ainda era muito poderoso, tendo uma aviação muito forte e seus guerreiros eram de renomada força.

Varuna, sabendo que havia alcançado o ponto de alertá-los para o perigo que representava Katlach, terminou sua preleção com palavras de encorajamento.

– Amigos, longe de mim querer estragar esta festa com nuvens de guerra ou tom de hostilidade. Vejam em minhas palavras um aviso para se prepararem contra um inimigo real e implacável. Que Deus nos abençoe a todos! Muito obrigado a todos pela gentileza desta homenagem.

Todos se levantaram para, mais uma vez, aplaudir Varuna. Terapitis saiu de seu lugar para colocar-se ao lado do marido, enquanto o presidente colocava no peito largo e forte de Varuna uma bela comenda. O casal saiu da grande sala sob intenso aplauso e foi levado a uma bela limousine que os esperava na porta. O motorista já havia aberto a porta e dois seguranças pessoais postaram-se ao lado do homenageado.

Terapitis foi a primeira a entrar no carro, seguida do marido, dos dois seguranças e do chofer, que rodeou o automóvel, entrando em seu lugar. Ele deu a partida e contornou lentamente o grande jardim, que estava repleto de outros carros. O presidente, acompanhado de algumas autoridades e mais os dois filhos adultos de Varuna, acompanhou o carro, acenando para Varuna, até quando o veiculo fez a última curva para sair do largo pátio. Naquele momento, o carro onde Varuna estava explodiu.

* * *

Varuna abriu os olhos e se viu deitado numa cama diferente da sua, num quarto todo branco, com um mobiliário simples, mas limpo. Levou um certo tempo tentando entender a situação e, bastante tonto, lembrou-se da explosão e, depois, tudo ficara escuro. Imaginou que devia ter sobrevivido de forma milagrosa e fora internado num hospital. Tentou levantar-se, mas as pernas e os braços estavam um pouco enfraquecidos. Seu corpo todo doía e ele tremia um pouco.

Notou, perto de sua cama, um pequeno interruptor que pensou se tratar de uma campainha para chamar a enfermeira. Sentia sede e fome. Apertou o interruptor e aguardou. Menos de um minuto depois, entrou uma senhora, com expressão muito doce, ar matronal, vestida de azul-claro, típico das enfermeiras, e lhe dirigiu a palavra.

– Vejo que nosso amigo já acordou. Que bom! Como está se sentindo?

– Um pouco trêmulo, com fraqueza geral e muita sede.

– Então vamos providenciar algo para você beber.

E, assim dizendo, pegou água de uma vasilha que estava sobre uma mesinha de cabeceira e deu-lhe de beber.

Varuna bebeu da água e lhe pareceu que nunca bebera algo tão delicioso, refrescante e revigorante. Mas sua preocupação quanto ao seu estado geral era grande e, especialmente, quanto a sua esposa.

– Gostaria de saber como vim parar neste hospital. Foi algo relacionado com a explosão? Minha esposa está bem? E os demais que estavam comigo? Posso falar com um médico?

As perguntas choviam. A senhora sorriu placidamente e lhe disse:

– Calma, senhor Varuna. Todas as suas perguntas lhe serão respondidas por um amigo seu, que já está vindo aqui para o atender. Tenha um pouco de calma que, em breve, você estará voando por aí.

A última frase fora dita em tom jocoso, e Varuna riu junto com a enfermeira. Ela lhe perguntou se estava com fome e o que queria comer. Ele respondeu que estava faminto e que gostaria de comer uma das delícias ahtilantes feitas com galeto, grãos de trigo e legumes. Ela lhe disse que podia providenciar tudo menos o galeto, mas que traria algo bem saboroso. A enfermeira saiu do quarto e retornou em menos de dois minutos, trazendo uma bandeja com pães, grãos de trigo, legumes variados e um grande copo de um suco de uma fruta ahtilante deliciosa. Varuna constatou que aquele hospital tinha um serviço fabuloso e, provavelmente, não devia ser público. Será que estavam gastando uma fortuna com diárias? Há quantos dias estaria deitado? Por que não o tinham colocado numa sonda?

Varuna comeu tudo com apetite voraz e convenceu-se de que jamais degustara comida tão deliciosa quanto aquela. Que serviço primoroso! Assim que terminou de comer, entrou um homem de idade madura, não mais de quarenta anos, porte majestoso, sorriso franco nos lábios, pele púrpura de tez magnífica, demonstrando extrema vitalidade e saúde impecável. Estava vestido com uma toga branca, com frisos dourados, uma corrente de ouro pendia de seu pescoço e, nos seus pulsos, havia duas correntes de ouro, com incrustações de rubis e esmeraldas. Não o conhecia, mas sua memória lhe dizia que conhecera alguém parecido, mas não se lembrava de onde.

– Ora, ora, meu amigo Varuna. Como vai? Está se sentindo bem? – perguntou-lhe o desconhecido, abrindo os braços, com um belo e amistoso sorriso nos lábios.

Varuna se perguntava de onde conhecia aquele homem e por que o tratava com tamanha intimidade. Era óbvio que o homem o conhecia, mas sua memória o traía, pois não se lembrava dele.

– Bem, isto é, estou um pouco tonto. Aliás, já melhorei depois dessa refeição maravilhosa. Que hospital é este?

– É o Posto Socorrista Amado Coração Divino.

Não o conhecia. Será que se localizava em Tay-Bhu-Tan? Não conseguia ouvir muito barulho no exterior. Será que estava nos subúrbios afastados da capital?

– Não conheço este hospital, mas me parece ser excelente.

– E é, meu amigo. E é! – respondeu afetuosamente o desconhecido, puxando uma cadeira para sentar-se perto de Varuna. Enquanto isso, a enfermeira saía do quarto, levando a bandeja, dizendo que, se precisassem dela, era só chamá-la. Varuna olhou o desconhecido de mais perto e parecia conhecê-lo, mas a memória não o ajudava. Resolveu perguntar pela esposa.

– O senhor sabe me informar se a minha esposa está bem e se posso vê-la? Gostaria também de ter notícias dos demais ocupantes do veículo em que eu estava.

– O senhor verá sua esposa em breve, muito breve. Quantos aos seus demais companheiros, não se encontram atendidos neste hospital, mas logo terá notícias deles. Agora, preciso lhe dizer algumas coisas para que possa sair logo daqui, voltando a se tornar útil à sociedade.

Essas palavras animaram muito o nosso doente. Sair logo dali e voltar à atividade, imaginou.

– Não falei que você irá voltar ao seu trabalho no banco. Isso não será mais possível, meu caro Varuna.

Varuna assustou-se. Não falara em voltar ao banco, e sim pensara. O que era isso tudo?

– Varuna, será que mudei tanto que você não se lembra mais de mim? – perguntou o visitante, com olhar circunspecto.

– Sinto muito, meu amigo. Não sei se é a tonteira ou uma certa angústia de sair logo daqui, mas não consigo lembrar seu nome.

– Tek-Soplah. Eu sou Tek-Soplah, seu professor de filosofia. Lembra-se agora?

Em primeira instância, o nome não soara familiar. Tek-Soplah, quem era? Professor de filosofia? Gradativamente, a memória foi voltando e, nas brumas do passado, foi aparecendo a figura do velho professor. Mas fazia mais de trinta e oito anos! Aquele velho professor, que já tinha mais de setenta anos na época, deveria ter agora perto de cento e dez anos. Pouquíssima gente vive tanto assim! Por outro lado, deveria ser brincadeira, aquele homem aparentava ter, no máximo, quarenta anos. Varuna foi ficando irritado.

– Desculpe, não estou muito bem para brincadeiras, hoje. Peço-lhe desculpas se não acho graça, mas Tek-Soplah, meu antigo professor de filosofia, teria hoje cerca de cento e dez anos.

– Isso mesmo. Para ser exato, cento e oito anos.

Agora já era demais, o homem confirmava que estava brincando com ele. Será que ninguém tinha respeito por uma pessoa doente naquele hospital?

– Você não está doente, meu caro amigo.

Novamente o homem lera seu pensamento.

– Não sei que tipo de truque é esse que você pratica. Você lê pensamentos ou é algo assim? Você é por acaso algum mágico?

O homem riu, irritando ainda mais Varuna.

– Claro que não. Sou um espírito, aliás, como você. – E, mudando o tom da voz, tornando-se mais sério, ele perguntou de chofre – Onde você pensa que está, meu amigo? Sabe? Gostaria de saber?

Varuna estava pasmo. O homem estava rindo dele ou divertindo-se às suas custas?

– Já que você não quer acreditar. Vou levá-lo para um passeio. Gostaria?

Sem esperar que Varuna respondesse, o homem ajudou-o a sair da cama e o levou para fora do quarto. Na medida em que ele andava, parecia que suas forças voltavam. Andaram por um curto corredor e saíram num átrio, de onde podiam descortinar vários andares do prédio. O homem ajudou-o a ir até a saída, que dava para um belíssimo jardim, florido, com estátuas e uma fonte d'água. O homem segurou sua mão fortemente e lhe disse.

– Olhe lá no horizonte e me diga o que está vendo.

Varuna olhou e o que viu gelou seu sangue. Sentiu um pavor invadi-lo, sua cabeça girou rapidamente, suas pernas falharam, como se o solo tivesse sumido debaixo delas e sua boca abriu-se desmesuradamente à procura de ar.

Lá estava ao longe o planeta Ahtilantê, girando lentamente no espaço, dourado, reluzente, com o sol de Capela, enorme, rubro, faiscante no horizonte, indo se esconder atrás do grande planeta.

– Olhe com calma e me diga onde você está. Seja forte!

Varuna tomou um longo hausto e disse:

– Estou morto. Estou morto.

– Não, meu amigo. Você nunca esteve tão vivo quanto hoje.

Varuna desabou pesadamente nos braços do desconhecido, que o levantou como se fosse uma criança, levando-o carinhosamente de volta para o quarto. Voltou a acomodá-lo na cama. Nesse momento, Varuna, começando a se recuperar do susto que tivera, comentou:

– Não é possível! Estou morto. Somente morto poderia estar no espaço sideral a milhares de quilômetros de Ahtilantê. O que houve? Pelo amor de Deus, diga-me tudo, meu amigo, conte-me o que está se passando.

Varuna fora colocado recostado na cama e tomara um grande gole de água, que logo o recompôs. O desconhecido então lhe contou que morrera de uma explosão que destroçara seu carro e que fora trazido para aquele hospital, onde dormira por alguns dias. Agora, ele, Tek-Soplah, seu antigo professor de filosofia, o ajudaria a se recompor e continuar sua existência, tornando-se cada vez mais útil ao próximo.

Varuna então lhe dirigiu uma sucessão de perguntas, que o velho amigo, agora rejuvenescido, sorriu e lhe disse que responderia a tudo que pudesse e soubesse, mas uma a uma, e não às catadupas.

– Porque você parece ser tão jovem, quando eu me lembro de você bem mais velho?

– Essa pergunta vai lhe responder várias coisas do seu novo habitat. Observe que aqui existem casas, prédios, jardins, cama, roupa, comida, água e assim por diante. Parece uma reprodução melhorada de Ahtilantê, não acha? – Varuna meneou positivamente a cabeça, prestando atenção em todas as palavras de Tek-Soplah. – Isso porque estamos no mundo astral. Tudo aqui é feito por ideoplastia, ou seja, formas-pensamentos moldados pela mente. Cada uma das coisas que existe aqui foi formada por um ato de vontade, consciente ou não, dos espíritos que aqui vivem. Como este plano é ainda muito próximo do plano físico, é natural que se reproduza aquilo a que estamos acostumados. Entendeu?

Conceitos novos levam tempo para ser digeridos mentalmente, e Varuna passara a vida mergulhado em problemas sociais e políticos, e muito raramente parara para pensar no mundo espiritual. Entendera o conceito, mas não compreendera como se processava.

– Veja que eu externo o semblante que mais me agrada. Quando eu tinha quase quarenta anos, minhas aulas eram muito frequentadas e eu era muito querido. Sentia-me útil e meu trabalho enchia minha vida. Estava casado e feliz, com três filhos. Foi a melhor época da minha vida e é por isso que externo no meu corpo espiritual essa idade.

– Corpo espiritual?

Tek-Soplah sorriu, já que Varuna era um ignorante em tudo que se referia ao mundo espiritual. Muitas vezes era melhor assim, pois muitos chegavam com noções tão distorcidas que sua adaptação e aprendizado no astral tornava-se muito árdua.

– Meu amigo, vejo que não conhece quase nada. Não há problema, pois estamos aqui para ajudá-lo. Mas, antes de mais nada, gostaria de lhe apresentar um grande amigo seu.

Dizendo isso, Tek-Soplah tocou uma campainha e, segundos depois, entrava um homem muito alto, robusto, de rosto muito bonito e másculo. Ele era um verde, a raça mais alta de Ahtilantê, beirando os três metros de altura. Seu olhar era extremamente severo e notava-se nele uma força interior muito grande. Vestia uma longa túnica branca, com detalhes em laranja, não portando joias, como era o costume dos verdes. Varuna nunca o tinha visto, mas parecia conhecê-lo de longa data. O antigo mestre rejuvenescido apresentou o recém-chegado.

– Varuna, tenho a honra de lhe apresentar Barush, seu guia espiritual.

O enorme Barush aproximou-se de Varuna e lhe disse numa voz forte e grave.

– Meu querido filho, saiba que nós estamos muito felizes por você estar aqui. Acompanhei seus passos desde que você renasceu em Tchepuat até o momento em que eu o trouxe para este hospital. Temos muito o que falar e muito o que discutir, pois recebi a missão de acompanhá-lo, e você, felizmente, é um dos poucos que se saiu a contento.

Varuna estava completamente aturdido. Descobrira em poucos minutos que não estava mais entre o rol dos vivos na carne, que existia um mundo espiritual de que nada conhecia, que Tek-Soplah, seu professor, também falecera e rejuvenescera, e, finalmente, que fora acompanhado em toda a sua vida por um guia espiritual. A que estranho e fascinante mundo viera parar! Ou será que era simplesmente um belo sonho e que, em breve, iria despertar ao lado da esposa?

O gigante sorriu para Varuna. Seu sorriso franco e aberto deixava ver uma carreira de dentes alvíssimos e sua expressão era de um amigo que se regozijava com a presença de outro. Varuna perguntou inocentemente:

– O senhor é meu guia espiritual? Passou o tempo todo perto de mim?

Barush continuou sorrindo e lhe respondeu:

– Sou seu guia espiritual. Fui treinado para isso e atualmente tomo conta de vinte e três espíritos jungidos na carne. Você foi um deles. Não passo o tempo todo colado em você como se fosse um carrapato. Longe disso! Mas procuro orientar os meus guiados para que não cometam erros graves, aconselhando-os durante o sono, intuindo durante a vigília e, eventualmente, afastando algum irmão espiritual mais pernicioso.

– Mas isso deve tomar todo o seu tempo!

– É um trabalho como outro qualquer, que requer dedicação, técnica e disciplina. Entretanto, fazemos parte de equipes de guias e nós nos revezamos, ajudando-nos mutuamente, e temos conseguido alguns bons resultados. Porém, você foi nossa melhor experiência, pois conseguiu manter-se impoluto mesmo quando andava nas pocilgas da vida; não se deixou conspurcar pela ambição desmedida, nem pela vaidade da sua posição política; não se corrompeu e nem se tornou um corruptor; foi um baluarte de honestidade e muito ajudou os infelizes e desafortunados. Deste momento em diante, deixo de ser seu guia espiritual, pois o entrego nas competentes mãos de Tek-Soplah, que o acompanhará no que for necessário. Estarei sempre a postos para ajudá-lo a entender algumas coisas de sua existência como Varuna, assim como de outras de suas existências anteriores.

O gigante aproximou-se de Varuna e abraçou-o ternamente, como só um pai poderia fazê-lo. Havia um grande amor naquele abraço. O gigante estava emocionado e parecia não querer abandonar Varuna. Afinal das contas, o acompanhara desde a sua mais tenra infância, aconselhando-o nas horas mais críticas, amando-o nas vitórias e consolando-o nas derrotas. E, agora, era preciso deixá-lo, pois outros irmãos estavam jungidos à matéria e necessitavam de seus préstimos. Varuna comoveu-se e o abraçou como só um filho abraça um pai. O guia espiritual se retirou com os olhos úmidos, enquanto Tek-Soplah fungava emocionado, procurando conter as lágrimas.

Varuna foi levado até outra ala do hospital onde encontrou sua querida esposa, Terapitis, dormindo profundamente. O médico informou-lhe que ela dormiria assim ainda por um período indeterminado, mas ele seria sempre informado de seu estado. Varuna foi levado de volta ao quarto por Tek-Soplah, que lhe disse, após acomodá-lo na cama:

– Temos muito que aprender e, por isso, vou deixá-lo descansando até amanhã, quando poderemos conversar e dar um passeio pelas redondezas.

Após se cumprimentarem, Varuna deitou-se na cama e ficou pensativo durante algum tempo, mas foi tomado por um cansaço irresistível e dormiu um sono sem sonhos, calmo e profundo.

* * *

A explosão do carro de Varuna fora formidável. O presidente, os dois filhos varões e a sua única filha, além de algumas autoridades presentes, haviam presenciados atônitos e horrorizados. A explosão havia destroçado todos os ocupantes do automóvel, que morreram instantaneamente. As investigações posteriores demonstraram que um comando de soldados hurukyans havia sabotado o veículo, implantando uma poderosa bomba capaz de destruir um edifício. O corpo de Varuna se estraçalhara de forma tão brutal que não foi possível reconhecer nada de seu templo carnal.

Toda a nação e a confederação se comoveu e sua cremação simbólica foi acompanhada por mais de um milhão de pessoas, especialmente de grandes líderes políticos e dos pobres, que mais se beneficiaram com sua política. Estátuas, nome de localidades e até uma recém-fundada cidade receberam o nome de Varuna. Houve luto oficial por uma semana e o Congresso se reuniu para lhe dar postumamente o título de Pai da Confederação Norte-Ocidental, a primeira a ser formada em Ahtilantê. Seus filhos prantearam pai e mãe e tomaram luto por dois anos seguidos.

Desta forma, trágica e violenta, havia terminado a existência física de Varuna Mandrekhan, aos cinquenta e quatro anos de idade, tendo dedicado trinta e dois anos ao progresso e à paz de Ahtilantê. Sua existência física terminara de forma abrupta e sua vida espiritual renascia de forma esplendorosa.

* * *

No outro dia, Tek-Soplah voltou na hora combinada e Varuna já estava de pé. Tinha feito sua cama como era de hábito e estava impaciente para conhecer o novo mundo. Estivera à janela, mas de lá só dava para ver um pedaço do belo jardim e uma nesga do céu. Várias árvores imensas bloqueavam a vista e pareciam ter sido colocadas naquela posição exatamente para não deixar que os internos pudessem ver muito do mundo exterior.

– E então, como estamos hoje?

– Bem. Incrivelmente bem. A tonteira de ontem desapareceu e nunca me senti mais feliz do que hoje. É incrível saber que a vida continua e que não existe a morte. Maravilha das maravilhas! Estou sentindo-me tão leve que poderia sair voando por aí! – disse Varuna, profundamente empolgado com as imensas possibilidades de continuar existindo depois da morte física.

– Ótimo, ótimo! – exclamou o mestre. – Então, vamos sair deste hospital e dar um belo passeio. Vou chamar um médico para lhe examinar e, se puder, ele lhe dará alta e então, você irá morar comigo.

O médico veio e o examinou detidamente com diversos instrumentos que ele nunca vira antes. Finalmente, liberou-o com um sorriso, dizendo para Tek-Soplah.

– Veja o que uma vida reta e bem aproveitada faz a um espírito. A maioria que chega aqui, leva meses para se recompor, enquanto o irmão Varuna está pronto em alguns dias. Parabéns!

Saíram do grande edifício, atravessaram o extenso jardim e foram para uma larga avenida. Em volta dessa florida alameda, existiam vários prédios com belos e agradáveis jardins. Muitas alamedas cortavam a avenida principal e se perdiam até onde a vista podia alcançar. Nas ruas, havia alguns veículos que passavam com muitas pessoas a bordo. Não era muito diferente da vida no planeta, com exceção de que tudo era mais moderno, limpo e muito mais bonito. As pessoas pareciam mais belas e mais felizes, não correndo de um lado para outro como se estivessem possuídas por mil demônios. Os jardins eram irrepreensíveis e alguns dos prédios eram majestosos, bem maiores do que os de Ahtilantê.

– Que cidade é esta? Onde estamos? – perguntou Varuna, abismado com tanta beleza e plasticidade.

– É a cidade espiritual de Compal. Estamos nos limites do astral médio com o astral superior. Existem mais de três milhões de habitantes fixos aqui e todos estão imbuídos de várias atividades.

Aqui, meu amigo, tudo é trabalho. Por incrível que lhe possa parecer, isto é uma reprodução mais aperfeiçoada do nosso mundo físico. Ou será que seria mais lógico dizer que o nosso mundo físico é uma reprodução imperfeita daqui?

– Que maravilha. E onde você mora?

Tek-Soplah estava se dirigindo para um prédio baixo, que parecia estar ligado a diversos trilhos aéreos.

– Vamos tomar o trem metropolitano e logo chegaremos lá.

Entraram no prédio que tinha uma plataforma elevada e, poucos minutos depois, um longo comboio entrava na estação. Parou, abriu as portas, algumas pessoas desceram e nossos amigos entraram em um dos vagões. Sentaram-se, pois naquela hora tudo estava vazio. O trem saiu em alta velocidade e, do alto, pois corria num trilho a cerca de doze metros do solo, era possível ver-se grande parte da cidade. Seis estações depois, Tek-Soplah e Varuna desceram e se encaminharam para uma bonita casa que ficava perto da estação, numa rua lateral à grande avenida.

– É aqui que eu moro e você morará comigo até receber novas ordens dos administradores da cidade – disse o mestre, apontando para a bonita residência.

Na entrada, estavam oito pessoas que os receberam com grande festa. Todos queriam apertar a mão de Varuna e lhe dar as boas-vindas. Varuna estava feliz com a alegre recepção e Tek-Soplah informou-lhe que todos eram moradores daquela pensão, já que estavam temporariamente aguardando novas missões.

Subiram até o segundo andar e Tek-Soplah lhe mostrou seu quarto. Não era muito grande, mas extremamente aconchegante, com uma mobília bonita e nova, uma grande cama com uma colcha toda tecida a mão com motivos florais. Aquela seria sua casa a partir de agora. Varuna perguntou humildemente a Tek-Soplah se ele teria que pagar pela estada, e o mestre riu, dizendo que sim, mas que, por enquanto, ele tinha crédito junto aos administradores da cidade espiritual.

Varuna, assim que se instalou, foi encaminhado por Tek-Soplah para uma conversa com Saercha, um espírito altamente categorizado, de um plano mental mais evoluído.

Saercha era o diretor do setor de planejamento e renascimentos coletivos. Esse era um assunto complexo que envolvia quase sempre grandes grupos de espíritos que tinham gerado causas e efeitos comuns. Muitas vezes, um grupo social de um determinado país tinha se notabilizado por feitos excelentes ou por tenebrosas ações contra seus semelhantes e, por isso mesmo, tinha gerado um conjunto de ações e reações sociais positivas ou negativas. Tanto num caso como no outro, eles deveriam colher conjuntamente os frutos de suas semeaduras. No caso de ações positivas, os frutos seriam doces e perfumados. Em situação inversa, a colheita era terrível, sujeitando os participantes a sofrimentos reparadores.

Quando ele entrou na sala de Saercha, este se levantou para recebê-lo e cumprimentá-lo. Varuna tinha a vaga impressão de conhecê-lo. Saercha sorriu e lhe disse que realmente já se tinham conhecido antes do seu renascimento. Saercha estava acompanhado de Barush. Eles começaram a entabular uma conversação tipicamente social, sobre o tempo, a recuperação de Varuna e Terapitis e dos outros que faleceram na explosão do veículo. Após algum tempo, Saercha entrou no assunto. Usando um grande visor, incrustado na parede, relembrou a Varuna os tempos passados em que vivera em Ahtilantê sob o nome de Helvente. Entre a existência como Helvente e Varuna, ele havia assumido o compromisso íntimo de ajudar na melhoria do tecido social do planeta.

Durante duas horas e meia, os três comentaram os avanços, os sucessos e os insucessos da missão. No cômputo geral, a missão fora satisfatória, duas confederações já estavam implantadas e outras estavam sendo implementadas. Ainda havia muito o que se fazer e a situação geral do império Hurukyan era muito preocupante. Varuna, no início, surpreso com todas aquelas revelações e, finalmente, preocupado com o desenrolar da agressividade crescente de Hurukyan, propôs continuar sua missão agora no mundo espiritual.

Saercha lhe explicou que primeiro teria que reviver algumas técnicas espirituais, tais como telepatia, volitação e outras, e, depois disso, poderia traçar um plano de ajuda aos fisicamente envoltos na carne. Delinearam um plano de ação de estudo, acompanhamento de atividades e desenvolvimento pessoal. Ficou determinado que Varuna faria um curso especial para ampliar seus poderes mentais, pois lhe seria muito útil em futuro próximo.

Os dias seguintes foram fascinantes para Varuna, pois foi apresentado a várias pessoas e muitas delas tinham sido seus conhecidos em Ahtilantê. Tek-Soplah registrou Varuna num curso na grande universidade de Compal. Logo descobriu por que a universidade era tão gigantesca, que ocupava dezoito quarteirões, com mais de sessenta e quatro prédios imensos. Todos os felizes moradores de Compal faziam cursos naquela universidade. Até mesmo os que já estavam naquela belíssima cidade astral há muito tempo cursavam alguma matéria, pois o conhecimento é infinito e o trabalhador deve estar sempre aprendendo. Havia cursos de todos os tipos e extensões, desde os rápidos até a formação superior demorada com muitas disciplinas. As técnicas empregadas eram extraordinárias, pois, além de os professores serem excelentes, tudo era exposto através de audiovisuais tridimensionais e aulas de projeção ao vivo. Seria algo como um programa de televisão ao vivo com câmeras postadas em posições estratégicas, mostrando as múltiplas situações em ângulos diferentes.

Uma coisa que logo chamou a atenção de Varuna, tanto na universidade como em todos os lugares, era a variedade de equipamentos, motores, veículos, prédios e jardins. Sua primeira pergunta a Tek-Soplah era se tudo havia sido construído e produzido de forma natural, ou seja, os motores e os equipamentos em fábricas, os prédios por operários e os jardins por jardineiros. Tek-Soplah sorriu e lhe respondeu, sempre muito metódico e professoral:

– Este plano de existência exige esforço e trabalho. Os equipamentos e as máquinas, inclusive motores, são fabricados em locais apropriados, que não deixam de ser fábricas. No entanto, utilizamos prioritariamente a mente. Temos técnicos e operários especializados que desenvolvem um trabalho exemplar, assim como temos construtores de prédios e jardineiros. Os prédios são construídos a partir de moldes mentais dos construtores, obedecendo normas estéticas dos administradores da cidade, assim como os jardins são desenvolvidos mentalmente e a matéria astral molda-se em torno das formas mentais criadas. Grande parte é criada por formas-pensamentos, mas há muitas máquinas que ajudam a melhor moldar essas exsudações mentais, pois ainda não somos espíritos superiores que constroem seus mundos apenas pela expressão de sua vontade.

– Incrível. Então há fábricas e artesãos. E eles são remunerados?

– Claro, meu amigo. Só que nós não temos o livre curso da moeda. Aqui vale o esforço individual. Ninguém trabalha por obrigação, e sim por amor. Os operários são altamente especializados e amam seu trabalho. Desenvolvem máquinas e ganham muito bem, só que a sua recompensa não é física, e sim espiritual. Sentem-se melhor, pois são úteis. Ganham crédito perante nossos superiores e, com isso, aprimoram-se de forma maravilhosa. Há, entretanto, uma forma de medir o trabalho e o esforço individual, que é através de um sistema engenhoso de horas trabalhadas. Quanto mais horas produtivas, maiores são os seus créditos, o que lhes permite viver em locais melhores, fazer viagens de recreação a outras cidades e locais, e assim por diante.

– Interessante. O que você acha que eu poderia fazer aqui?

– Primeiro, você deverá aprender um pouco sobre o mundo espiritual para se situar melhor, e, depois, seu coração lhe dirá. Aqui ninguém é obrigado a trabalhar, mas todos trabalham, pois é a melhor forma de evoluir e se sentir útil à coletividade.

– Que fantástico! Preciso conhecer melhor tudo que me cerca.

Varuna encontrava-se de tempos em tempos com Terapitis, que estava aprendendo as maravilhas do mundo espiritual. Continuavam a ter um doce amor um pelo outro, mas seus estágios de evolução espiritual eram bem diferentes. Varuna era um espírito do astral superior quase ingressando no mundo mental, enquanto Terapitis era uma alma do astral médio necessitando de alguns renascimentos para fortalecer e cristalizar o amor em seu ser. O fato de estarem em outras dimensões não fez fenecer o doce amor que sentiam um pelo outro, apenas o fez dormitar um pouco enquanto cada um desenvolvia o potencial divino que todos temos.

Durante quinze anos, Varuna e outros companheiros tentaram de tudo para alertar os renascidos do perigo das guerras, da enorme diferença social entre ricos e pobres, assim como dos caminhos para o aprimoramento social e econômico. Os resultados foram insignificantes. Os homens estavam surdos aos apelos, cada um procurando o seu próprio aperfeiçoamento social e espiritual de forma solitária. Além do egoísmo feroz que norteava as relações sociais e humanas, o orgulho desvairado, a prepotência descabida e a ganância sobrepujavam em muito qualquer ato mais solidário.

No astral superior, as pessoas interagem como numa sociedade humana normal, e não era de se estranhar quando começaram a correr notícias de que estava acontecendo um grande conclave de espíritos no mundo angélico. Houve muitos comentários por parte de alguns espíritos, dizendo que os espíritos superiores estavam decidindo os destinos do planeta.

Um dia, Varuna foi chamado ao gabinete do coordenador ministerial. Este espírito do mundo mental, quando ingressava no astral, localizava-se num templo nos limites entre as duas dimensões. Seu gabinete era relativamente modesto, em nada enaltecendo a sua elevada posição. Tratava-se de um espírito ligado diretamente à administração planetária, tendo, portanto, participado do insigne conclave angélico.

Varuna fora chamado numa bela manhã, junto com os ministros do renascimento, do planejamento coletivo e da justiça. Varuna participava como chefe do setor de conscientização política do ministério da justiça. Saercha era o novo ministro do planejamento coletivo, substituindo o titular que fora guindado a uma posição nobilitante no mundo mental.

Às nove horas da manhã do dia marcado, os quatro convocados pelo coordenador encontraram-se no humilde gabinete, tendo antes orado para que o Pai Altíssimo os orientasse no perfeito cumprimento de suas missões. Sentaram-se em volta de uma mesa redonda, desprovida de luxo, mas confortável o suficiente para poderem discutir os assuntos em pauta. Largas janelas permitiam a entrada de luz e da refrescante brisa que vinha do extenso jardim que rodeava o majestoso templo.

O coordenador, cujo nome no mundo mental era Kon-the-Bhai, iniciou as conversações de modo simples e sem afetação.

– Meus caros amigos, como já é do conhecimento dos ministros aqui presentes, tivemos uma assembleia com nossos superiores. Foram analisados muitos aspectos relativos a Ahtilantê, os quais resumirei. Observem o visor e vejam os principais itens levantados nesse conclave.

Uma tela tridimensional formou-se no meio da mesa e o coordenador Kon-the-Bhai iniciou sua exposição.

– Vejam os alarmantes índices de criminalidade que campeiam no planeta. Observem como a ganância, motivada pela grandes diferenças de riqueza, geram processos criminosos aviltantes. Vejam com redobrado cuidado, como agem os obsessores espirituais. Atrás de cada crime, existe uma súcia espiritual a insuflar maus pensamentos.

A tela ilustrava com cenas aquilo que era dito. O coordenador prosseguiu:

– Além dos crimes normais, cometidos por delinquentes pobres, existem os desvios tenebrosos dos vícios inspirados por maltas de pervertidos. Miridina, bebidas alcoólicas e outros entorpecentes levam a fina flor da juventude aos piores purgatórios mentais, onde, sem o saber, envolvem-se com obsessores e alambaques que os conduzem aos piores delírios e delitos.

O coordenador, com seu rosto sério, mostrando grave preocupação, continuou expondo:

– Não irei tomar seu tempo falando do que já sabem de sobejo. Observem que, no passado distante, tínhamos uma percentagem de obsessores muito menor do que hoje. Havia muito menos espíritos ensandecidos, em termos percentuais, do que há agora.

Fixando o visor, mostrou o astral inferior.

– Observem como existem mais faixas divisórias no astral inferior, com muito mais pessoas. O poder dos alambaques cresceu a ponto de termos que reforçar as nossas defesas na crosta. A pressão sobre os renascidos aumentou de forma avassaladora.

Retornando à tela, Kon-the-Bhai, com voz baixa e grave, disse:

– No nosso conclave, após muito deliberar, concluímos que é necessário procedermos a uma depuração de nosso orbe. Assim como é preciso capinar um jardim, separando as plantas invasoras das flores que queremos que ali cresçam, teremos que proceder da mesma forma, retirando de Ahtilantê os espíritos que não demonstrarem um mínimo de boa vontade para evoluir.

E olhando para todos, o coordenador concluiu:

– Meus irmãos, estamos em vias de iniciar o processo de expurgo espiritual de Ahtilantê.

Varuna já ouvira falar desse processo. Antes de sua última encarnação, tivera a oportunidade de visitar o planeta Karion, onde conhecera em detalhes o processo de expurgo ocorrido naquele orbe.

Kon-the-Bhai aprumou-se na sua cadeira e aumentou o tom de voz.

– O propósito desta reunião é planejar adequadamente esse processo, assim como nomear um coordenador-geral. Será o diretor responsável pelo bom andamento desse processo. Posso lhes afiançar que é trabalho duro, sem descanso, que exigirá muita disciplina, formação de uma equipe especializada, e não encherá o escolhido de alegria. Afinal das contas, ele será o responsável pelo exílio de alguns milhões de irmãos em péssimas condições espirituais.

Varuna olhou para os três ministros presentes, notando que aquelas informações não lhes causavam surpresa. Eles eram todos espíritos do mundo mental, portanto, no mesmo nível do coordenador-geral. Deviam ter participado da assembleia que determinara o princípio do degredo. Imediatamente concluiu que se a reunião acontecia no mundo astral superior era devido à sua limitação de ainda não poder participar do mundo mental. Consequentemente, o motivo da reunião era para lhe oferecer a coordenação do projeto.

Nesse momento, ele sentiu medo. O temor do desconhecido. Se fosse um assunto que dominasse, sentir-se-ia mais seguro. O que ouvira do expurgo era apenas a teoria e, mesmo assim, pelas ramagens. Os pensamentos turbilhonavam em sua mente e, por alguns instantes, perdeu o fio da conversa do coordenador, que estivera acompanhando mentalmente as dúvidas de Varuna e, colocando a mão no seu braço, como para tranquilizá-lo, disse-lhe calmamente:

– Meu irmão Varuna, realmente, você concluiu acertadamente. Gostaríamos de lhe propor que assumisse a coordenação geral do expurgo. Saiba que não estamos impondo nada. Se não desejar, poderá recusá-lo e nós não o olharemos com desprezo ou desconsideração. Mas, antes de responder se aceita ou não, deixe-me dizer-lhe o que se espera de você e o que é um expurgo espiritual planetário.

Varuna arrumou-se na cadeira, aproximando-se para melhor escutar.

– A teoria que norteia o expurgo é a seguinte: as humanidades evoluem lentamente através do processo de renascimentos, até que as sociedades onde estão inseridas ingressam nas fases da alta tecnologia. Superados os períodos das revoluções neolíticas, agrárias e industriais, surge o período da integração mundial através de viagens, transportes, telecomunicações, câmbio, operações financeiras, serviços, comércio e troca de tecnologias. Enquanto o mundo está nas fases inferiores e médias, os homens podem se digladiar até a morte, já que seus atos serão sempre limitados.

Fazendo uma pequena pausa, o nobre espírito prosseguiu:

– Quando ingressam nas fases da alta tecnologia, é fundamental que não sejam permitidos seres que ainda não dominem a ética. Não estamos preconizando que os humanos devam ser perfeitos. Longe de nós tal assertiva. O que procuramos são as pessoas que já demonstram consciência social e humanitária. Procuramos indivíduos com boa vontade para aprenderem de forma permanente, que estejam dispostos a se modificarem procurando o aperfeiçoamento e que prefiram resolver através do diálogo suas desavenças ao invés de usarem a força bruta ou métodos imorais.

Varuna acompanhava o raciocínio do grande espírito, que prosseguiu sua explanação.

– Se permitirmos que seres ainda permeados do mais sórdido egoísmo, da mais vil das intenções e dos mais terríveis desvios mentais permaneçam neste novo tipo de mundo, iremos incorrer em grave erro. Estaremos tornando a vida dos homens de bem um inferno, já que teriam que conviver com bandidos, assassinos, psicóticos, depravados, corruptos e degenerados. E, por consequência, estaríamos premiando os seres alucinados, possibilitando que vivam num mundo superior. Ninguém de sã consciência levaria um cão hidrófobo ao recesso do seu lar, colocando em perigo a vida dos seus tenros filhos.

Todos concordavam com isso. O coordenador prosseguiu.

– Contudo, nem os espíritos superiores, nem muito menos Deus Onipotente desejam que esses seres envilecidos na maldade sejam destruídos ou expulsos do paraíso terreno em que se transformará Ahtilantê. Queremos que lhes sejam dadas todas as oportunidades de redenção. Deve ser planejado o maior número possível de renascimentos em Ahtilantê de forma a possibilitar o maior número de oportunidades redentoras. Isso causará uma explosão demográfica, oriunda das melhores condições de vida, mas também do ingresso maciço do maior número possível de espíritos. Após e durante essa fase, aqueles que demonstrarem endurecimento nas suas atitudes, radicalização extrema nos seus atos, persistindo em suas atividades criminosas, deverão ser excluídos do processo evolutivo deste planeta e encaminhados para outro, onde prosseguirão sua evolução. No entanto, há aqueles que desde já merecem ser degredados por apresentarem um estado psicótico de tal natureza que colocaria os encarnados em permanente estado de perigo. A esses doentes, o banimento deve ser imediato para o planeta azul.

O coordenador ministerial tocou numa tecla, surgindo do meio da mesa um mapa holográfico que mostrava uma parte da galáxia. O sol gigante de Capela aparecia rubro com seu cortejo planetário e, num ponto bem mais afastado, podia se notar um sol bem menor. Ele apontou para aquela diminuta estrela e continuou sua exposição.

– Este sol é quatorze vezes menor do que Capela, mas é muito mais denso e estável. O terceiro planeta deste sol é azul e pequeno, bem menor do que Ahtilantê. Sua densidade é muito grande e sua gravidade é mais do dobro da existente aqui. Atualmente, existe uma humanidade ingressando lentamente na fase média evolutiva, tendo ultrapassado a revolução neolítica, na antessala da revolução agrária, mas ainda não suficientemente esclarecida para criar uma civilização, com escrita, transportes, desenvolvimento tecnológico, cultos religiosos e, principalmente, leis estruturadas.

Varuna preocupou-se com alguns fatos, os quais logo foram captados pelo grande espírito, que lhe conferiu a palavra.

– Faça suas perguntas, Varuna. Vejo que está preocupado.

– Pelo que entendi, mestre, através de um processo seletivo e amplo, iremos retirar a escória espiritual do mundo e a levaremos para o planeta azul. Gostaria de lhe perguntar se isso, de certa forma, não é injusto para com a humanidade incipiente que lá existe?

– Varuna, seu sentimento de justiça é digno de louvor. Essa escória, como você os chamou, não é constituída somente de ignorantes embrutecidos na miséria, mas também de seres inteligentes, com razoável sabedoria intelectual, cuja moral ainda é dominada por um egoísmo feroz. Ao renascerem no seio dos mais simples, poderão transmitir, em poucos anos, noções de civilização, leis, costumes e tecnologias que levariam séculos para serem adquiridas. São, portanto, aceleradores evolutivos. Vistos por esse ângulo, não lhe parece que o concurso desses degredados junto aos nossos irmãos do planeta azul seja um fator altamente positivo?

Varuna concordou com os argumentos, mas então Saercha, agora ministro do renascimento, fez um comentário.

– Há, contudo, um grave problema. Pode acontecer que muitos dos degredados não passem somente aspectos positivos, mas também introduzam seus vícios, depravações, crueldades e corrupções. Nesse caso, estarão agravando ainda mais suas penalidades, gerando novos renascimentos ainda mais mortificantes.

– Mestre Saercha, o que se pode fazer para impedir que tais fatos aconteçam?

– Impedir é um conceito inviável no mundo espiritual. Os seres poderão e deverão ser instruídos, conscientizados e motivados, mas não há nenhum impeditivo absoluto. Quantos não se enchem de boa vontade antes do renascimento e, depois, sucumbem aos apelos dos sentidos, do egoísmo e do prazer desvairado? Não há como impedir que os degredados desvirtuem os menos evoluídos.

O coordenador complementou o raciocínio de Saercha.

– Realmente, Saercha tem razão, meu caro Varuna. Procure analisar de outro modo. Sem a presença dos degredados, os primitivos passarão por todas as fases de brutalidade, crueldade, animalidade e egoísmo da fase humana média. Sabemos, por experiência de outros planetas, que sem o auxílio de exilados mais evoluídos, o desenvolvimento é bem mais lento e, assim mesmo, são cometidas todas as atrocidades que conhecemos. Com o auxílio de espíritos exilados, mesmo que constituam ainda a escória espiritual de um mundo, a evolução social e econômica é acelerada de forma extraordinária.

Kon-the-Bhai resolveu deter-se mais neste importante ponto.

– Como você já sabe, a evolução não é um fato automático que esteja embutido no subconsciente dos seres. É, antes de mais nada, um processo provocado, devidamente planejado e cuidadosamente executado. Não é como uma suave ladeira, levemente inclinada, em que os seres vão vencendo etapa por etapa. O processo é mais ríspido e revolucionário, apresentando impressionantes altos e baixos. É nesse ponto – o de ser áspero e progressista – é que os degredados de Ahtilantê tornar-se-ão elementos vitais, de suma importância para a evolução social, cultural, religiosa, tecnológica e econômica do planeta azul.

Khon-the-Bai fez uma pequena pausa e concluiu:

– A parte mais importante de sua missão não é apenas desterrar seus irmãos e esquecê-los em algum ponto distante do universo. A beleza, por que não dizer, a sublimidade do encargo é a responsabilidade de fazê-los evoluir e recuperá-los para os seguros apriscos do Altíssimo.

Tomando-se de certo fervor, o coordenador complementou:

– Sua mais grave e decisiva atribuição é recuperá-los integralmente. Enquanto existir um único exilado que ainda chafurde na lama do ódio, da incompreensão e da revolta, sua missão ainda estará incompleta. A grandiosidade de sua incumbência reside no fato de que levará civilização a seres ainda primitivos, recuperará espíritos endurecidos no mal e moldará, junto com sua equipe, um novo mundo.

Varuna estava convencido de que o expurgo era lógico e eticamente correto. Seria, no entanto, a pessoa mais adequada para coordenar todo esse processo complexo? É natural que as pessoas sintam receio do desconhecido. Mesmo sem formular a pergunta diretamente, não pôde se esquivar de questionar o coordenador.

– Entendo e estou plenamente convencido do fato. Só questiono se eu sou realmente a pessoa adequada para essa missão.

– Nós achamos que sim. O perfil do coordenador é o de um político. Deve ser capaz de articular providências junto a diversas esferas de ação que irão suscitar dúvidas, discussões e dissensões. Tem que saber conciliar os interesses conflitantes e coordenar uma equipe multissetorial altamente técnica. Deverá, outrossim, ser capaz de ouvir sugestões, decidir sobre os destinos de milhões de seres, relacionar-se não só com sua equipe, como também com os mais temíveis chefes alambaques e com os espíritos superiores dos dois planetas. Diplomático quando preciso; severo quando for imprescindível. Em suma, doce e suave, luminoso e cordato quando as circunstâncias impuserem. Antes de mais nada, profundamente justo, mesmo que isso provoque dores e agonias, sofrimentos e remorsos.

O coordenador fez uma pequena pausa e depois arrematou, terminando sua exposição.

– Analisamos, durante o conclave, vários candidatos e achamos que você se encaixa precisamente no perfil pela sua evolução espiritual e social, sua experiência política, conhecimento técnico e, principalmente, seu perfeito equilíbrio entre a racionalidade e o sentimento.

Uma decisão dessa natureza não é um ato racional. Aceitava a incumbência pura e simplesmente porque não se pode fugir da responsabilidade e do dever a ser cumprido. Varuna aceitou a grave missão com sua fé inquebrantável em Deus e em si próprio, além de crer que seus espíritos superiores não lhe dariam um fardo que não pudesse carregar, assim como não o abandonariam se tivesse dificuldades no caminho.

O coordenador ministerial e os três ministros ficaram satisfeitos. Saercha lhe disse que jamais duvidou de que ele aceitaria. O coordenador lhe disse que ficaria diretamente afeto a Saercha, que propôs que voltassem a se reencontrar dentro de dois dias. Seria tempo suficiente para que Varuna pensasse bastante sobre a nova situação e que, a partir disso, começariam a planejar o expurgo.

A reunião terminou com uma prece ao Altíssimo.

Varuna Mandrekhan havia sido eleito para tal missão. Ele se tornara o Messias de Ahtilantê. Varuna aceitara o pesado encargo, tornando-se o Ungido dos espíritos superiores da galáxia.

O Eleito para separar o joio do trigo, os maus dos bons, desterrando os doentes mentais, os ignóbeis, os odientos, os que amam a guerra e a violência era um arcanjo do mundo astral superior. Para Varuna terminava uma fase de sua existência e iria começar a sua mais fantástica aventura no mundo espiritual, que seria *a saga dos capelinos*.

COLEÇÃO COMPLETA DA "SAGA DOS CAPELINOS"

Pesquisas históricas demonstram que, num curto período de 50 anos, surgiram, numa única região, invenções como o arado, a roda, as embarcações, e ciências, como a matemática, a astronomia, a navegação e a agricultura. Que fatos poderiam explicar tamanho progresso em tão pouco tempo?

Leia
"A Saga dos Capelinos" e conheça a verdadeira história da humanidade.

HERESIS

Varuna renunciou a uma situação mais tranquila num planeta bem mais evoluído para auxiliar na transformação moral de milhares de espíritos que, endurecidos no mal, viriam a ser degredados para o nosso planeta.

A Queda dos Anjos narra, em detalhes, o banimento dos espíritos de Capela. Decaídos no mal, os espíritos são expatriados para um planeta distante e atrasado, a Terra, onde terão como missão auxiliar na evolução da humanidade.

Os sumérios, sob a influência de espíritos superiores, seguem para o Kemet (Egito) para fundar uma nova civilização. Um desses exilados é incumbido da tarefa de unir os diversos vilarejos e fundar um reino que dará inicio à era das dinastias egípcias.

O Kemet está em guerra, sul e norte combatem pelo poder. Nârmer se apresenta e torna-se o primeiro *ferâa* - que mais tarde, os gregos chamariam de faraó. É iniciada a primeira dinastia de umas das grandes civilizações da humanidade: a do Egito.

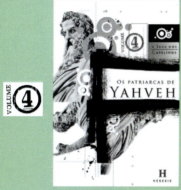 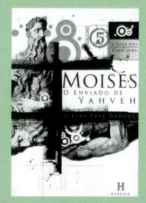

A renegada, abandonada e esquecida tradição esotérico-espiritual dos textos bíblicos é revelada pelos seus mais importantes personagens: Abrahão, Isaac, Jacó e José, o do Egito, que, repudiado pelo ciúmes de seus irmãos, reverteu a situação e tornou-se o primeiro-ministro do faraó.

Saiba por que Moisés, um grande iniciado nos rituais ocultos do antigo Egito, foi escolhido pelos espíritos superiores para liderar os hebreus pela jornada de transformação. Aprenda como, de simples escravos, eles se libertaram e se tornaram um dos maiores povos da antiguidade.

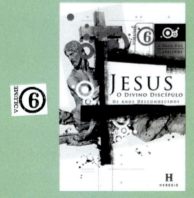 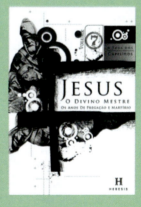

A maior parte da vida de Jesus não é revelada pelos textos bíblicos. Como eram realizados os milagres de Jesus? Ele os fazia desde criança? Onde realmente nasceu? Nazaré ou Belém?

Conheça a essência da mensagem apostólica de Jesus, como se processavam os milagres e como ele conseguia ressuscitar os mortos. Conheça sua doutrina, individual e social, que acabou por levá-lo à morte.

Esta edição foi impressa em setembro de 2014 pela Yangraf Gráfica e Editora Ltda., São Paulo, SP, para o Instituto Lachâtre, sendo tiradas duas mil cópias, todas em formato fechado 155x225mm e com mancha de 115x180mm. Os papéis utilizados foram o Off-set 75g/m^2 para o miolo e o Cartão Supremo Triplex 300g/m^2 para a capa. O texto foi composto em Baskerville 10,5/12,85, os títulos foram compostos Baskerville 24/28,8. A revisão textual é de Cristina da Costa Pereira e a programação visual da capa de Andrei Polessi.